W0236456

CARL-AUER

LebensLust

Für Steffanie,
die mir dabei geholfen hat, mich an die Dunkelheit zu gewöhnen.
Als sich meine Augen angepasst hatten, erkannte ich all die
Möglichkeiten.

Bill O'Hanlon

Probiers mal anders!
Zehn Strategien,
die Ihr Leben verändern

Aus dem Amerikanischen von Nicola Offermanns

2007

Über alle Rechte der deutschen Ausgabe verfügt Carl-Auer-Systeme
Verlag und Verlagsbuchhandlung GmbH Heidelberg
Fotomechanische Wiedergabe nur mit Genehmigung des Verlags
Lektorat: Barbara Imgrund, Heidelberg
Satz: Verlagsservice Hegele, Heiligkreuzsteinach
Umschlaggestaltung: Goebel/Riemer
Printed in Germany
Druck und Bindung: Freiburger Graphische Betriebe, www.fgb.de

ISBN: 978-3-89670-578-5
Erste Auflage, 2007
© 2007 Carl-Auer-Systeme, Heidelberg

Die Originalausgabe dieses Buches erschien unter dem Titel
Do One Thing Different bei William Morrow and Company.
© 1999 by Bill O'Hanlon
Published by arrangement with William Morrow,
an imprint of HarperCollins Publishers.
All rights reserved.

Bibliografische Informationen Der Nationalbibliothek
Die Nationalbibliothek verzeichnet diese Publikation
in der Deutschen Nationalbibliografie; detaillierte bibliografische
Daten sind im Internet über http://dnb.ddb.de abrufbar.

Informationen zu unserem gesamten Programm, unseren Autoren
und zum Verlag finden Sie unter: **www.carl-auer.de**

Wenn Sie unseren Newsletter zu aktuellen Neuerscheinungen
und anderen Neuigkeiten abonnieren möchten, schicken Sie
einfach eine leere E-Mail an: **carl-auer-info-on@carl-auer.de**

Carl-Auer Verlag
Häusserstraße 14
69115 Heidelberg
Tel. 0 62 21-64 38 0
Fax 0 62 21-64 38 22
E-Mail: info@carl-auer.de

Inhalt

**Wie soll Ihr Traum in Erfüllung gehen,
wenn Sie gar keinen haben?**

Danksagung

Ich danke Steffanie O'Hanlon, Loretta Barrett und Darlene Hilton für ihre Kommentare und Korrekturen. Toni Sciarra danke ich für die Unterstützung und die kompetente redaktionelle Beratung. Ich danke Bill Smythe, dass er mir geholfen hat, den Wahnsinn auf der körperlichen Ebene zu bekämpfen, und Lee Cartwright dafür, dass er mich bei der Bekämpfung desselben auf der neurologischen Ebene unterstützt hat. Mein Dank geht an Annie Sprinkle, Susie Bright, Owen Morgan und Betty Dodson, die mir auf dem Gebiet der Sexualität vermittelt haben, dass es auch anders geht. Ich danke David Whyte für seine Inspiration und Beratung beim Abschnitt über die Spiritualität.

Paralyse durch Analyse:
Von Schwierigkeiten zu Möglichkeiten

»Sokrates hat gesagt, dass ein unreflektiertes Leben nicht lebenswert sei.
Aber ein allzu reflektiertes Leben lässt einen sich manchmal den Tod
herbeiwünschen. Vor diese Wahl gestellt, würde ich das Leben vorziehen.«
Saul Bellow

In einer altbekannten Geschichte trifft ein Polizist auf einen Betrunkenen, der unter einer Straßenlaterne herumkriecht und vor sich hinmurmelt. Der Polizist fragt den Mann, was er da tue, und der antwortet lallend:»Ich hab' meinen Hausschlüssel verloren.« Der Polizist hilft ihm beim Suchen. Nach einer Viertelstunde vergeblichen Suchens schlägt er vor:»Lassen Sie uns die Sache doch noch mal von hinten aufrollen: Wo haben Sie Ihren Schlüssel denn zuletzt noch ganz sicher gehabt?« – »Ach, das ist einfach«, antwortet der Betrunkene,»er ist mir auf der anderen Straßenseite heruntergefallen.« – »Wie bitte?«, ruft der Polizist erstaunt.»Warum suchen wir ihn denn dann auf dieser Seite?« Der Betrunkene antwortet:»Hier ist mehr Licht.«

Ähnlich wie bei dieser Geschichte suchen wir bei Problemen auch häufig im Licht der Psychologie oder Psychiatrie nach dem Schlüssel zur Lösung – bedauerlicherweise nicht immer mit Erfolg. So wie der Betrunkene neigen auch wir dazu, am falschen Ort zu suchen. Erklärungen spiegeln uns meist nur die Illusion einer Abhilfe vor, indem sie uns verstehen lassen, warum wir das Problem haben, uns aber in keiner Weise konkrete Lösungsvorschläge an die Hand geben. Dieses Erklärungsbedürfnis kann zu einer »Opferkultur« führen, bei der die Betroffenen ihre Aufmerksamkeit auf traumatische Erlebnisse aus der Kindheit oder aus früheren Beziehungen richten. Dadurch gewöhnt man sich an, die Verantwortung und damit auch die mögliche Lösung immer nur bei anderen zu suchen – wodurch wir zu Experten für Selbsthilfegruppen und Ratgeberliteratur werden.

Erklärungen sind letztlich nur Trostpflaster für die Seele. Wenn Sie ein Problem haben, wollen Sie eine Lösung. Psychologische Erklärungen, wie sie unsere Gesellschaft nun einmal so liebt, lenken von der Problemlösung ab, indem sie den Leuten Gründe dafür liefern, warum das Problem überhaupt aufgetreten oder warum es nicht zu lösen ist:

- »Jimmy hat wenig Selbstbewusstsein, deshalb ist er so reizbar.«
- »Ich bin so schüchtern, dass ich bestimmt nie jemanden kennen lernen werde.«
- »Ich wurde sexuell missbraucht. Deshalb habe ich solche Probleme mit der Sexualität.«
- »Sie leidet unter einer Lese- und Rechtschreibschwäche, deshalb kann sie weder gut lesen noch gut schreiben.«

Eine meiner liebsten Veranschaulichungen des Prinzips »Paralyse durch Analyse« ist der Film *Annie Hall*. Woody Allen spielt Alvey Singer, einen Neurotiker (was sonst!). Kurz nachdem er seine Freundin Annie kennen gelernt hat, erzählt er ihr, dass er seit 13 Jahren eine Analyse mache. Er ist aber offensichtlich noch immer ein Ausbund an Problemen. Als Annie ihre Verwunderung darüber äußert, wie lange er schon in Therapie sei, ohne eine Besserung erreicht zu haben, sagt er ihr, dass er sich dessen sehr wohl bewusst sei und vorhabe, die 15 Jahre noch voll zu machen. Wenn sich dann immer noch kein Erfolg eingestellt habe, würde er eine Wallfahrt nach Lourdes unternehmen.

Auch die Psychiatrie konzentriert sich auf die Ursachenforschung, wobei es hier um biologische oder genetische Ursachen geht. Psychiatrische Theorien – und mehr als Theorien sind es wirklich nicht – stützen die Vorstellung, dass persönliche Probleme auf biochemischen Ursachen basieren, wenn nicht sogar durch biochemische oder genetische Faktoren determiniert sind. Aber obwohl wir mit bestimmten genetischen und biochemischen Voraussetzungen auf die Welt kommen und durch sie beeinflusst werden, können wir nicht alle Aspekte unseres Daseins durch diese Faktoren erklären. In Wirklichkeit ist es natürlich viel komplexer. Menschen mit biochemisch bedingten Störungen können und werden Schwankungen in ihrem Befinden verspüren, aber manchmal erholen sie sich auch wieder vollständig von einer Störung, die neurologische oder biochemische Ursachen zu haben scheint.

Psychologische und psychiatrische Problemlösungsstrategien können folgende Nachteile haben:

- Sie liefern nur Erklärungen statt Lösungen.
- Sie lenken Ihre Aufmerksamkeit auf das, was sich nicht ändern lässt: auf die Vergangenheit oder individuelle Charaktereigenschaften.
- Sie ermutigen Sie, sich als Opfer Ihrer Kindheit, Ihrer biologischen oder genetischen Veranlagung, Ihrer Familie oder der Unterdrückung durch die Gesellschaft zu betrachten.
- Manchmal schaffen sie neue Probleme, von denen Sie bisher noch nichts geahnt haben.

Es gibt Leute, die trotz einer Lese- und Rechtschreibschwäche erfolgreiche Schriftsteller werden. Es gibt schüchterne Menschen, die Schauspieler oder Pressesprecher sind. Menschen können trotz sexuellen Missbrauchs ein erfülltes Liebesleben haben. Sie alle lassen nicht zu, dass irgendwelche psychologischen oder sonstigen Theorien darüber, was mit ihnen nicht stimmt, ihr Leben beherrschen. Diese Menschen haben einen lösungsorientierten Ansatz für ihr Leben gewählt, bei dem sie sich auf das konzentrieren, was sie selbst dazu beitragen können, dass ihre Situation besser wird.

Ich kam auf einem sehr persönlichen Weg zu diesem lösungsorientierten Ansatz. Im Jahre 1971 war ich an einem Punkt angelangt, an dem ich Selbstmord begehen wollte. Dies mag für den Beginn eines Buches, das dem Leser Mut machen soll, vielleicht etwas merkwürdig anmuten. Aber das war der Punkt, an dem alles begann. Ich war zu der Zeit sehr depressiv und einsam. Ich hatte keinerlei Zukunftsperspektive, außer der, dass sich die Misere der Vergangenheit immer weiter fortsetzen würde. Ich hielt mich für einen »Dichter«, war aber natürlich weit davon entfernt, als solcher meinen Lebensunterhalt zu verdienen.

Ich ließ mich durch die Scheinheiligkeit, die ich in der Gesellschaft und bei meinen Bekannten beobachtete, entmutigen. Ich hatte das Gefühl, dass meine Nerven blank lägen, so als hätte ich keine

Haut mehr, die mich vor Übergriffen aus der Umgebung oder vor dem Kontakt mit anderen hätte schützen können. Nur meinen engsten Freunden wagte ich meine Gedichte zu zeigen. So war es also denkbar unwahrscheinlich, dass ich je von meinen Gedichten würde leben können. Nach einer langen Phase des Jammerns und Klagens beschloss ich irgendwann, mich umzubringen.

Ich lebte zu der Zeit als Hippie, und die wenigen Freunde, von denen ich mich verabschiedete, verstanden und akzeptierten meinen Entschluss (sie waren im Großen und Ganzen genau so verquer und depressiv wie ich). Sie würden mich in einem anderen Leben wiedersehen, bei einer weiteren Runde auf dem Lebensrad. Schade eigentlich, aber in diesem Leben – so dachte ich damals – hatte es für mich eben einfach nicht geklappt.

Eine Freundin allerdings war empört, als sie von meinen Selbstmordplänen erfuhr. Ich sagte ihr, mein Problem bestehe darin, dass ich einfach nicht mehr in der Lage sei, mit Menschen zu verkehren und meinen Lebensunterhalt zu verdienen. Sie erzählte mir von zwei unverheirateten Tanten in Nebraska, die ihr nach ihrem Ableben etwas Land vererben würden. Sie versprach mir, dass ich bis an mein Lebensende mietfrei in einem Farmhaus auf ihrem Land leben könnte, wenn ich ihr wiederum versprach, mich nicht umzubringen. Tja, das klang für mich wie eine echte Alternative! Ich fragte sie: »Wie alt sind denn deine Tanten?« Als ich erfuhr, dass sie die sechzig längst überschritten hatten, stimmte ich zu und versprach ihr, mich nicht umzubringen. (Ich war jung genug, um zu glauben, dass Leute in den Sechzigern zeitig sterben. Ich hatte ja keine Ahnung, dass solche unverheirateten Tanten in Nebraska in der Regel 100 Jahre alt werden!)

Jetzt hatte ich also eine Zukunft, auf die ich hinarbeiten konnte, dafür stellte sich aber die schwierige Frage, wie ich in der Zwischenzeit halbwegs zufrieden leben sollte. Ich begann, nach einem Weg zu suchen, wie ich mich besser fühlen und mehr vom Leben haben könnte. Ich fing an, Psychologie- und Selbsthilfebücher zu lesen. Zu meinem großen Bedauern wurde ich immer depressiver und mutloser, je mehr ich von diesen Büchern konsumierte. Mir wurde allmählich klar, wie schlimm es wirklich in meinem Inneren aussah. Ich war klinisch gesehen depressiv und hatte sicherlich eine biochemisch fassbare Nervenerkrankung. Wahrscheinlich würde ich Medikamente brauchen. Ich entnahm den Büchern, dass wegen meines sexuellen Missbrauchs als Kind wohl mindestens sieben Jahre Therapie nötig wären. Ich würde Unmengen an Zeit, Geld und Energie investieren müssen, um meine unterdrückten und verdrängten Erinnerungen und Gefühle im Zusammenhang mit dem Missbrauch zurückzugewinnen. Aber ich war mir nicht sicher, ob ich wirklich Medikamente nehmen und eine jahrelange, mühsame Therapie durchlaufen wollte. Zumindest wusste ich ganz genau, dass ich es mir nicht leisten konnte. Kein Wunder also, dass ich noch depressiver wurde!

Ich habe Psychologie studiert und arbeitete als Eheberater und Familientherapeut. Aber auch diese Qualifikationen haben mir nicht so richtig aufzeigen können, wie man anderen (oder sich selbst) hilft, sich zu ändern. Meistens führten sie nur zu interessanten Erklärungen darüber, wie sich ein Problem entwickelt hatte und warum es sich nicht verändern ließ. Ich musste also an einer anderen Stelle suchen. Wie ich im Laufe der Zeit begriff, war der Weg zur Veränderung zwar einfacher, aber auch weniger offensichtlich als das, was ich bisher gelernt hatte. Schließlich hörte ich auf, an den nahe liegenden Orten zu suchen (da, wo mehr Licht war), und leuchtete andere Bereiche aus, um vielleicht dort die Schlüssel zur Problemlösung zu finden. Ich stellte fest, dass auch andere Menschen an diesen ungewöhnlichen Stellen suchten. Ich eignete mir so viel wie möglich von dem an, was sie für sich herausgefunden hatten und was einem zu einer schnellen und einfachen Veränderung verhelfen konnte.

Auf meine Situation übertragen bedeutete das: Die Tatsache, dass ich nach den Ursachen suchte, war eindeutig der Kern des Problems. Wie der Betrunkene unter der Straßenlaterne suchte ich immer am falschen Ort nach dem Schlüssel, der mich aus dem Gefängnis der Depression hätte befreien können.

Ich intensivierte meine Studien in den folgenden Jahren, und es ging mir zunehmend besser. Natürlich war es am Ende so, dass die besagten Tanten noch viele Jahre lebten. Es kam nie zur Einlösung des Versprechens, das mir meine Freundin gegeben hatte, denn als sie schließlich das Land erbte, war ich längst glücklich und hatte mein Leben im Griff.

Jetzt lebe ich in einer wunderbaren Ehe, bin beruflich erfolgreich mit dem, was ich wirklich gern tue, und habe ein gutes Einkommen. Als Dozent für den lösungsorientierten Ansatz reise ich durch die Welt. Sie halten mein 17. Buch in Händen (letztendlich habe ich es also doch noch geschafft, Texte aus meiner Feder anderen vorzulegen). In diesem Buch steckt vieles von dem, was ich auf meinem Weg aus dem Elend, weg von Selbstmordabsichten und Depression hin zu Glück und Erfolg, herausgefunden habe.

Einer der Menschen, die mir den lösungsorientierten Ansatz nahe gebracht haben, war der inzwischen verstorbene Psychiater Milton H. Erickson. Er war auf einer Farm im Mittleren Westen der USA aufgewachsen und viel zu pragmatisch veranlagt, als dass er sich in psychologischen oder psychiatrischen Erklärungsversuchen verloren hätte. Als ich in den späten 1970er Jahren bei ihm studierte, erzählte er mir eine Geschichte, die die Grundidee des lösungsorientierten Ansatzes veranschaulicht.

Einer von Ericksons Kollegen hatte eine Lieblingstante, die in Milwaukee lebte und eine schwere Depression entwickelt hatte. Als Erickson dort einen Vortrag halten sollte, bat der Kollege ihn, seine Tante zu besuchen und den Versuch zu unternehmen, ihr zu helfen. Die Frau hatte ein Vermögen und eine Villa geerbt, in der sie lebte. Aber da sie nie geheiratet hatte und inzwischen auch die meisten ihrer nächsten Angehörigen gestorben waren, lebte sie ganz allein. Sie war Mitte sechzig und hatte einige körperliche Gebrechen, die sie an den Rollstuhl fesselten und ihre sozialen Aktivitäten massiv einschränkten. In letzter Zeit hatte sie ihrem Neffen gegenüber Andeutungen gemacht, dass sie mit dem Gedanken an Selbstmord spielte.

Nach seinem Vortrag fuhr Erickson mit dem Taxi zum Haus der Tante. Sie erwartete ihn schon, denn ihr Neffe hatte ihr den Besuch angekündigt. An der Haustür empfing sie Erickson und führte ihn durch das große Haus. Sie hatte alles rollstuhlgerecht umbauen lassen, aber ansonsten machte das Haus den Anschein, als habe sich seit dem Ende des 19. Jahrhunderts nichts darin verändert. Die Möbel und Einrichtungsgegenstände zeugten von längst vergangenen goldenen Zeiten und rochen muffig. Durch die zugezogenen Vorhänge im ganzen Haus, die Erickson besonders auffielen, waren die Räume von einer sehr bedrückenden Atmosphäre erfüllt.

Allerdings hatte sich die Tante das Beste für den Schluss aufbewahrt und führte Erickson zuletzt ins Gewächshaus, das ans Haus angebaut war. Dies war ihre ganze Freude; sie hatte ein Händchen für Pflanzen und verbrachte viele glückliche Stunden mit der Gärtnerei. Stolz führte sie ihm ihr neuestes Projekt vor: Sie züchtete Usambaraveilchen aus eigenen Ablegern. In dem folgenden Gespräch wurde Erickson klar, dass die Frau sehr einsam war. Sie war früher in ihrer Kirchengemeinde ziemlich aktiv gewesen, aber seit sie an den Rollstuhl gefesselt war, ging sie nur noch sonntags in die Kirche. Da die Kirche keine Rollstuhlrampe besaß, engagierte sie einen Helfer, der sie zur Kirche fuhr und sie in den Kirchenraum trug, nachdem der Gottesdienst begonnen hatte (damit sie die Leute nicht beim Betreten der Kirche behinderte). So verließ sie die Kirche auch vor dem Ende des Gottesdienstes, wiederum um nicht den Verkehr aufzuhalten.

Nachdem Erickson ihre Geschichte angehört hatte, erzählte er ihr, wie besorgt ihr Neffe darüber sei, dass sie so depressiv geworden war. Sie gab zu, dass es wirklich ziemlich schlimm sei. Aber Erickson sagte, dass seiner Meinung nach die Depression nicht das eigentliche Problem sei. Für ihn war klar: Ihr Problem bestand darin, dass sie keine besonders gute Christin war. Sie war sehr erstaunt über diese Bemerkung und wurde etwas ärgerlich, bis er sie ihr schließlich erklärte. »Schauen Sie, hier sitzen Sie mit all dem Geld, aller Zeit der Welt und Ihrem grünen Daumen. All das liegt einfach brach. Ich würde vorschlagen, dass Sie sich eine Liste von den Gemeindemitgliedern besorgen und dann einen Blick in das neueste Kirchenblättchen werfen. Sie werden darin Geburtsanzeigen und Meldungen über Krankheitsfälle finden, über bestandene Examina, Verlobungen und Hochzeiten – eben über all die erfreulichen und auch traurigen Anlässe im Leben der Gemeindemitglieder. Machen Sie eine Reihe von Ablegern Ihrer Usambaraveilchen und lassen Sie sie schön gedeihen. Dann topfen Sie sie in hübsche Blumentöpfe um und lassen sich von Ihrem Fahrer zu den Häusern der Leute bringen, die von solchen freudigen oder traurigen Anlässen betroffen sind. Überbringen Sie ihnen eine Pflanze zusammen mit Ihren Glückwünschen bzw. Ihrem Beileid und Mitgefühl, was auch immer eben der Situation angemessen ist.«

Als sie das hörte, gab die Frau zu, dass sie ihre christlichen Pflichten tatsächlich vernachlässigt hatte, und willigte ein, dies zu ändern. Als ich zwanzig Jahre später in Ericksons Büro saß, zog er eines seiner Sammelalben hervor und zeigte mir einen Artikel aus dem *Milwaukee Journal*. Es war eine Sonderreportage mit fetter Überschrift: »Tausende trauern um die Königin der Usambaraveilchen«. In dem Artikel wurde detailliert über das Leben dieser unglaublich fürsorglichen Frau berichtet, deren Blumen ihr Markenzeichen geworden waren. In den letzten zehn Jahren vor ihrem Tod hatte sie durch ihre karitative Arbeit für die Menschen in ihrer Gemeinde Berühmtheit erlangt.

Dieses Buch will Ihnen zehn Lösungsschlüssel an die Hand geben; sie sollen Ihnen den Weg zu einem neuen effektiven Ansatz eröffnen, den ich auf meiner Suche für mich entdeckt habe: dem lösungsorientierten Ansatz zur Bewältigung von Problemen. Diese Schlüssel werden Sie nutzen können, um Probleme zu lösen oder um Ihr Leben besser und glücklicher zu gestalten. Sie können entweder einen oder auch mehrere dieser Schlüssel verwenden. Es kann natürlich sein, dass bei Ihnen jeder dieser Schlüssel passt. Aber in der lösungsorientierten Denkweise glauben wir, dass es für unterschiedliche Menschen unterschiedliche Lösungen gibt; und die einzige Möglichkeit herauszufinden, welche für Sie die richtige ist, besteht darin, die verschiedenen Schlüssel auszuprobieren und zu schauen, welcher passt.

Ich erinnere mich noch gut daran, wie ich den lösungsorientierten Ansatz zum ersten Mal in meiner psychotherapeutischen Praxis angewendet habe. Ich hatte gerade begonnen, in einem psychotherapeutischen Behandlungszentrum für seelische Erkrankungen zu arbeiten, als ich eine ehemalige Klientin meiner im Urlaub befindlichen Kollegin Louise vertretungsweise übernahm. Da ich Louises Intervention nach ihrer Rückkehr nicht vorgreifen wollte, entschloss ich mich, Janine einfach nur über ihre Situation zu befragen und keinerlei Therapie mit ihr zu machen.

Janine erzählte mir, dass sie die Therapie vor ungefähr einem Jahr wegen einer schweren depressiven Episode begonnen habe. Louise habe ihr geholfen, diese Episode zu überstehen. Sie sagte, dass sie zu der Zeit, als sie Louise zum ersten Mal aufgesucht hatte, so depressiv gewesen sei, dass sie 18 Stunden am Tag geschlafen habe. Sie hatte ein Stipendium fürs College, aber als die Depressionen begannen, ging sie nicht mehr zu den Lehrveranstaltungen, schaffte keinen der erforderlichen Scheine und verlor somit die finanzielle Unterstützung. Dies deprimierte sie noch mehr, denn nun hatte sie nicht nur emotionale, sondern auch noch finanzielle Probleme.

Eines Tages rief sie in ihrer Verzweiflung in dem psychotherapeutischen Behandlungszentrum an, in dem Louise und ich arbeiteten. Allein die Tatsache, dass sie aus dem Bett aufstehen und das Haus verlassen musste, um den Termin bei Louise wahrzunehmen, führte dazu, dass der Druck der Depression ein wenig nachließ. Aber Janine konnte nur einmal pro Woche zu Louise kommen, da Louises Praxis voll war und es eine lange Warteliste gab. Janine klammerte sich inzwischen an den Wochentag, an dem sie den Termin bei Louise hatte. Dieser Tag war irgendwie immer etwas besser als die anderen. Schließlich kamen die beiden zu der Erkenntnis, dass allein schon aufzustehen und aus dem Haus zu gehen von Nutzen sei.

Aber Janine hatte kein Geld mehr, und sie hatte sich bereits so weit von ihren Freunden distanziert, dass sie niemanden mehr hatte, zu dem sie gehen konnte. Deshalb bekam Janine die Aufgabe, jeden Tag aufzustehen und eine Runde um den Block zu laufen. Dies erschien ihr am Anfang fast unmöglich. Sie hatte so wenig Energie, dass es sie eine unglaubliche Anstrengung kostete, aus dem Bett hochzukommen, sich anzuziehen und sich um den Block zu schleppen. Aber sie schaffte es. Und erstaunlicherweise hatte sie das Gefühl, mehr Energie zu haben, wenn sie von dem Spaziergang zurückkam. Also steigerte sie ihr Pensum auf zwei Runden um den Block, dann drei und so weiter, bis sie jeden Morgen regelmäßig fünf Runden lief.

Als sich ihre Stimmung besserte, begann sie, Freunde vom College zu kontaktieren und wieder auszugehen. Auf ihren Spaziergängen kaufte sie jeden Tag eine Zeitung und bewarb sich um Jobs, bis sie eine Teilzeitstelle bekam. Im nächsten Semester ging sie auch wieder zu einigen Lehrveranstaltungen. Nach einer Weile hatte sie nur noch wenig oder gar nichts mehr in den Sitzungen mit Louise zu besprechen. Sie kamen überein, dass die Therapie beendet sei. Ich fragte sie, was denn passiert sei, da die Depression offenbar wiedergekehrt war. Sie erzählte, dass sie in einem Seminar einen Mann kennen gelernt habe, mit dem sie eine

Beziehung eingegangen sei. Er war bei ihr eingezogen. Am Anfang war alles in Ordnung; aber mit der Zeit wurde er zunehmend kritischer und dominanter. Er mochte ihre Freunde nicht, sodass sie immer weniger mit ihnen unternahm. Er kritisierte, dass sie in der letzten Zeit zugenommen hätte. Er nörgelte daran herum, wie sie ihr Essen kaute. Sie begannen, sich über alles zu streiten. Am Ende drohte er dann nach einem großen Krach damit auszuziehen, und sie teilte ihm mit, dass sie nichts dagegen hätte.

Ein paar Wochen lang ging es ihr gut damit. Es war eine Erlösung, nicht kritisiert und kontrolliert zu werden. Aber dann rutschte sie geradewegs wieder in eine Depression, die der ersten Episode sehr ähnelte. Sie erzählte mir, dass sie sehr viel Zeit im Bett verbringe. Sie hatte sich krankgemeldet, anstatt arbeiten zu gehen, und schwänzte einige Seminare und Vorlesungen. Während sie mir all das schilderte, unterbrach sie sich plötzlich selbst: »Moment mal! Ich weiß, was ich tun muss. Ich muss aufstehen, um den Block laufen, meine alten Freunde anrufen, zusehen, dass ich keine Seminare schwänze und zur Arbeit gehe. Meine Güte! Wie konnte ich all das nur vergessen?« Jetzt lächelte sie – welch Kontrast zu dem besorgten Gesichtsausdruck, mit dem sie mein Zimmer betreten hatte! »Ich weiß genau, was ich tun muss, um nicht depressiv zu sein.« – »Ja, den Eindruck habe ich auch«, sagte ich.

Als Janine ging, war ich begeistert. Aber ich war auch perplex, denn ich hatte keinen meiner üblichen therapeutischen Kniffe angewandt. Ich hatte gar nicht erst versucht, Janines Problem zu lösen, da ich wusste, dass meine Kollegin bald zurückkehren würde.

Es stellte sich heraus, dass genau das der Schlüssel war: Nicht ich hatte Janines Problem gelöst – sie selbst hatte es getan! Ich war auf die *lösungsorientierte Therapie* gestoßen. Janine hatte ihre Probleme mit ihren eigenen, beinahe vergessenen Strategien gelöst. Ich hatte ihr geholfen, sich zu vergegenwärtigen, wo ihre Stärken lagen und wie sie in der Vergangenheit ihre Probleme gelöst hatte. Problemorientierte und erklärungsbasierte Theorien konzentrieren sich auf das, was mit der Person nicht stimmt oder was in der Vergangenheit schief gelaufen ist. Lösungsorientierte Therapie beleuchtet, was an der Person in Ordnung ist, was in der Vergangenheit funktioniert hat oder hilfreich war und was die Person jetzt im Moment tun kann, um etwas zu verändern.

Natürlich kann nicht jede Depression so schnell und einfach wie diese behandelt werden, aber hier war etwas sehr Wichtiges geschehen. Den psychologischen und psychiatrischen Theorien zufolge hätte im Falle einer schweren Depression niemals eine so schnelle Verbesserung eintreten können. Offensichtlich stimmte das aber nicht. Sogar Menschen, die in ihrem Leben immer wiederkehrende Episoden von Depressionen erleiden, können von diesem Ansatz profitieren. Wenn sie ein paar Werkzeuge an die Hand bekommen, die ihnen zur Linderung oder Beendigung einer depressiven Episode verhelfen, werden sie ihre Depression als weniger hoffnungslos und niederschmetternd empfinden.

Bitte verstehen Sie mich nicht falsch. Ich versuche nicht, Ihnen weiszumachen, dass jeder innerhalb von 20 Minuten über eine schwere Depression hinwegkommen kann. Die meisten Menschen würden es schon als nahezu unmöglich ansehen, während der schlimmsten Phase überhaupt aus dem Bett zu kommen. Der entscheidende Punkt an Janines Geschichte ist, dass sie es vorher schon einmal während der schlimmsten Phase geschafft hatte, aufzustehen und um den Block zu laufen. Das ist auch der Kern der lösungsorientierten Therapie: herauszufinden, wozu der Betreffende fähig ist und welcher Lösungsstrategien er sich vorher bedient hat – um ihn dann dazu zu bringen, bewusst die Dinge zu tun, bei denen er vorher die Erfahrung gemacht hat, dass sie zur Linderung oder Lösung seiner Probleme beitragen. Der eine mag es als hilfreich empfunden haben, mitten in einer depressiven Episode ein anregendes Buch zu lesen; jemand anderem wiederum tut es gut, während einer körperlichen Erkrankung einen Marx-Brothers-Film anzusehen. Keiner dieser Lösungsansätze ähnelt dem, aufzustehen und um den Block zu laufen. Janines Lösungsidee stammte von ihr selbst und nicht von mir noch von irgendeiner psychologischen Theorie oder einem Kollegen.

Früher hatte ich gelernt, Menschen mit Hilfe des traditionellen therapeutischen Ansatzes bei der Lösung ihrer Probleme zu helfen: nämlich herauszufinden, wodurch sie in der Vergangenheit traumatisiert wurden, und sie dabei zu unterstützen, dieses Trauma zu verarbeiten; oder ihre irrationalen Denkweisen aufzudecken und ihnen zu helfen, diese Denkfehler zu korrigieren; oder vielleicht einen biochemischen Defekt zu diagnostizieren, den möglicherweise Medikamente günstig beeinflussen könnten oder bei dem man die Betroffenen darin unterstützt, ihre Situation zu akzeptieren.

Lösungsorientierte Therapie funktioniert anders: Während sie durchaus berücksichtigt, dass Menschen eine Vielzahl an Problemen haben können – darunter biochemische Störungen, Persönlichkeitsprobleme sowie vermutete Konflikte bzw. Traumata aus der Vergangenheit –, konzentriert sie sich darauf zu ergründen, welche Handlungsweisen bei diesen Personen funktionieren und welche ihnen helfen, diese Erkenntnisse bewusst zur Problemlösung einzusetzen. Sie ermutigt Menschen, sich davon zu verabschieden, die Ursachen und die Entstehungsweise ihrer Probleme zu analysieren, und stattdessen damit zu beginnen, neue Wege zu finden und aktiv zu einer Lösung beizutragen.

Das besonders Reizvolle am lösungsorientierten Ansatz ist Folgendes: Da ihm Ihre eigenen Lösungen zugrunde liegen, können Sie Ihr eigener Therapeut werden, und die verordnete Abhilfe wird maßgeschneidert sein; so wird sie auch viel besser passen als die eines fremden Experten. Sie haben die Schlüssel – Sie müssen nur wissen, wohin Sie leuchten müssen!

Teil I

Die Vorgehensweise ändern
Es ist idiotisch, immer wieder dasselbe zu tun und trotzdem unterschiedliche Ergebnisse zu erwarten

In diesem Teil des Buches werden Sie erfahren, wie Sie etwas verändern können, wenn Sie unzufrieden sind oder mit Ihrem Verhalten nicht die erwünschten Resultate erzielen. Hier wird die Aufmerksamkeit auf konkrete Handlungsweisen gelenkt, durch die Sie Veränderungen herbeiführen können. Sie werden sehen, was Sie durch zweierlei Dinge erreichen können:

1. Achten Sie auf sich wiederholende Verhaltensmuster, in denen Sie gefangen sind oder in denen andere im Umgang mit Ihnen feststecken. Ändern Sie diese Muster, soweit Sie können.
2. Definieren Sie, welche konkreten Aktionen Ihrerseits zur Verbesserung der Situation führen, und handeln Sie öfter danach.

Wenn im Leben immer wieder dasselbe schiefläuft: Verhaltensmuster ändern

»Wenn du feststellst, dass du auf einem toten
Pferd reitest, ist es das Beste abzusteigen.«
Stammesweisheit der Dakota

Bereiten Sie sich darauf vor, einen völlig neuen Weg einzuschlagen, um Ihr Leben zu meistern und Probleme zu lösen. Am Anfang mag Ihnen dieser Weg verdächtig einfach erscheinen: Aber meine Probleme sind komplizierter und reichen tiefer, mögen Sie denken. Sie sollten diesem Ansatz dennoch eine Chance geben. Wenn Sie es versuchen, werden Sie die Kraft des lösungsorientierten Ansatzes spüren. In den letzten Jahren hat er die Psychotherapieszene geradezu revolutioniert. Die meisten Therapeuten hatten zuvor die Einstellung, dass es Jahre dauert, signifikante Veränderungen zu erzielen, besonders bei schwerwiegenden, langfristigen Problemen. Der lösungsorientierte Ansatz hat jedoch gezeigt, dass die Menschen zu raschen Veränderungen in der Lage sind. Wir arbeiten mit dieser Methode und haben Tausende von Therapeuten ausgebildet, die Probleme lösungsorientiert angehen. Wer als Therapeut diesen Weg erst einmal für sich entdeckt hat, kehrt nur selten zu seiner herkömmlichen Arbeitsweise zurück.

Die lösungsorientierte Herangehensweise konzentriert sich auf die Gegenwart und Zukunft. Sie ermutigt die Menschen, aktiv zu handeln und ihre Perspektive zu verändern. Die Vergangenheit hat ihre Bedeutung insofern, als sie uns beeinflusst und uns an den Punkt gebracht hat, an dem wir heute stehen. Aber es ist ein Fehler, unsere Zukunft von der Vergangenheit bestimmen zu lassen. Stattdessen legt dieser neue Ansatz nahe, die Vergangenheit zur Kenntnis zu nehmen und dann den Blick nach vorn auf die Veränderung zu richten.

Vor einiger Zeit las ich einen Leserbrief in der Ratgeberkolumne von Ann Landers, einer weltbekannten Therapeutin. Dieser Brief mag als perfekte Einführung in die lösungsorientierte Denkweise dienen. Eine Frau schrieb, andere Frauen sollten sich nicht beschweren, dass ihre Männer schnarchen. Ihr Mann hatte jahrelang geschnarcht (»wie eine Ratte«), und sie hätte sich immer bei ihm darüber beklagt. Er glaubte ihr aber nicht, dass er schnarchte. Schließlich sagte sie eines Abends zu ihm, dass sie es ihm beweisen würde, indem sie nachts einen Kassettenrekorder aufstellte, um das scheußliche Geschnarche aufzunehmen. Sie bat ihn, ins Bett zu gehen und nach Herzenslust zu schnarchen. Zu ihrer Überraschung schnarchte er in dieser Nacht nicht laut, sondern ganz leise (»wie eine kleine Maus«). Er hat nie wieder laut geschnarcht. Am Ende ihres Briefes schrieb sie wehmütig, dass ihr Mann vor einem Jahr gestorben sei und sie ihn schrecklich vermisse und sich wünsche, sie könnte ihn wieder wie eine Ratte schnarchen hören (*Omaha World Herald*, Sonntag, 13. Dezember 1987).

Wie aber war es möglich, mit einem Kassettenrekorder das Geschnarche abzustellen? Die Antwort liegt nahe: Wenn wir immer wieder dasselbe tun, wird auch immer wieder dasselbe dabei herauskommen. Aber wenn wir etwas anders machen, bringt das in der Regel auch ein anderes Ergebnis. Denken Sie einmal über die folgende Geschichte nach.

In China saß ein Mann jahrelang im Gefängnis. Eines Tages erblickte er in der Gefängniswerkstatt, in der er arbeitete, kleine Stückchen hell glänzenden Drahtes zwischen den Spänen auf dem Fußboden. Er begann, sie zu sammeln, und bewahrte sie in einer Flasche auf, die er zur Dekoration in seiner Zelle aufstellte.

Nach jahrelanger Haft wurde er schließlich aus dem Gefängnis entlassen und nahm die mit den Drähten gefüllte Flasche als Erinnerung an die Zeit seiner Gefangenenjahre mit. Er war jetzt ein alter Mann und nicht mehr in der Lage zu arbeiten, und verbrachte seine Tage damit, exakt zu der gleichen Zeit aufzuwachen, zu der der Gefängniswärter immer die Gefangenen geweckt hatte, und zu der Zeit schlafen zu gehen, zu der normalerweise das Licht in den Zellen gelöscht wurde. Er lief in seiner Wohnung genauso auf und ab, wie er es in seiner Zelle getan hatte – vier Schritte vor und vier Schritte zurück. Nachdem er eine Weile so zugebracht hatte, wurde er eines Tages so wütend, dass er die Flasche am Boden zerschmetterte. Er sah, dass das Konglomerat der rostigen Drähte die Form der Flasche angenommen hatte.

(Bette Bao Lord, *Legacies: A Chinese Mosaic*, 1990, S. 3)

In Problemsituationen verhalten sich die meisten von uns wie der Mann mit seinem Leben in der Form einer Flasche: Wir wiederholen dieselben Handlungsweisen immer und immer wieder und wundern uns, warum die Ergebnisse immer dieselben bleiben. Dies erinnert mich ein bisschen an das Klischee vom amerikanischen Touristen, der im Ausland einen Passanten nach dem Weg fragt, der kein Englisch versteht. Da seine Frage nicht verstanden wird, wiederholt der Amerikaner sie noch einmal lauter und langsamer: »I – said – can – you – tell – me – how – to – get – to – the – Eiffel – tower!«

Wenn das, was wir tun, nicht funktioniert, versuchen wir es oft einfach noch einmal, und zwar diesmal noch angestrengter und intensiver. Manchmal trägt diese Hartnäckigkeit ja auch Früchte (wie einem alle entnervten Eltern bestätigen können, die dem unermüdlichen Quengeln ihres Kindes nachgeben), aber noch häufiger verhindert es, dass wir das bekommen, was wir wollen.

Anstatt zu analysieren, warum ein Problem entstanden ist, trägt es also eher zur Problemlösung bei, andere Schritte zu wählen. Das erreicht man, indem man ermittelt, welches Verhalten man immer wieder an den Tag legt (das Problemmuster), und dann den Versuch unternimmt, irgendetwas anders zu machen (das Muster aufzubrechen). Das kann auch dann funktionieren, wenn das Problem bei einer anderen Person liegt, denn wenn Sie Ihren persönlichen Anteil am Beziehungsmuster zu einem anderen Menschen verändern, ändert infolgedessen häufig auch der andere sein Verhalten.

Die Veränderung der von mir so bezeichneten *Handlungsweise* (des »Tuns«[1]) ist der Gegenstand des ersten Buchteils. Im zweiten Teil geht es um eine andere Möglichkeit der Beeinflussung eines Problems. Wir werden daran arbeiten, die Art und Weise, wie wir ein Problem wahrnehmen, zu verändern. Ich nenne dies die *Betrachtungsweise*[2] des Problems.

---

[1] Im englischen Original verwendet der Autor hier die Wendung »the ›doing‹ of the problem«.

[2] Im englischen Original verwendet der Autor hier die Wendung »the ›viewing‹ of the problem«.

Erster Lösungsschlüssel:
Problemmuster aufbrechen

Ein Ehepaar ging zur Eheberatung, weil die beiden unentwegt miteinander stritten. Sie wurden schnell wütend und warfen sich die wüstesten Beschimpfungen, die ihnen in den Sinn kamen, an den Kopf. Wenn eine solche verletzende Bemerkung erst einmal gefallen war, konnten sie sie nicht mehr zurücknehmen, auch wenn sie es bereuten, nachdem sie sich wieder beruhigt hatten. Der Therapeut erfuhr bei seiner Befragung, dass beide Partner dieses Verhaltensmuster jeweils von ihren Eltern übernommen hatten. Aber obwohl sie nun ansatzweise verstanden, woher das Problemverhalten kam, brach immer wieder Streit aus.

Der Therapeut nahm an einem meiner Workshops teil und erzählte mir später, wie es weitergegangen war. Als das Paar zum nächsten Termin erschien, berichtete er den beiden, dass er gerade in einem Workshop etwas Neues gelernt habe. Wenn sie den Mut dazu hätten, könnte man es ja einmal damit versuchen. Er könne sich für die Wirksamkeit nicht verbürgen, da er so normalerweise nicht arbeite; aber er glaube, dass es in ihrer Situation genau das Richtige sei. Die beiden waren willens, alles auszuprobieren, denn ihre Ehe stand unmittelbar vor dem endgültigen Aus.

Der Therapeut machte folgenden Vorschlag: Das nächste Mal, wenn ein Streit außer Kontrolle zu geraten drohe, sollten sie kurz unterbrechen und sich im Badezimmer wiedertreffen. Der Mann sollte sich ganz ausziehen und in die Badewanne steigen. Die Frau sollte angekleidet neben der Badewanne auf der Toilette sitzen. Dann sollten sie ihren Streit an dem Punkt fortsetzen, an dem sie aufgehört hatten. Wie man sich vorstellen kann, war es schwierig, in dieser Lage weiter zu streiten. Der Ehemann fühlte sich bloßgestellt und verhielt sich nicht mehr wie sonst. Die Ehefrau fand es irrsinnig komisch und schaffte es nicht wie üblich, sich in Rage zu reden, bis sie auf 180 war.

Trotzdem führten sie diese Übung in den folgenden Wochen pflichtbewusst bei jedem aufkommenden Streit durch – genauso, wie es der Therapeut vorgeschlagen hatte. Nach einigen Gängen ins Badezimmer lernten sie allmählich, den Streit so zu mäßigen, dass er nicht mehr außer Kontrolle geriet. Wenn die Stimmung zu kippen drohte, guckte einer von beiden Richtung Badezimmer, und der andere antwortete: »Okay, okay! Vielleicht sollten wir uns erst mal beruhigen und sehen, ob wir die Sache auch so regeln können.«

Probieren Sie immer, wenn Sie mit einem Problem nicht mehr zurechtkommen, etwas Neues. Machen Sie eines – nur eine Sache – anders. Brechen Sie das Problemmuster auf. Es ist idiotisch, immer wieder dasselbe zu tun und sich davon unterschiedliche Ergebnisse zu erwarten!

Meine Freundin Christine hat das Aufbrechen von Problemmustern mit großem Erfolg eingesetzt. Sie hatte zwei kleine Kinder und litt unter ständigem Schlafmangel. Sie war alles andere als eine Frühaufsteherin, wachte morgens schlecht gelaunt auf und schnauzte ihre Kinder und ihren Mann an.

Eines Morgens, nachdem sie mal wieder völlig ausgeflippt war, weil eines ihrer Kinder trödelte, schaute ihr Mann sie an und fragte: »Was ist denn los mit dir? Du bist wohl mit dem linken Fuß aufgestanden!« Als Reaktion darauf blaffte sie auch ihn noch an. Aber nachdem alle anderen das Haus verlassen hatten, dachte sie über seine Bemerkung nach. Vielleicht war sie ja wirklich mit dem linken Fuß aufgestanden? Sie nahm sich vor, dieses Muster am nächsten Morgen zu durchbrechen.

Als der Wecker am nächsten Morgen klingelte und ihr Mann schon unter der Dusche war, rollte sie sich zur anderen Seite des Bettes hinüber und stand von dort mit dem rechten Fuß auf. Zu ihrer großen Freude verlief dieser Morgen vollkommen anders; sie war nicht mehr so gereizt. Also stand sie weiterhin morgens auf diese Weise aus dem Bett auf. Die gute Stimmung hielt eine ganze Weile an – bis sie eines Morgens merkte, dass sie wieder schlechte Laune bekam. Also beschloss sie, erneut etwas zu verändern – nämlich diesmal vom Fußende aus mit beiden Füßen aufzustehen.

Wie schon gesagt: Diese Methode mag Ihnen unglaublich simpel erscheinen, aber die einzige Möglichkeit herauszufinden, ob sie funktioniert, besteht darin, sie selbst auszuprobieren. Bisher galt immer die Vorstellung, dass Gefühle das Verhalten hervorrufen. Aber beim lösungsorientierten Ansatz geht man davon aus, dass neue Handlungen möglicherweise auch neue Gefühle hervorrufen können.

Als ich in den 1970er Jahren zum ersten Mal auf diese Idee stieß, lebte ich in Arizona. Ich hatte eine Allergie auf Gräserpollen. Zu der Zeit las ich gerade ein Buch von einem Australier namens Alexander,

der eine Methode (die Alexandertechnik) entwickelt hatte, körperliche Probleme so zu bearbeiten, dass sie ohne die Hilfe der Schulmedizin geheilt werden konnten. Alexander hatte sich als Redner seinen Lebensunterhalt verdient, bis er eine so heisere Stimme bekam, dass er schließlich seinen Beruf aufgeben musste. Denn keiner der vielen Ärzte, die er konsultiert hatte, war in der Lage gewesen, ihn von diesem Problem zu befreien.

Fest entschlossen, das Problem selbst in den Griff zu bekommen, fing er an, seinen Körper genau zu erkunden. Schließlich betrachtete er sich eines Tages vor dem Spiegel, während er versuchte, eine Rede zu halten. Ihm fiel auf, dass er seinen Hals auf eine ganz bestimmte Art und Weise anspannte und eine spezielle Haltung einnahm, wenn er zu sprechen begann. Er entspannte seine Halsmuskulatur bewusst und veränderte seine Körperhaltung – und augenblicklich hatte er seine Stimme zurück.

Als ich das las und über Verhaltensmuster nachdachte, entschloss ich mich, dasselbe auch einmal bei meiner Allergie auszuprobieren, denn ich hatte ja nichts zu verlieren. Ich wollte jedes damit in Zusammenhang stehende Muster beobachten und all die Aspekte daran verändern, die ich verändern konnte.

So beobachtete ich also, was ich tat, wenn sich eine allergische Reaktion ankündigte. Normalerweise lief es nach folgendem Schema ab: Zuerst kitzelte meine Nase, dann spannte ich die Gesichtsmuskeln in Vorbereitung des Niesanfalls an. Anschließend musste ich ungefähr 20-mal hintereinander niesen. Meine Nase fing an zu laufen, meine Augen und Mundwinkel juckten. Mir fiel auf, dass ich, nachdem ich erst einmal mit dem Niesen begonnen hatte, kaum noch in der Lage war, klar zu denken. Also beschloss ich, den Handlungsablauf an irgendeinem Punkt *vor* Beginn des Niesanfalls zu durchbrechen.

Ich stellte Folgendes fest: Wenn ich meine Gesichtsmuskeln bewusst entspannte, anstatt sie anzuspannen, musste ich nicht niesen. Am Anfang fiel es mir sehr schwer. Ich konnte dem Kitzeln und dem Niesreiz kaum widerstehen. Es brachte mich fast um den Verstand, nicht zu niesen, aber ich widerstand dem Drang. Denn wenn ich nicht nieste, lief meine Nase auch nicht, und der Teufelskreis war durchbrochen. Meine Augen und Mundwinkel fingen nicht an zu jucken. Nach ein paar Minuten ließ der Niesreiz nach und verschwand schließlich ganz.

In den ersten Wochen musste ich dieses Muster sehr häufig bewusst aufbrechen, aber danach war meine Allergie verschwunden. Seit diesem Erlebnis bin ich überzeugt von der Kraft dieser Methode.

Um ein Muster aufzubrechen, müssen Sie Ihr Problem wie ein Wissenschaftler beobachten. Sie müssen es wirklich sehr genau studieren und sich gründliche Notizen machen. Halten Sie sich Theorien und Erklärungen vom Leibe. Beobachten Sie weiter. Schenken Sie dem Was und Wie der Situation mehr Aufmerksamkeit als dem Warum.

Erste Methode: Die Vorgehensweise ändern

Eine Möglichkeit zur Intervention besteht darin, sich vorzustellen, einer anderen Person die schauspielerische »Darstellung« des eigenen Problems beibringen zu wollen. Wenn Meryl Streep bzw. Robert De Niro Sie in einem Film spielen würden und lernen sollten, Ihre Probleme darzustellen – welchen Rat würden Sie ihnen geben? Wie sollte sich der Schauspieler kleiden? Zu welcher Tageszeit könnte oder würde das Problem am wahrscheinlichsten auftreten? Was sollte der Schauspieler sagen und tun, um den Konflikt zu provozieren? Wie sollte er ihn aufrechterhalten?

Diese Methode kann man auch auf emotionale Probleme anwenden. Wie würden Sie eine Depression auf Ihre persönliche Art darstellen? Ich kenne mich hierin sehr gut aus, denn ich habe schon zu Beginn meiner Collegelaufbahn inoffiziell sozusagen sämtliche Abschlüsse im Fach Depression vorlegen können. Das Erste, was ich tun würde, um depressiv zu werden, wäre, so oft und so lange wie möglich im Bett liegen zu bleiben. Wenn ich doch aufstehen würde, würde ich zusehen, dass ich möglichst an einem Ort im Haus sitzen bleibe und mich kaum von der Stelle bewege. Ich würde auf jeden Fall vermeiden, spazieren zu gehen, zu joggen oder irgendeinen Sport zu treiben. Wenn ich etwas tun würde, was mich außer Atem bringen oder meinen Körper in allzu starke Bewegung versetzen würde, wäre meine

Depression in Gefahr. Ich würde es auch vermeiden, mich mit anderen zu treffen oder etwas mit ihnen zu unternehmen. Meistens würde ich allein bleiben und über meine Vergangenheit und meine Fehler nachgrübeln. Wenn ein sozialer Kontakt absolut unvermeidlich wäre, würde ich versuchen, ihn auf ein bis zwei Personen zu beschränken. Mit diesen Menschen würde ich nur das Allernötigste besprechen und unternehmen. Ich würde mit ihnen meist darüber reden, wie depressiv ich bin, und mich immer mit anderen vergleichen – wobei ich aus diesen Vergleichen natürlich immer als Verlierer hervorgehen würde. (Ich würde also zum Beispiel feststellen, dass andere gesünder als ich wären oder ein glücklicheres Leben führten.) Wäre das nicht eine gute Regieanweisung für die Rolle eines Depressiven?

Offensichtlich wäre es also für die Bekämpfung einer solchen Depression unerlässlich, mit all dem aufzuhören, was das Muster des Problemverhaltens prägt, und damit anzufangen, irgendetwas anders zu machen – irgendetwas, das das Problemmuster aufbrechen könnte.

Dasselbe kann man auch auf Ängstlichkeit anwenden. Oder auf Eifersucht: Wie spielt man Eifersucht? Oder bei chronischen und unproduktiven Streitereien mit Ihrem Ehepartner: Was müsste ich tun, wenn ich an Ihrer Stelle wäre, damit es in meiner Ehe höchstwahrscheinlich krachen würde? Wie könnte ich den Streit aufrechterhalten oder sogar noch anstacheln?

Diese sechs Fragen sollten Sie sich stellen, wenn Sie ein Problemmuster erkennen wollen:

1. Wie oft tritt das Problem typischerweise auf (einmal pro Stunde, pro Tag oder pro Woche …)?
2. Zu welcher Zeit tritt es normalerweise auf (Tageszeit, im Verlauf der Woche oder des Monats, Jahreszeit)? Tritt das Problem nur an Wochenenden auf? Nur nachts? Direkt, wenn Sie von der Arbeit nach Hause kommen?
3. Wie lange hält es in der Regel an?
4. An welchem Ort tritt das Problem typischerweise auf? Im Wohnzimmer? In der Küche? Im Badezimmer? Bei der Arbeit? Beim Autofahren?

5. Was tun Sie, wenn das Problem auftritt? Hauen Sie auf den Tisch? Verlassen Sie den Raum? Rufen Sie einen Freund an, um sich abzureagieren? Meiden Sie den Kontakt und das Gespräch mit anderen? Greifen Sie zu etwas Essbarem oder einer Tasse Kaffee?
6. Was tun oder sagen andere Personen üblicherweise, wenn sie beim Auftreten des Problems zugegen sind? Geben sie gute Ratschläge? Schieben sie Ihnen oder jemand anderem die Schuld zu? Haben sie einen bestimmten Ton an sich oder gebrauchen sie bestimmte Redewendungen?

Wenn Sie Ihre problemspezifischen, stetig wiederkehrenden Verhaltensmuster erkannt haben, sollten Sie sich fragen: Welche Handlung, zu der Sie fähig und auch willens wären, würde eine spürbare Veränderung erbringen? In der Regel geht es hier um Änderungen von Verhaltensweisen, bei denen einer oder mehrere der folgenden Faktoren modifiziert werden:

• *Wann das Problem normalerweise auftritt:* Ein Ehepaar geriet jeden Abend, wenn der Mann von der Arbeit nach Hause kam, in Streit. Sie beschlossen, erst dann mit den Diskussionen zu beginnen, wenn der Mann kurz geduscht und seine Arbeitskleidung gewechselt hatte. Durch diese Verlegung des Zeitpunkts schafften sie es, den Streit ganz zu vermeiden.
• *Was Sie kurz vor dem Auftreten des Problems tun:* Als ich auf dem College war, litt ich unter fürchterlicher Schlaflosigkeit. Als Psychologiestudent verbrachte ich viel Zeit damit, mich im Bett hin und her zu wälzen und mich zu fragen, wo die tieferen Wurzeln dieses psychologischen Problems lagen. Eines Nachts, kurz, bevor ich das Licht ausmachte, las ich, wie viel Koffein in jedem Colagetränk enthalten ist. Neben mir auf dem Nachttisch stand eine Halbliterflasche Cola, die ich gewöhnlich vor dem Einschlafen trank. In dieser Nacht trank ich keine Cola und konnte besser einschlafen. Ich gewöhnte mir das Colatrinken nach und nach ganz ab und hatte nie wieder Schlafprobleme.
• *Was Sie direkt nach dem Auftreten des Problems tun:* Ich hatte eine Klientin, die sich regelmäßig Haare ausriss. Sie hatte schon kahle

Stellen auf dem Kopf, schien aber nicht von diesem zwanghaften Verhalten ablassen zu können. Sie erzählte mir, dass sie nach dem Ausreißen auf den ausgerissenen Haarwurzeln herumkaute, bevor sie sie wegwarf. Ich schlug ihr vor, die Haare nach dem Ausreißen sofort zu entsorgen, ohne darauf herumzukauen. Nun war sie in der Lage, mit dem Haareausreißen aufzuhören, da es für sie keinen Reiz mehr darstellte, sie auszureißen, ohne anschließend darauf herumzukauen.

- *Was andere Personen vor, während und nach dem Auftreten des Problems tun* (wenn auch sie sich dazu bewegen lassen, ihr Verhalten zu ändern)
- *Welche Kleidung Sie tragen, wenn das Problem auftritt:* Eine Frau kam in meine Beratung, um ihre Fressattacken und das darauf folgende Erbrechen (Symptome einer Bulimie) unter Kontrolle zu bekommen. Ich schlug ihr vor, vor einer Fressattacke innezuhalten und ihre Lieblingsschuhe anzuziehen, egal wo sie gerade war oder wie sie sich fühlte. Sie stimmte dem Vorschlag zu und konnte so ihre Fressattacken unter Kontrolle bekommen. Sie sagte, dass sie die Zeit des Schuheanziehens nutzte, um darüber nachzudenken, was sie da eigentlich gerade tat, anstatt ihrem Drang einfach automatisch und zwanghaft nachzugeben.
- *Wo (in der Wohnung oder in der Außenwelt) Sie auf das Problem stoßen*
- *Wie Sie Ihren Körper während der Problemsituation bewegen* (oder nicht bewegen)
- *Welche typischen Aspekte oder Verhaltensweisen die Problemsituation sonst kennzeichnen:* Ich habe einmal einer Frau mit Bulimie geraten zu versuchen, bei einer Fressattacke nur Salat zu essen, und zu lernen, über den Tag verteilt langsam ein paar Stückchen Schokolade zu essen (die sie normalerweise niemals ohne eine Fressattacke zu sich nehmen würde).

Ich reiste einmal nach Argentinien, um einen Workshop über die lösungsorientierte Therapie abzuhalten. Die Teilnehmer baten um eine praktische Demonstration dieses Ansatzes, also fragte ich nach einem

Freiwilligen: Hatte irgendeiner der Teilnehmer ein Problem, das er vor der ganzen Gruppe erörtern wollte? Ein Problem, das er lösen wollte, es aber bisher nicht selbst geschafft hatte?

Eine Frau kam auf die Bühne und erzählte mir, dass sie in letzter Zeit stark an Gewicht zugenommen hatte. Sie schaffte es nicht, abzunehmen oder einfach nur kleinere Mengen zu essen. Ich sagte ihr, dass sie mir bitte beibringen solle, wie man sein Gewicht steigert oder zumindest hält, denn ich hätte das Gefühl, dass ich während meines Aufenthaltes in Argentinien eher Gewicht verlieren würde. Sie antwortete, dass sie immer das Frühstück auslassen würde. Ich erwiderte, dass das also mein erster Fehler sei, denn ich frühstückte jeden Morgen. Als Nächstes ging sie zur Arbeit, wohin immer irgendjemand kalorienreiche Gebäckteilchen mitbrachte. Jedes Mal schwor sie sich, nichts davon zu essen, wurde am Ende aber doch schwach. Sie schnitt sich dann ein ganz dünnes Scheibchen ab und nahm sich fest vor, dass es dabei bleiben würde. Aber dann kehrte sie den ganzen Vormittag über doch immer wieder zu dem Kuchenteller zurück, wobei sie sich jedes Mal nur das kleinste Stückchen nahm. Da sie nun am Vormittag schon so gesündigt hatte, aß sie zum Mittagessen nur noch einen Salat ohne Dressing. Den Nachmittag über nahm sie nichts zu sich und aß am Abend zu Hause ganz normal zusammen mit ihrer Familie. Spätabends, wenn die Kinder im Bett waren und ihr Mann sich zum Lesen ins Schlafzimmer zurückgezogen hatte, stand sie dann vor dem Kühlschrank und stopfte zwanghaft Eiscreme in sich hinein.

Wir sprachen darüber, an welchem Punkt sie etwas unternehmen könnte, um das Muster aufzubrechen. Sie sagte, dass sie eigentlich nicht bereit sei, früher aufzustehen, um sich Zeit zum Frühstücken zu nehmen, und dass sie schon ohne jeden Erfolg versucht habe, den Kuchenteilchen zu widerstehen. Schließlich nahmen wir uns also die Eiscreme vor. Sie erklärte sich dazu bereit, dass sie, sobald der Drang auftrat, Eis zu essen, dieses mit ins Schlafzimmer nehmen und in Anwesenheit ihres Mannes essen würde. Natürlich war ihr das unangenehm, und sie stellte das zwanghafte Eisessen sehr bald ein, sodass ihr Gewicht zu sinken begann.

Wenn Sie unkontrolliert Kekse in sich hineinstopfen, könnten Sie dieses Verhaltensmuster schon aufbrechen, indem Sie die andere Hand verwenden. Wenn Sie Rechtshänder sind, sollten Sie alles Gesunde und Gute mit Ihrer rechten Hand essen, aber Kekse und andere ungesunde Nahrungsmittel nur mit der linken. Oder Sie versuchen, die Kekse im Treppenhaus Ihres Wohnhauses zu essen, anstatt sie im Wohnzimmer vor dem Fernseher zu verdrücken. Oder Sie ziehen sich Ihre feinsten Kleider an, bevor Sie die Kekse essen.

Wenn Sie über diese Vorschläge lachen müssen, sind Sie wahrscheinlich schon auf dem richtigen Weg zur Veränderung von Verhaltensmustern. Sie sollten dabei Spaß haben. Gehen Sie spielerisch damit um.

> Eine Familie, die zu mir in die Beratung kam, hatte einen Konflikt nach dem anderen. Der Stiefvater und die Stieftochter lagen ständig im Streit miteinander, und die Mutter hatte das Gefühl, zwischen allen Stühlen zu sitzen. Beide versuchten, die Mutter auf ihre Seite zu ziehen, und sie ihrerseits versuchte, Frieden zu stiften.
>
> Der Therapeut schlug Folgendes vor: Wenn sich das nächste Mal ein Streit anbahnte, sollte die Mutter den Stiefvater und die Stieftochter unterbrechen, sie schnurstracks in den Garten führen und beiden eine Wasserpistole geben. Dann sollten sie sich Rücken an Rücken stellen und kein Wort sprechen, während die Mutter ihre Schritte abzählte. Nach zehn Schritten sollten sie sich umdrehen und losschießen, bis die Pistolen leer waren. Die Mutter sollte den Schiedsrichter spielen und entscheiden, wer das Duell gewonnen hatte. Wie man sich unschwer vorstellen kann, hatten alle eine Menge Spaß dabei, und die Streitigkeiten wurden bald immer nichtiger und leichter lösbar.

Man kann auch neue Faktoren mit dem Problemmuster verknüpfen, was manchmal zum Aufbrechen des Musters führt.

> Eine Frau beschwerte sich, dass ihr Mann beim Sex nie die Initiative ergriff oder eigentlich sogar überhaupt kein besonderes Interesse an Sex hatte. Sie hatte einige Male mit ihm darüber gesprochen, wie sie ihre Liebesbeziehung wieder aufpeppen oder die Häufigkeit der sexuellen Kontakte erhöhen können, aber er löste seine Versprechen, mehr Initiative zu zeigen, nie so richtig ein. Sie wurde immer unzufriedener und träumte häufig davon, eine Affäre mit jemandem zu haben, der leidenschaftlicher wäre und mehr Interesse am Sex hätte. Sie spielte sogar allmählich mit dem Gedanken an eine Scheidung, denn sie wollte nicht

den Rest ihres Lebens ohne die sexuelle Erfüllung zubringen, nach der sie sich so sehnte.

Schließlich hatten sie einen Streit, bei dem er sich darüber beschwerte, dass sie den Abwasch nicht gewissenhaft erledigte und das schmutzige Geschirr des Öfteren für ihn stehen ließ, anstatt es selbst zu spülen. Sie willigte ein, häufiger abzuwaschen, wenn er bereit sei, die Initiative zum Sex zu ergreifen, nachdem sie einen ganzen Berg Geschirr gespült hatte. Sie entwickelte großen Eifer beim Abwaschen, und bald wurde er wesentlich aktiver in ihrem Liebesleben.

Jonathan hatte ein ganz typisches Problemmuster. Er geriet immer ins Grübeln, wenn ihn etwas an seiner Person oder an jemand anderem störte. Er neigte dazu, sich ständig damit zu befassen und immer ängstlicher zu werden – ein Gefühl, das er hasste. Er fing dann an zu trinken und sich von den Leuten zurückziehen, die ihm am nächsten standen: seiner Freundin, seinen Eltern und seinen Arbeitskollegen. Er trieb regelmäßig Sport, aber wenn er anfing zu trinken, hörte er auch auf zu trainieren. Wenn einige Tage nach diesem Schema abgelaufen waren, wurde er sehr deprimiert und bekam Panikattacken. Dann landete er in der Regel bei seinem Therapeuten.

Der Therapeut, ein lösungsorientierter Arzt, sprach dieses Muster mit Jonathan durch, und gemeinsam kamen sie auf ein paar einfache Veränderungen, die er vornehmen sollte, um das Problemmuster aufzubrechen. Er erklärte sich bereit, immer gleich zu Beginn seiner Grübeleien mit jemandem zu sprechen – für gewöhnlich mit seiner Freundin, es konnten aber auch die Eltern, seine Freunde oder sogar der Therapeut in einem kurzen Telefongespräch sein. Er verpflichtete sich außerdem, so schnell wie möglich zum Sport zu gehen, sobald er sich ängstlich fühlte. Auf diese Weise kam er nicht mehr an den Punkt, an dem er zu trinken begann oder Panikattacken bekam. Er hatte sein Muster aufgebrochen.

Natürlich dürfen Sie beim Verändern des Musters nie etwas Schädliches, Gefährliches, Illegales oder Unmoralisches tun. Aber ansonsten sollten Sie Ihrer Fantasie freien Lauf lassen. Seien Sie kreativ! Verlassen Sie die ausgefahrenen Gleise!

> **Zusammenfassung der ersten Methode**
> Eine Möglichkeit, das Problemmuster aufzubrechen, besteht darin, beim Auftreten des Problems irgendetwas anders zu machen. Achten Sie darauf, was Sie normalerweise tun, wenn Sie das Problem haben, und handeln Sie anders.

Zweite Methode: Veränderung durch paradoxe Verhaltensweisen

Vor vielen Jahren kursierte in Österreich folgende Geschichte: An einer Schule wurde ein Theaterstück einstudiert. Einer der Charaktere in dem Stück sollte stottern. Da es an der Schule einen Schüler gab, der stotterte, beschlossen die Lehrer, die die Aufführung organisierten, dem Schüler diese Rolle anzubieten. Es stellte sich heraus, dass dieser stotternde junge Mann insgeheim immer davon geträumt hatte, einmal auf der Bühne zu stehen, und obwohl er etwas peinlich berührt war, sagte er zu. Als er zu den Proben kam, stellte er allerdings verwundert und frustriert fest, dass er nicht stottern konnte, wenn er es bewusst versuchte. Er sprach klar und deutlich, ohne zu stottern. Die Lehrer mussten die Rolle schließlich mit einem anderen Schüler besetzen.

Als der österreichische Psychiater Viktor Frankl diese Geschichte hörte, beschloss er, das Prinzip auch bei seinen Patienten anzuwenden. Er begann, seine Angstpatienten aufzufordern, ihre Angst und Panik bewusst hervorzurufen. Vielen von ihnen erging es natürlich ähnlich wie dem Stotterer in dem oben genannten Beispiel – sie schafften es nicht.

Frankl wendete diese Technik, die er »paradoxe Intervention« nannte, daraufhin mit Erfolg bei einer Reihe von anderen Problemen an, insbesondere bei Schlaflosigkeit und Potenzstörungen. So riet er Leuten, die verzweifelt versuchten einzuschlafen, stattdessen, wach zu bleiben – und schon schliefen sie ein. Leuten, die sich sexuell erregen lassen wollten, riet er, die sexuelle Erregung zu vermeiden. Je stärker sie versuchten, der Erregung zu widerstehen, desto erregter wurden sie. Frankls Idee hatte zwei Aspekte: Entweder störten die Leute den natürlichen Lauf der Dinge, indem sie etwas zu kontrollieren versuchten, das aber automatisch ablief, oder sie versuchten, etwas zu stoppen, das natürlicherweise von allein geschah und immer schlimmer wurde, je angestrengter sie es versuchten. Also bestand die Lösung entweder darin, aufzuhören, das Problem lösen zu wollen, oder in dem Versuch, das Problem sogar noch zu verstärken.

Ich wurde einmal von einem Therapeuten, der Probleme mit einer 19-jährigen Klientin hatte, um Rat gefragt. Die junge Frau litt unter einer besonderen Form der Agoraphobie (Angst vor öffentlichen Plätzen). Sie hatte Angst, nach draußen zu gehen, da sie davon überzeugt war, dass etwas »passieren« würde – nämlich dass sie sich in die Hosen machen würde, wenn sie nicht schnell genug eine Toilette erreichte.

Sie hatte sich ihr Leben so eingerichtet, dass sie sich stets in der Nähe einer Toilette aufhielt. Sie verließ durchaus manchmal das Haus und war auch in der Lage, den Weg zu ihrem College ein paar Straßen weiter zu Fuß zurückzulegen, denn sie kannte sämtliche Toiletten auf dem Weg. Sie konnte auch mit ihrer Mutter im Auto fahren, denn diese war bereit, nur bestimmte bewährte Strecken zu fahren, auf denen ihre Tochter alle Toiletten ausfindig gemacht hatte. Mitunter geriet die Tochter während der Fahrt in Panik und schrie ihre Mutter an, dass sie sofort anhalten solle. Sie rannte dann zur nächsten Toilette, setzte sich hin und versuchte, Wasser zu lassen. Natürlich kamen meist nur ein paar Tropfen, denn sie ging natürlich immer noch einmal auf die Toilette, bevor sie das Haus verließ. Ihr Lebensradius war also ziemlich eingeschränkt.

Als ich sie kennen lernte, fragte ich sie, ob ihr jemals etwas Überraschendes passiert sei, das mit ihrem Problem in Zusammenhang stand. War jemals etwas Unerwartetes geschehen? Sie erzählte mir, dass ihre Eltern sich hatten scheiden lassen und sie beschlossen hatte, bei ihrer Mutter zu leben. Ihr Vater war bei der Scheidung finanziell besser weggekommen als ihre Mutter, und Mutter und Tochter waren beide über diese Ungerechtigkeit verbittert. Außerdem hatte der Vater wenig Verständnis für das Problem seiner Tochter und war der Meinung, dass die Mutter sie zu sehr unterstützte und das Problem dadurch nur noch verschlimmerte. Dennoch versuchte die Tochter, die Beziehung zu ihrem Vater aufrechtzuerhalten.

Eines Tages lud der Vater seine Tochter zum Mittagessen ein. Sie sagte ihm, dass sie mitkommen würde, wenn er versprach, nur die bekannten Strecken zu fahren und sofort anzuhalten, wenn sie ihn darum bat. Er stimmte zu, aber nachdem er sie abgeholt hatte, fuhr er auf die

Autobahn und wich somit von der bekannten Route ab. Sie geriet in Panik und schrie ihn an, er solle sofort anhalten und sie aussteigen lassen. Er weigerte sich und provozierte sie: »Das ist lächerlich! Du wirst dir nicht in die Hosen machen! Ich gebe dir auf der Stelle 500 Dollar, wenn du es schaffst, in mein Auto zu pinkeln.« Sie war wütend auf ihn. Er hatte ein neues Auto mit weißen Sitzen, und sie wollte nichts lieber als in sein nagelneues Auto urinieren, um sich für diese Gemeinheit zu rächen und außerdem das Geld einzustecken, das sie und ihre Muter gut gebrauchen konnten. Aber wie man sich unschwer vorstellen kann: Sosehr sie es auch versuchte, sie schaffte es nicht, sich in die Hosen zu machen. Schließlich beruhigte sie sich wieder, als ihr klar wurde, dass sie kein Wasser lassen konnte, und sie fuhren schweigend weiter zum Restaurant.

Diese Methode erinnert ein bisschen an die Situation in Filmen, wenn ein Mensch in Treibsand gerät und den Rat bekommt: »Nicht bewegen! Wenn du dich bewegst, sinkst du nur noch tiefer ein. Entspann dich und lass dich einfach treiben. Dann kannst du näher an einen festen Untergrund treiben und dich selbst herausziehen.« Anstatt gegen ein Problem anzukämpfen, indem Sie es zu lösen versuchen, entspannen Sie sich oder akzeptieren Sie es einfach. Hören Sie auf, etwas besser machen zu wollen. Dies bewirkt in der Regel schon eine große Veränderung in Ihrer Handlungsweise und kann Sie aus den Fallstricken eines Problems befreien.

Zusammenfassung der zweiten Methode

Eine Möglichkeit, ein Problemmuster zu durchbrechen, besteht darin, zu versuchen, es zu verschlimmern (es also stärker oder häufiger auftreten zu lassen). Oder man kann versuchen, das Problem bewusst herbeizuführen; oder einfach nur aufhören, das Problem verhindern zu wollen, und es stattdessen annehmen und geschehen lassen. Diese Methode funktioniert am besten bei emotionalen und körperlichen Problemen wie bei Schlaflosigkeit, Angst, Phobien, Panikattacken oder Störungen der Libido.

Dritte Methode: Neue Handlungsweisen mit dem Problemmuster verknüpfen

»Das ganze Leben ist ein Experiment.
Je mehr Experimente du anstellst, desto besser.«
Ralph Waldo Emerson

Eine weitere Möglichkeit, ein Problemmuster aufzubrechen, wäre, das Auftreten des Problems mit etwas anderem zu verknüpfen. Zum Beispiel mit etwas, von dem Sie glauben, dass Sie es tun müssten, es aber nicht tun, oder etwas, das Ihre Motivation erhöht, das Problem nicht aufkommen zu lassen.

Eine magersüchtige Frau war auf dem Wege der Besserung. Sie wollte ihr Gewicht halten, hatte sich aber angewöhnt, als Ersatz für die Nahrungsaufnahme tagsüber sehr viel Wasser zu trinken. Ihr Problem bestand jetzt darin, dass sie immer noch so viel Wasser trank, dass sie keinen Hunger verspürte. Sie vergaß dann das Essen und nahm wieder ab. Durch die Anregung eines lösungsorientierten Therapeuten beschloss sie, das Wassertrinken ans Essen zu koppeln. Jedes Mal, wenn sie Wasser trank, aß sie dazu ein paar Kräcker und Käse; das hatte sie immer bei sich. Auf diese Weise konnte sie sich nach und nach wieder ans Essen gewöhnen und war in der Lage, ihr Gewicht zu halten.

Alternativ können Sie das Muster auch verändern, indem Sie nach etwas Ausschau halten, das für Sie eine Last oder sogar Qual darstellt. Gewöhnen Sie sich dann an, genau dies jedes Mal beim Auftreten des Problems zu tun.

Ein Ehepaar, das kurz vor der Scheidung stand, kam in meine Beratung. Die Frau sagte, das Problem bestehe darin, dass ihr Mann ein Workaholic sei und an sechs Tagen in der Woche bis spätabends arbeite. Am siebten Tag würde er sich ausruhen. Das bedeutete, er saß den ganzen Tag im Wohnzimmersessel und schlief vor dem Fernseher ein. Der Mann erklärte, dass sein Chef ihn ausnutzte. Er war Filialleiter und befand sich auf dem besten Wege, Bezirksdirektor einer Ladenkette zu werden. Der derzeitige Bezirksdirektor versuchte, Kosten einzusparen, um vor der Firmenzentrale besser dazustehen. Also hatte er seinem Untergebenen klar gemacht, dass er für dieses Geschäft nicht ausreichend Personal einstellen könne. Daher musste der Mann bis spätabends im Geschäft bleiben und die Regale auffüllen, nachdem er seine eigentlichen Arbeiten als Filialleiter erledigt hatte. Er wusste, dass er sich eigentlich dagegen wehren sollte, aber sein Chef schüchterte ihn massiv ein und drohte, dass er seine Beförderung verhindern werde, wenn er sich nicht fügte.

Das Verhaltensmuster dieses Ehepaares war ziemlich vorhersehbar: Er versprach ihr, dass es heute Abend anders werden würde, dass er versuchen würde, früh nach Hause zu kommen, sodass sie den Abend gemeinsam verbringen könnten. Sie erwartete ihn gegen sechs Uhr abends zur üblichen Essenszeit, aber er kam nicht vor zehn oder elf Uhr nach Hause. In der Zwischenzeit wurde sie so ärgerlich, dass sie, wenn er dann heimkam, in einen heftigen, stundenlangen Streit gerieten, bei dem sie sich beklagte und ihn ausschimpfte, während er sich rechtfertigte und versprach, sich zu bessern. Als diese Kräche immer häufiger wurden, fand er immer mehr Gründe, noch länger in der Filiale zu bleiben – in der Hoffnung, sie würde schon schlafen, wenn er nach Hause käme, sodass sie nicht streiten konnten.

In der letzten Zeit hatte sie angefangen, mit ihren Freundinnen an mehreren Abenden in der Woche auszugehen. Er war ziemlich empört darüber, denn seiner Meinung nach war das der erste Schritt in Richtung Seitensprung, wenn sie mit ihren allein stehenden Freundinnen in Kneipen ging. Außerdem führte sie Ferngespräche mit Freunden und Verwandten, sodass ihre Telefonrechnung stieg. Ihr Standpunkt war folgender: Solange er nicht zu Hause war, hatte er auch kein Recht, sich zu beschweren – schließlich musste sie ja irgendetwas tun, um sich bei Laune zu halten.

Nach einigen Diskussionen brachte ich die beiden dazu, die Scheidung erst einmal auf Eis zu legen und ein Experiment zu wagen. Anstatt sich zu echauffieren, sollten sie sich auf eine Uhrzeit einigen, zu der er nach Hause kommen solle. Sie beschlossen, dass sieben Uhr eine vernünftige Zeit sei – so hatte er noch ein bisschen Spielraum für unerwartete Verzögerungen und Erledigungen. Sie sollte ab sieben Uhr die Zeit stoppen und jede Minute, die er später kam, ihrem eigenen »Konto« gutschreiben. Das bedeutete, dass sie kein Wort darüber verlieren würde, wenn er zu spät kam. Stattdessen würde sie die verspäteten Minuten der ganzen Woche zusammenzählen. Sie durfte dann dieselbe Anzahl an Minuten mit einer der drei folgenden Aktivitäten verbringen:

- ohne schlechtes Gewissen und ohne Streiterei ausgehen;
- Ferngespräche führen, über deren Kosten er sich nicht beschweren durfte;
- oder er würde einwilligen, klaglos entweder ihre oder seine Eltern sonntags genauso lange zu besuchen.

Dieser letzte Punkt war etwas, das sie wirklich gern und er nur widerwillig tat, da der Sonntag sein einziger freier Tag war. Sie machten die Probe aufs Exempel und stellten fest, dass er jeden Abend spätestens um sieben Uhr zu Hause war – ihm gingen die Konsequenzen seines Zuspätkommens so sehr gegen den Strich, dass er sie nicht selbst verschulden wollte.

Milton H. Erickson, den ich anfangs schon erwähnte, erzählte einmal von einem Mann, der ihn wegen schwerer Schlafstörungen konsultiert hatte.

Dieser Mann konnte seit dem Tod seiner Frau einige Jahre zuvor nicht mehr richtig schlafen. Er wälzte sich nachts stundenlang im Bett herum und versuchte einzuschlafen. Schließlich schlief er dann gegen vier Uhr morgens ein. In der vergangenen Woche hatte er insgesamt nur ungefähr zwölf Stunden Schlaf bekommen. Er lebte mit seinem Sohn in einem großen Haus, und sie hatten sich die Hausarbeit untereinander aufgeteilt. Nebenbei erwähnte der Mann Erickson gegenüber, dass er froh sei, dass sein Sohn bei ihm wohne, denn das Haus sei voll herrlicher Parkettböden, die regelmäßig gebohnert werden müssten – eine Aufgabe, die er selbst hasse, die sein Sohn aber bereitwillig erledigte.

Erickson sagte dem Mann, dass er ihm helfen könne, seine Schlaflosigkeit zu überwinden, dass dies aber mit der Verpflichtung zu harter Arbeit und mit einem großen Opfer verbunden sei. Der Mann sagte, er sei zu allem bereit, was auch immer notwendig sei, denn das Einschlafproblem mache ihn allmählich verrückt, und harte Arbeit habe er noch nie gescheut. Erickson trug ihm auf, zur üblichen Zeit ins Bett zu gehen (also gegen acht Uhr). Wenn er nach 15 Minuten noch in der Lage sei, auf die Uhr zu schauen, solle er aufstehen und die Parkettböden im Haus bis zu seiner normalen Aufstehzeit (sechs Uhr morgens) bohnern.

Nach drei strapaziösen Nächten schaffte es der Mann in der vierten Nacht immer noch nicht, in den erforderlichen 15 Minuten einzuschlafen. Entnervt stand er auf und begann, die Böden zu bohnern. Er wurde bald so müde, dass er nicht mehr weitermachen konnte. Er beschloss, sich im Bett ein paar Minuten auszuruhen, um dann aufzustehen und weiterzumachen. Das Nächste, woran er sich erinnerte, war, dass es Morgen war und er neun Stunden geschlafen hatte. Er hatte nie wieder Probleme mit dem Einschlafen.

Ericksons trockener Kommentar dazu: Der Mann tat wirklich alles, um nur nicht die Böden bohnern zu müssen – sogar einschlafen!

Eine andere Spielart dieser »Foltermethode« war die folgende:

Erickson riet einem Rechtsanwalt, der unter Schlaflosigkeit litt, nachts, wenn er nicht schlafen konnte, Klassiker der Literatur zu lesen. Dieser Mann hatte sich durch die Abendschule gearbeitet und litt immer unter dem Gefühl, dass seine Bildung nur »zweiter Klasse« sei, weil er nie dazu gekommen war, große Literatur zu lesen. Aber er schlief dabei jede Nacht im Sessel rasch ein, also riet Erickson ihm, an den Kaminsims gelehnt im Stehen zu lesen, damit er nicht so schnell einschlief und mehr Lesestoff schaffte. Schließlich wurde dieser ehemals Schlaflose ein Meister der Kunst, im Stehen einzuschlafen.

Sie sehen, worum es geht: Verknüpfen Sie eine unangenehme Aktivität mit dem Auftreten des Problems, und Sie werden das Problem wahrscheinlich sehr bald los sein.

Zusammenfassung der dritten Methode

Finden Sie etwas, das Sie immer dann tun können, wenn das Problem auftritt – etwas, das Ihnen nützlich sein könnte.

Suchen Sie eine Tätigkeit, die Sie glauben ausführen zu müssen, es aber üblicherweise vermeiden oder vor sich herschieben. Jedes Mal, wenn Sie den Drang verspüren, das Problem zu »produzieren«, tun Sie diese aufgeschobene Aufgabe zuerst. Wenn es Ihnen die Situation in dem Moment nicht ermöglicht, tun Sie diese Aufgabe eben so lange, wie das Problemverhalten angehalten hat, zu einem anderen Zeitpunkt, wenn das Problem vorüber ist.

Machen Sie sich das Problem zur Qual, indem Sie es mit etwas verknüpfen, das Sie als unangenehm empfinden.

Wie man schlauer als eine Ratte wird

»Erste Regel im Umgang mit Löchern:
Wenn du in einem drin steckst, hör auf zu graben!«
Molly Ivins

Es war einmal ein Mann, der auf der Suche nach Weisheit die ganze Welt bereiste. Er wollte begreifen, was das Wesen der Menschheit sei und wie die Welt funktioniere. Seine Suche führte ihn in viele verschiedene Bereiche.

Er befasste sich mit spirituellen Lehren und befragte eine Religion nach der anderen. Er erlernte Kampftechniken, Sportarten, Yoga und andere Arten der körperlichen Ertüchtigung. Dann untersuchte er die akademischen Wissensgebiete: Mathematik, Physik, Wirtschaftswissenschaften, Geographie, Geologie, Soziologie und Ethnologie. Schließlich kam er zur Psychologie.

Bis dahin hatte er schon eine Reihe von Erkenntnissen über die Menschen und die Welt gesammelt. Aber ihm war auch aufgefallen, dass gerade in diesem Bereich viel spekuliert wurde. Er wollte unbedingt zum Herzen der Psychologie vordringen, damit er mit dem nächsten Bereich fortfahren konnte.

Also ging er in die Bibliothek und suchte nach einem Psychologiebuch, das ihm kompakt genug vorkam und möglichst wenig Spekulation zu enthalten schien. Er fand ein Buch, das er für genau richtig hielt. Es trug den Titel *Was die Psychologie bewiesen hat* (es war ein ziemlich dünnes Bändchen). Nachdem er es gelesen hatte, stellte er fest: So ziemlich das Einzige, was die Psychologie eindeutig hatte beweisen können, war die Tatsache, dass Ratten lernen können, ein Labyrinth zu durchlaufen und dies von Mal zu Mal schneller zu schaffen.

Diese Experimente, die ich als Student selbst durchgeführt habe, funktionieren folgendermaßen: Man setzt eine weiße Ratte an den Eingang eines Labyrinths. Es gibt vier mögliche Ausgänge mit einer Fülle von herausnehmbaren Falltüren, sodass das Labyrinth verändert werden kann.

Zu Beginn des Experiments legt man ein Stück Käse ans Ende eines bestimmten Gangs – zum Beispiel in den vierten Gang. Dann setzt man die Ratte in das Labyrinth. Sie geht den ersten Gang entlang, findet dort aber keinen Ausgang und keinen Käse. Die Ratte ist hungrig, also geht sie in den zweiten Gang: kein Ausgang, kein Käse. Dritter Gang: kein Ausgang, kein Käse. Im vierten Gang findet sie endlich den Ausgang und den Käse. Man nimmt die Ratte heraus, lässt sie eine Weile hungern, um sie neu zu motivieren, setzt sie erneut an den Anfang des Labyrinths und legt das Stück Käse wieder ans Ende des vierten Gangs. Es läuft wieder nach dem gleichen Schema ab: erster Gang, zweiter Gang, dritter Gang, kein Käse. Schließlich geht sie wieder in den vierten Gang und findet ihren Weg durch das komplizierte Labyrinth bis hin zum Käse. Ziemlich bald hat man es mit einer schlauen Ratte zu tun: Wenn man sie an den Anfang des Labyrinths setzt, geht sie geradewegs den vierten Gang entlang und findet den Käse.

Jetzt wird der vierte Gang verschlossen. Als gemeiner Psychologiestudent testet man nun, wie lange es dauert, bis die Ratte das alte Muster verlernt und ein neues erlernt hat. Man öffnet das Türchen hinter dem zweiten Gang und legt das Stück Käse dorthin. Dann setzt man die Ratte an den Eingang des Labyrinths. Zielstrebig geht sie den vierten Gang entlang: kein Ausgang, kein Käse. Sie geht wieder zurück und irrt umher.

Sie läuft vor und zurück, und man notiert, wie oft sie dies tut. Die Ratte wird immer hungriger und hört auf, den vierten Gang entlang zu laufen. Sie geht in den ersten Gang, dann in den zweiten und findet dort den Käse. Wenn man den Käse immer wieder in den zweiten Gang legt, wird die Ratte mit der Zeit konsequent in diesen Gang laufen …

Der Mann liest all das, schlägt das Psychologiebuch zu, stellt es zurück ins Regal und denkt sich: »Davon kann ich nur bedingt etwas lernen, wenn ich wissen will, wie der Mensch und die Welt funktionieren. Es gibt einen entscheidenden Unterschied zwischen Ratten und Menschen. Wenn ich es richtig verstanden habe, gehen hungrige Ratten irgendwann in einen anderen Gang. Aber Menschen gehen immer wieder in den gleichen Gang, in der Hoffnung, dass der Käse irgendwann doch wieder dort liegen wird. Wenn er einmal dort gelegen hat, müsste er doch irgendwann wieder dort liegen.«

In meiner Praxis habe ich die Erfahrung gemacht, dass die Leute sich manchmal sogar einen Stuhl nehmen und sich ans Ende des vierten Gangs setzen und warten. Sie denken: Ich werde hier einfach ausharren – ich bin mir sicher, dass der Käse irgendwann hier liegen wird. Sie glauben Dinge wie:

- Schließlich bin ich hier in dieser Familie aufgewachsen, also muss er doch hier sein.
- Ich bin mir sicher, dass er hier sein wird, denn er war doch auch bei meiner letzten Beziehung an dieser Stelle.
- Es erscheint sinnvoll, dass er hier sein wird, also warte ich einfach.

Ratten wissen einfach nur, dass sie hungrig sind und den Käse noch nicht gefunden haben. Menschen hingegen können jahrzehntelang nur von ihren Überzeugungen zehren. Mit dem lösungsorientierten Ansatz können Sie den »Käse« in Ihrem Leben finden, indem Sie der Herumrennerei zwischen all Ihren Überzeugungen und Ideen ein Ende setzen. Vielleicht schaffen Sie es dann, sich bei der Lösung Ihres Problems schlauer als eine Ratte anzustellen.

Für viele Menschen ist der erste Lösungsschlüssel der einzige, den sie brauchen, um ihrer Probleme Herr zu werden oder sich zumindest aus der Erstarrung zu lösen und mit Veränderungen zu beginnen. Verzweifeln Sie nicht, wenn dieser Schlüssel bei Ihnen nicht gepasst hat. (Sie haben ihn doch ausprobiert, oder? Er kann natürlich nicht passen, wenn Sie ihn nicht wenigstens ausprobieren.) Im folgenden Kapitel werden Sie die Anwendung des zweiten Lösungsschlüssels erlernen: Lösungsmuster finden und anwenden.

Hier zur Erinnerung noch einmal die Methoden des ersten Lösungsschlüssels in der Übersicht:

Erster Lösungsschlüssel: Problemmuster aufbrechen

- **Erste Methode: Die Vorgehensweise ändern**

  Um ein Problem zu lösen oder Dinge zu ändern, die nicht so gut laufen, wie Sie es gern hätten, ändern Sie jeden möglichen Handlungsaspekt Ihres in der Situation regelmäßig wiederkehrenden Verhaltens.

- **Zweite Methode: Veränderung durch paradoxe Verhaltensweisen**

  Akzeptieren Sie entweder das Problem oder versuchen Sie, es zu verschlimmern. Hören Sie auf, das Problem lösen zu wollen oder die Situation verbessern zu wollen.

- **Dritte Methode: Neue Handlungsweisen mit dem Problemmuster verknüpfen**

  Verordnen Sie sich beim Auftreten des Problems irgendetwas Neues, in der Regel etwas Lästiges.

Lösungsorientiertes Handeln

»Der Mensch zählt gern seine Sorgen, seine Freuden aber zählt er nicht.«
Fjodor Dostojewski, Aufzeichnungen aus dem Kellerloch

Einer der schnellsten Wege zur Veränderung eines Musters liegt darin, etwas Wirksames zu finden, das man sowieso schon tut. Man muss sich nur nochmals die »Königin der Usambaraveilchen« in Milwaukee aus dem ersten Kapitel in Erinnerung rufen. Erickson erkannte in ihrer Vorliebe und ihrem Geschick im Umgang mit Pflanzen ein Hilfsmittel, mit dem sie ihre Isolation und Depression überwinden konnte. Wo sind die Usambaraveilchen in Ihrem Leben, die Sie zur Veränderung Ihrer Muster und zur Lösung Ihrer Probleme nutzen könnten?

Zweiter Lösungsschlüssel: Lösungsmuster finden und anwenden

Die nächste lösungsorientierte Methode zur Problembehebung besteht also darin, etwas zu finden, das Sie oder andere Menschen getan haben und das das Problem etwas entschärft oder sogar ganz gelöst hat. Eigentlich ist dies eine Variation über das Thema des vorangehenden Kapitels. Wenn das, was Sie tun, nicht funktioniert, tun Sie etwas anderes! Ein solches »anderes« wäre, das zu tun, was vorher schon einmal funktioniert hat. Diese früheren Lösungsmethoden sind leicht durchzuführen (da Sie ja schon wissen, wie sie funktionieren), und sie passen zu Ihrem natürlichen Verhalten, sodass sie nicht so aufgesetzt wirken dürften wie die Ideen oder Lösungsvorschläge eines anderen – auch wenn es sich dabei um gute Ideen oder Vorschläge handeln mag.

Eine einfache und effektive Art und Weise, sich eines Problems zu entledigen, ist, ein Beispiel aus einer Zeit zu finden, in der die Dinge in Bezug auf dieses Problem besser lagen, und dann damit zu beginnen, das damalige Verhalten zumindest teilweise in die Problemsituation einzubauen. Hier seien vier Bereiche herausgegriffen, die Sie näher beleuchten sollten.

Erste Methode: Fragen Sie sich: In welcher Situation ist das Problem nicht aufgetreten, obwohl ich es erwartet hatte?

Die meisten Menschen können sich an eine Situation erinnern, in der sie das Auftreten eines Problems erwarteten, dies aber aus irgendwelchen Gründen nicht eintrat. Rufen Sie sich einen solchen Moment oder Vorfall in Erinnerung.

Vielleicht waren Sie und Ihr Ehepartner gerade im Begriff, sich wie üblich zu zanken, aber aus irgendeinem Grunde haben Sie es vermieden. Wie können Sie sich erklären, warum es diesmal besser lief? Wie hat Ihr Partner reagiert, als das Problem nicht auftrat oder die Situation nicht so verlief wie sonst? Hat er (oder sie) einen Scherz gemacht, weniger laut gesprochen oder Sie berührt?

Gab es jemals eine Gelegenheit, bei der ein typisches Problem auftrat, aber unterbrochen wurde oder sich zumindest nicht in der üblichen problematischen Art und Weise entfalten konnte wie sonst? Können Sie sich zum Beispiel an eine Situation erinnern, in der Sie normalerweise Angst vor etwas bekommen und versucht hätten, dies zu vermeiden, Sie aber aus irgendeinem Grund mehr Zuversicht und den Entschluss entwickelten, die Sache anzupacken?

Wenn Sie sich an eine solche Gelegenheit erinnern, denken Sie darüber nach, was Sie damals anders gemacht haben. Wenn Sie normalerweise abends eine Packung Kekse essen, aber unzufrieden über die damit verbundene Gewichtszunahme sind, rufen Sie sich einen Abend in Erinnerung, an dem Sie, egal aus welchem Grund, keine Kekse gegessen haben. Der Grund könnte gewesen sein, dass jemand zu Besuch war, dass Sie ein üppiges Abendessen hinter sich hatten und nicht so hungrig wie sonst waren, dass Sie aufregende Neuigkeiten erfahren hatten und nicht so müde wie sonst waren oder dass Sie auf Diät waren. Es geht hier gar nicht um den Grund. Es geht darum, was Sie an dem entsprechenden Abend *anstelle* der Keksfutterei getan haben. Haben Sie die Zeit mit Lesen verbracht? Sind Sie ins Kino gegangen oder haben Sie einen Schrank ausgemistet? Oder mit einem Freund telefoniert? Das, was Sie getan haben, könnte der Schlüssel zur Lösung des Problems sein.

Bei der lösungsorientierten Herangehensweise machen wir den Klienten folgenden Vorschlag: Anstatt zu analysieren, warum Sie einen keksfreien Abend hatten, sollten Sie nun bewusst das wiederholen, was Sie damals spontan taten. Wenn Sie abends müde nach Hause kommen und in Versuchung sind, Kekse zu essen, sich aber stattdessen hinsetzen und ein Buch lesen oder mit einem Freund telefonieren oder ins Kino gehen oder einen Schrank ausmisten, werden Sie Folgendes feststellen: Die Wahrscheinlichkeit, dass Sie nach den Keksen greifen, wird deutlich geringer sein. Anstatt nach dem Warum zu schauen, konzentrieren Sie sich lieber auf das, *was* Sie tun. Dann sollten Sie handeln. Sie müssen dabei keinen Perfektionismus entwickeln oder es jeden Abend tun. Sie sollen einfach nur beginnen, Ihr Lösungsmuster anzuwenden und abzuwarten, was geschieht. Wenn es bei Ihnen wie bei den meisten Menschen abläuft, werden Sie entdecken, dass Sie sich mit der Zeit anders fühlen werden, wenn Sie die hilfreichen Verhaltensweisen anwenden. Sie werden nicht mehr so sehr das Gefühl haben festzustecken. Sie werden sich höchstwahrscheinlich nicht mehr so erschöpft fühlen. Und wenn Sie sich anders fühlen, wird es auch leichter, anders zu handeln.

Zusammenfassung der ersten Methode

Erinnern Sie sich an eine Situation, die eine Ausnahme vom üblichen Problemmuster darstellt, und durchforsten Sie sie nach Veränderungen, die Sie auf die Problemsituation übertragen können, indem Sie bewusst diejenige Handlungsweise wiederholen, die vorher hilfreich war.

Zweite Methode: Achten Sie darauf, was passiert, wenn das Problem gerade aufhört

Um ein Problem seltener auftreten zu lassen oder für sein schnelleres Verschwinden zu sorgen, ist es manchmal möglich, sich das zunutze zu machen, was passiert, wenn ein Problem gerade nachlässt. In der Regel geht es hier um die Ermittlung kontrollierbarer Vorgehensweisen, die spontan auftraten, als das Problem beseitigt oder gerade im Begriff war nachzulassen, und diese Handlungen dann bewusster in künftigen Problemsituationen einzusetzen. Sie werden diese Handlungsweisen diesmal also sehr viel schneller als sonst einsetzen – und sie werden es absichtlich tun, nicht zufällig.

Ein Ehepaar, das zu mir in die Eheberatung kam, hatte Zeiten erlebt, in denen zwischen den beiden »kalter Krieg« herrschte. Wenn die Luft dicker wurde, lieferten sie sich zunächst heftige Wortwechsel, um sich dann manchmal tagelang hinter einer Mauer eisigen Schweigens zu verschanzen.

Ich fragte sie, wie sie anschließend das Eis wieder zum Schmelzen brachten. Sie erwiderten, dass eine Möglichkeit des »Auftauens« darin bestand, miteinander zu telefonieren. Die beiden waren häufiger auf Geschäftsreise, und auch in schwierigen Zeiten schienen sie sich jedes Mal zu versöhnen, wenn sie miteinander telefonierten. Vielleicht lag es an der Entfernung, vielleicht fiel es ihnen auch einfach ohne den visuellen Kontakt leichter. Egal, was es war: Sie beschlossen auszuprobieren, sich innerhalb einer Stunde nach Beginn eines »kalten Krieges« über das Haustelefon gegenseitig anzurufen. Sie versuchten es und stellten fest, dass ihnen diese Methode des Öfteren half, sehr viel schneller wieder »aufzutauen«.

> **Zusammenfassung der zweiten Methode**
>
> Tun Sie bewusst einige der Dinge, die vorher hilfreich waren – aber tun Sie es diesmal zu einem deutlich früheren Zeitpunkt in der problematischen Situation.

Dritte Methode: Übernehmen Sie einige Lösungsmuster aus anderen Situationen, in denen Sie sich kompetent fühlten

Sie können häufig Lösungen finden, indem Sie an die Lebensbereiche denken, in denen Ihre Stärken liegen, darunter auch Hobbys, spezielle Wissensgebiete oder Fähigkeiten. Ich nenne sie Kompetenzkontexte. Gibt es in einem dieser Bereiche eine Fähigkeit oder ein Wissen, das Ihnen bei einem anstehenden Problem weiterhelfen könnte? Vielleicht haben Sie beim Stricken von Pullovern große Geduld bewiesen, die Sie darauf verwenden könnten, geduldiger auf Provokationen seitens Ihres halbwüchsigen Sohnes zu reagieren?

Haben Sie vielleicht in Ihrem Beruf Kenntnisse aus dem Marketingbereich erworben – wie zum Beispiel auf die Bedürfnisse des Kunden zu hören –, die Ihnen helfen könnten, besser mit Ihrem Ehepartner zurechtzukommen? Gibt es Fähigkeiten, die Sie auf dem Golfplatz einsetzen, die Sie aber vergessen, sowie Sie hinter dem Steuer Ihres Autos sitzen?

Es kam einmal eine Frau zu mir, die unglücklich in ihrer Ehe war. Aber anstatt sich um eine Paartherapie zu bemühen, hatte sie beschlossen, die Sache allein in den Griff zu bekommen. Ihren Mann bezeichnete sie als »launisch«; wie sich herausstellte, meinte sie damit, dass er sie anschrie und ihr Schimpfwörter an den Kopf warf. Früher hatte er sie auch geschlagen, hatte damit aber aufgehört, sodass sie das Gefühl hatte, dass sie nicht noch weitere Veränderungen von ihm erbitten konnte.

Sie sagte: »Ich glaube, ich muss meinen Mann einfach so hinnehmen, wie er ist. Er ist nun mal launisch und kann sich nicht ändern.«

Ich sagte: »Ich bin mir nicht sicher, ob ich Ihnen zustimmen kann. Ich glaube, er kann seine Launenhaftigkeit genauso verändern, wie er sein gewalttätiges Verhalten geändert hat.«

Sie erwiderte: »Ich glaube nicht, dass er das kann.«

Ich wandte ein: »Moment mal! Ihre Freundin, die Sie zu mir geschickt hat, erzählte mir, dass Sie eine hervorragende Dressurreiterin und Pferdetrainerin sind. Sie sagte, sie könne kaum glauben, wie gut Sie mit Pferden umgehen könnten. Sie seien ganz außergewöhnlich.«

Sie antwortete: »O ja, ich glaube, ich kann ziemlich gut mit Pferden umgehen.«

Ich sagte: »Gut, dann sagen Sie mir doch mal, was Sie tun, wenn jemand ein Pferd zu Ihnen bringt und behauptet, dass es sich nicht zureiten lässt. Dass es sich einfach überhaupt kein bisschen dressieren lässt.«

»Es gibt keine undressierbaren Pferde!«, sagte sie und richtete sich auf. Ihre Stimme war nun wieder etwas kraftvoller.

Ich fragte: »Aber was wäre, wenn jemand behaupten würde, dass es wirklich ganz und gar undressierbar wäre?«

»Das würde ich nicht akzeptieren«, sagte sie. »So etwas wie ein undressierbares Pferd gibt es einfach nicht.«

Ich fragte: »Wie würden Sie daran gehen, mit so einem Pferd zu arbeiten?«

Sie sagte: »Na ja, es gibt vier einfache Regeln für die Arbeit mit Pferden.«

»Vier?« Ich nahm meinen Notizblock und sagte: »Gut, welche sind das?«

Sie begann: »Die erste Regel lautet, einem Pferd während einer Trainingsstunde niemals mehr als eine Sache beibringen zu wollen. Auch wenn Sie den Eindruck haben, dass das Pferd es schon in den ersten fünf Minuten kapiert hat, die Stunde aber 60 Minuten dauert, sollten Sie niemals versuchen, dem Pferd mehr als eine Lektion beizubringen. Man würde es sonst überfordern. Wiederholen Sie einfach diese eine Aufgabe, bis Sie den Eindruck haben, dass das Pferd sie gelernt hat.«

Ich schrieb auf: »Nur kleine Veränderungen anstreben, und wenn das Pferd eine Fertigkeit gelernt hat, eine Pause machen.«

»Die zweite Regel«, fuhr sie fort, »lautet: Wenn Sie wütend auf das Pferd werden, hören Sie auf. Sie bestrafen sonst das Pferd. Wenn Sie also ärgerlich werden oder nicht weiter kommen: Steigen Sie ab, vertreten Sie sich die Beine und kommen Sie später mit neuer Energie zurück. Oder Sie kommen erst am nächsten Tag wieder, wenn die Wut nicht noch am selben Tag verfliegt. Dann fangen Sie noch mal von vorn an.«

Ich schrieb auf: »Keine Wut aufkommen lassen oder sich an etwas festbeißen, sonst bestraft man das Pferd, anstatt es zu dressieren.«

Sie sagte: »Die dritte Regel ist schwierig zu vermitteln, wenn man nicht selbst reitet. Manchmal kommt es vor, dass die Pferde – auch wenn ich selbst nicht ärgerlich oder verbissen bin – einfach nicht mitarbeiten. Sie kämpfen die ganze Zeit gegen mich an. Sie müssen bedenken: Auf der einen Seite stehe ich, ich kleine, schmale Person, und auf der anderen die Rennpferde. Sie sind zäh und kräftig, und wenn sie einfach nicht mitarbeiten wollen, lasse ich die Zügel los. Das ist nicht ganz ungefährlich, denn ich bin auch schon von Pferden abgeworfen und gegen Zäune oder Ähnliches geschleudert worden. Aber wenn ich die Zügel loslasse, hat das Pferd keinen Widerstand mehr, gegen den es ankämpfen könnte. Die Pferde beruhigen sich, und ganz langsam kann ich wieder den einen Zügel aufnehmen, dann den anderen und somit die Kontrolle zurückgewinnen.«

Also schrieb ich auf: »In kleinen Dingen nachgeben, um die Oberhand zu behalten.«

Sie sagte: »Die vierte Regel lautet: Wenn Sie einmal eine Methode gewählt haben, die Sie bei dem Pferd anwenden wollen, bleiben Sie dabei! Wechseln Sie nicht zwischen verschiedenen Ansätzen. Seien Sie konsequent, und Sie werden das schwierigste Pferd herumkriegen.«

Ich schrieb: »Eine Herangehensweise wählen und konsequent dabeibleiben.«

Ich riss den Zettel aus meinem Notizblock, übergab ihn ihr und sagte: »Hier, nehmen Sie ihn. Tun Sie einmal so, als ob Ihr Mann ein Pferd wäre. Ich bin Experte für Ehemänner, so wie Sie Expertin für Pferde sind. Ich glaube, dass Ihr Mann sich ›dressieren‹ lässt. Ich sage ja auch meiner Frau: ›Ich lerne langsam, aber ich bin lernfähig. Arbeite mit mir daran.‹ Ich glaube, Ihr Mann ist lernfähig. So wie Sie nicht akzeptieren, dass ein Pferd undressierbar ist, akzeptiere ich nicht, dass Ihr Mann nicht lernfähig sein sollte.«

In dem Moment ging ihr ein Licht auf. Und sie kehrte mit einem klaren Plan nach Hause zurück, wie sie ihrem Mann beibringen würde, sich höflicher und respektvoller ihr gegenüber zu verhalten.

Eine andere Möglichkeit, um Kompetenzkontexte zu erkennen, besteht darin, sich an Situationen zu erinnern, in denen ein Bekannter ein ähnliches Problem hatte und dieses auf eine Art und Weise löste, die Sie gern nachahmen würden. Vielleicht kennen Sie jemanden, der seinen Job verloren hat und den Sie für seine Art, damit zurechtzukommen, bewundern. Könnten Sie irgendetwas von dem, was er in der Krisensituation getan hat, auch als Modell für sich benutzen – wie Sie zum Beispiel damit umgehen würden, wenn Sie herausgefunden hätten, dass Ihr Sohn oder Ihre Tochter ein ernsthaftes Drogenproblem hat? Oder vielleicht haben Sie eine Biographie von jemandem gelesen, der seinen Traum verwirklichte, auch wenn er von anderen gedrängt wurde, einen konventionelleren Weg einzuschlagen. Gibt es irgendetwas daran, das Sie sich zunutze machen könnten, um zum Beispiel Ihre Flugangst in den Griff zu bekommen?

Zusammenfassung der dritten Methode

Untersuchen Sie Ihre Verhaltensmuster bei der Arbeit, bei Ihren Hobbys, im Zusammensein mit Ihren Freunden und in anderen Kontexten, um etwas zu finden, das Sie in einer Problemsituation wirksam einsetzen können.

Vierte Methode: Fragen Sie sich: Warum ist das Problem nicht noch schlimmer?

Wie erklären Sie sich die Tatsache, dass Ihre Situation oder Ihr Problem nicht noch schlimmer ist, als es ist? Das ist eine merkwürdige Art, Lösungen zu finden, aber häufig funktioniert es.

Ein Mann, dessen Gewicht immer wieder die 125-Kilo-Marke erreichte, erzählte mir, dass seine Essgewohnheiten und sein Gewicht außer Kontrolle geraten seien. Ich fragte ihn, warum er nicht 150 Kilo wog. Er guckte mich verwundert an, sagte dann aber, dass er es nicht ertragen könne, wenn er so viel wiegen würde. Ich sagte, dass ich das verstehen könne, aber immer noch nicht begriffen hätte, was er denn tue, um sicherzustellen, dass er nicht noch weitere 25 Kilo zunahm. Er erwiderte, dass er, immer wenn er ein Gewicht von 125 Kilo erreichte, seine Essgewohnheiten änderte (also war der vermeintliche Kontrollverlust gar nicht so groß, wie er behauptete) und für mehr körperliche Bewegung sorgte. Unser Anliegen war es also, ihn dazu zu bringen, sein Verhalten nach dem gleichen Muster zu verändern, nur schon *bevor* er dieses Spitzengewicht erreichte.

Er wusste bereits, wie er abnehmen konnte – er setzte das, was er wusste, nur nicht früh genug ein. Offensichtlich mussten wir jetzt seine Motivation, diese Veränderung herbeizuführen, erhöhen. Also untersuchten wir, welche Faktoren ihn motivieren könnten. Er wollte sich auf die Waage stellen, sich im Spiegel ansehen, daran denken, dass ihm seine Anziehsachen nicht mehr passen würden, und Motivation würde in ihm aufkeimen. Wir kamen überein, dass er dieselbe Strategie an den Tag legen würde, wenn die Waage 122 Kilo anzeigte, statt darauf zu warten, dass der Zeiger wieder auf 125 Kilo sprang. Auf diese Art erreichten wir, dass er sich das, was er sowieso schon tat, zunutze machte, um nach und nach sein Gewicht zu reduzieren.

Im nächsten Beispiel werden Sie sehen, wie die lösungsorientierte Therapie zur Lösung eines ernsthaften Problems beitragen kann. Was zunächst wie ein sehr belastendes und beängstigendes Problem aussah, war wesentlich leichter zu handhaben, als Lösungsstrategien zum Einsatz kamen. Als ich das erste Mal von diesem Fall hörte, war ich etwas besorgt: Es ging um einen jungen Mann mit einem ernst zu nehmenden psychiatrischen Problem, der potenziell gewalttätig war. Aber nachdem ich ihn kennen gelernt hatte und wir lösungsorientierte Methoden angewendet hatten, erschien er mir wesentlich empfänglicher für Veränderungsstrategien und weniger bedrohlich.

Ich habe in einem anderen Fall einmal einen Mann beraten, der nach ein paar Ehejahren zu der Überzeugung kam, dass der Teufel ihn jede Nacht besuchte und mit ihm Analverkehr habe. Richard sagte, all das habe nach der Geburt ihres Kindes begonnen, als seine Frau anfing, im Wohnzimmer zu schlafen. Sie war Näherin und verbrachte die ganze Nacht mit Arbeiten und Schlafen im Wechsel. Deshalb hatte sie sich angewöhnt, im Wohnzimmer zu schlafen.

Richard, der im Schlafzimmer ganz allein war, wurde eines Nachts, so erzählte er, von einem Dämon besucht, der mit ihm Oralsex hatte. Da seine Frau und er seit geraumer Zeit keinen Geschlechtsverkehr mehr gehabt hatten, gefiel ihm dieser Besuch zunächst, auch wenn er ein etwas schlechtes Gewissen hatte, seine Frau mit einem Dämonen zu betrügen. Der Dämon kam immer regelmäßiger zu Besuch, wurde ihm gegenüber aber zunehmend gewalttätiger, sodass er manchmal sogar durch zu heftiges Beißen und Saugen den Penis verletzte. Auch wenn er versuchte, sich dagegen zu sträuben, hatte er keine Chance. Der Dämon hatte sozusagen Macht über ihn gewonnen und konnte gegen seinen Willen Dinge mit ihm anstellen.

Richard bekam Angst und ging irgendwann in die Stadtbücherei, um sich über Geister zu informieren. Er fand heraus, dass der Dämon, der ihn heimsuchte, wahrscheinlich ein so genannter Sukkubus war, den der Teufel geschickt hatte. Als er das las, bekam er große Angst und ersuchte seinen Pfarrer um Hilfe. Der Pfarrer, ein sehr kluger und bedachter Mann, versicherte ihm, dass es sich aller Wahrscheinlichkeit nach um ein psychologisches, emotionales Problem handelte, das im Zusammenhang mit seinen Eheproblemen stand. Er riet Richard, mit seiner Frau darüber zu sprechen und die Eheschwierigkeiten auszuräumen. Richard beichtete seiner Frau alles. Sie war zwar beunruhigt, zeigte aber Verständnis. Eine Zeit lang hörten die nächtlichen Besuche auf, und das Ehepaar hatte wieder regelmäßiger Sex.

Aber eines Nachts, als die Frau an einem Projekt arbeitete, kam der Dämon wieder – diesmal böswilliger und aufdringlicher denn je zuvor. Diesmal begann er, Richards Anus mit etwas, das sich wie ein glühend heißer Penis anfühlte, zu penetrieren. Richard wehrte sich vergeblich.

Er wurde in dieser und den folgenden Nächten zum Analverkehr gezwungen. Dieser »Penis« begann, durch seinen Darm nach oben zu wandern und sich um sein Herz zu schlingen. Er bekam Angst vor einem Herzinfarkt und fing an, während dieser Attacken Luftnot zu bekommen. Erneut sprach er mit dem Pfarrer darüber, ebenso mit seiner Frau und seinen Eltern. Auf Drängen von Richards Eltern (die überzeugt waren, dass es sich um ein spirituelles Problem handelte) trieb der Pfarrer ein Gebet zur Austreibung böser Geister auf und sprach es für Richard.

Die Situation entspannte sich eine Zeit lang. Aber nun mischten sich die Schwiegereltern ein, die von der Ehefrau informiert worden waren. Sie machten sich Sorgen um die Sicherheit ihrer Tochter und waren der Überzeugung, dass Richard psychische Probleme hatte, die der Behandlung durch einen Psychiater bedurften. Daraus entwickelte sich ein Streit zwischen dem Ehepaar und den Elternpaaren, und es dauerte nicht lange, bis der Dämon wieder auftauchte und die analen Vergewaltigungen erneut begannen. Inzwischen hatte Richard Angst vor dem Geschlechtsverkehr mit seiner Frau, weil er befürchtete, dass der Teufel durch ihn hindurch in seine Frau eindringen würde, während sie miteinander schliefen. Schließlich gab er dem Drängen seiner Frau (und ihrer Eltern) nach und begab sich in eine Therapie.

Richard war sich ziemlich sicher, dass der Teufel hinter all dem steckte. Aber er hatte auch den Gedanken zugelassen, dass es sich um ein psychologisches Problem handeln könnte. Er wollte einfach nur, dass ihm jemand half und dass diese Überfälle aufhörten.

Ich sagte ihm, dass ich mir nicht sicher sei, woher sein Problem rührte. Es sei möglich, dass übernatürliche Kräfte am Werk seien oder dass etwas ganz anderes dahinter stecke. Meine Aufgabe war es herauszufinden, was ihm helfen konnte. Nach einem längeren Gespräch hielten wir vier Faktoren fest, die das Auftreten der Attacken weniger wahrscheinlich machten:

1. Geschlechtsverkehr mit seiner Frau. Der Pfarrer hatte ihm versichert, dass Gott die ehelichen Bande zwischen ihm und seiner Frau besiegelt habe und der Teufel daher unmöglich während des Geschlechtsverkehrs mit seiner Frau in einen von beiden eindringen könne. Der Pfarrer hatte ihm daher geraten, so häufig wie möglich Sex mit seiner Frau zu haben, damit der Teufel außen vor bliebe – woran man sieht, wie klug der Pfarrer war. Es war besser geworden, als Richard diesem Ratschlag gefolgt war.

2. Das Gebet zur Austreibung böser Geister hatte eine Weile lang geholfen.

3. Es war gut für Richard, mit seiner Frau und dem Pfarrer über die Heimsuchungen sprechen zu können. Wenn er das getan hatte, war der Geist in der folgenden Nacht nicht zu ihm gekommen. Ich fragte ihn, ob es dieselbe Wirkung haben könnte, mit mir darüber zu sprechen. Er bejahte es, denn sein schlechtes Gewissen und die Angst hatten nachgelassen, nachdem er mir alles erzählt hatte, und ich hatte ihn weder kritisiert noch zu irgendetwas gedrängt. Aber es war nicht im gleichen Maße hilfreich, mit seinen Eltern oder Schwiegereltern darüber zu sprechen. Sogar im Gegenteil: Je mehr sich seine Eltern und Schwiegereltern einmischten, desto häufiger und schlimmer wurden die nächtlichen Besuche.

4. Eines Nachts, als er wieder vom Teufel heimgesucht wurde, stand er auf, zog sich an und rannte auf die Straße. Der Teufel war offensichtlich nicht in der Lage gewesen, ihn zu verfolgen, und kehrte in der Nacht nicht noch einmal zurück.

Es liegt nahe, dass wir einen Plan entwickelten, wie sich diese vier weiterführenden Aktivitäten verstärken ließen; und schon bald begann sich der Griff des Teufels um diesen jungen Mann zu lockern. Die Eheleute beschlossen gemeinsam, ein wenig auf Distanz zu ihren Eltern zu gehen.

Hatte Richard nun ein biochemisch und neurologisch fassbares Problem? Ich sehe die schulmedizinisch und psychiatrisch orientierten Leser förmlich nicken. Vielleicht haben sie sogar Recht. Könnte es einen spirituellen Hintergrund gegeben haben? Jetzt sehe ich andere Leser ihre Zustimmung ausdrücken. Und wiederum andere, die es wirklich für ein psychologisches Problem des zwischenmenschlichen Umgangs halten. Aber beim lösungsorientierten Ansatz richten wir uns nicht danach, was der wirkliche Grund des Problems ist – wir konzentrieren uns ganz auf das, was Abhilfe schafft.

Es hätte sich herausstellen können, dass ihm Medikamente halfen. Das Gebet hatte ihm auf jeden Fall ein bisschen geholfen. Es hatte sich auch als hilfreich erwiesen, dass Richards Beziehung zu seiner Frau wieder enger wurde und dass sie mehr auf Distanz zu beiden Elternpaaren gegangen waren. Zuletzt half sogar Weglaufen – lag das an einer biochemischen Veränderung im Gehirn, die durch die körperliche Bewegung ausgelöst wurde? War es einfach Ablenkung? Oder nur die Tatsache, dass er das Haus verließ? Wer kann das schon sagen? Richard wusste jedenfalls nur, dass er sich dann besser fühlte und dass der Dämon aufhörte, ihn zu plagen. Das reichte ihm.

Richard führte die Therapie fort und hatte natürlich noch andere Probleme, an denen er arbeiten musste. Aber er war nun auf dem richtigen Weg. Mir wird ganz anders, wenn ich mir vorstelle, was aus ihm geworden wäre, wenn er den traditionellen Weg beschritten hätte. Er wäre jetzt wahrscheinlich Langzeitpatient in der Psychiatrie, hätte sich damit abgefunden, Medikamente schlucken zu müssen, die vielleicht nur bedingt helfen würden – der Teufel würde ihn vielleicht immer noch heimsuchen, nur seltener –, und er würde aller Wahrscheinlichkeit nach bald von seiner Frau geschieden werden.

Bevor jetzt die Psychiater oder die psychiatrisch orientierten Leser auf mich losgehen, möchte ich noch meine Überzeugung bekunden, dass es natürlich Patienten gibt, die von den modernen psychiatrischen Medikamenten in hohem Maße profitieren. Und die lösungsorientierte Methode eignet sich auch keineswegs für jeden. Aber in Richards Fall funktionierte sie eben und bewahrte ihn vor einer Menge Kummer und weiteren Problemen. Wenn sie bei einem so schwerwiegenden Fall wirksam war, sollten auch Sie es zumindest auf einen Versuch ankommen lassen, um zu sehen, ob sie Ihnen bei der Lösung Ihrer Probleme helfen kann.

> **Zusammenfassung der vierten Methode**
> Wenden Sie Ihre eigenen natürlichen Fähigkeiten, die Sie vorher unbewusst benutzt haben, an, um den Schweregrad des Problems zu verringern.

Im vorigen Kapitel ging es darum, wie man Problemmuster aufbricht. Dies leistet auch der zweite Lösungsschlüssel; er erreicht sein Ziel aber, indem er Sie auf Verhaltensmuster aufmerksam macht, die schon einmal funktioniert haben, bei denen Ihnen aber nicht bewusst war, dass Sie sie nicht regelmäßig einsetzten. Im zweiten Teil des Buches werden wir uns nun ein anderes wichtiges Element des lösungsorientierten Ansatzes vornehmen: wie man die Betrachtungsweise verändert.

Zweiter Lösungsschlüssel: Lösungsmuster finden und anwenden

- **Erste Methode**
  Fragen Sie sich: In welcher Situation ist das Problem nicht aufgetreten, obwohl ich es erwartet hatte?
- **Zweite Methode**
  Achten Sie darauf, was passiert, wenn das Problem gerade aufhört. Die Verhaltensweisen, die Ihnen in diesem Moment weiterhelfen, sollten Sie nun bewusst einsetzen, nur zu einem viel früheren Zeitpunkt in der problematischen Situation.
- **Dritte Methode**
  Übernehmen Sie einige Lösungsmuster aus anderen Situationen, in denen Sie sich kompetent fühlten.
- **Vierte Methode**
  Fragen Sie sich: Warum ist das Problem nicht noch schlimmer?

Teil II

Die Betrachtungsweise ändern
Nichts ist gefährlicher als eine Idee – wenn es Ihre einzige ist

In den folgenden fünf Kapiteln wollen wir uns einem anderen lösungsorientierten Ansatz widmen: der Möglichkeit, Ihre Situation zu verbessern, indem Sie Ihre innere Einstellung und den Fokus Ihrer Aufmerksamkeit verändern. Dies beinhaltet Folgendes:

· Akzeptieren Sie Ihre Gefühle und Ihre Vergangenheit, ohne sich davon Ihr Handeln vorschreiben zu lassen.
· Richten Sie Ihre Aufmerksamkeit in einer Problemsituation auf etwas ganz anderes.
· Konzentrieren Sie sich lieber auf das, was Sie in der Zukunft erreichen wollen, als auf das, was Ihnen an der Gegenwart oder Vergangenheit missfällt.
· Hinterfragen Sie jene Ansichten über Ihre Person oder Situation, die sich als wenig hilfreich erwiesen haben.
· Eignen Sie sich eine spirituelle Sichtweise an, die Ihnen helfen kann, über Ihre Probleme hinauszuwachsen und Quellen jenseits Ihrer gewöhnlichen Fähigkeiten anzuzapfen.

Anerkennung und Chance: Die Vergangenheit und die eigenen Gefühle hinter sich lassen

»Angst zu haben ist die eine Sache; sich von der Angst
am Schwanz packen und herumschleudern zu lassen, eine andere.«
Katherine Paterson, Jacob Have I Loved

Wenn wir mit dem Leben nicht zurechtkommen, neigen wir dazu, die Dinge immer wieder auf die gleiche Weise zu beurteilen. Was Probleme angeht, scheint uns unsere Kreativität zu verlassen. Eine Möglichkeit, diese Kreativität zurückzugewinnen, besteht darin, zunächst die Überzeugung zu hinterfragen, dass unser jetziges Verhalten durch unsere Vergangenheit oder unsere Gefühle bestimmt wird. Ich bezeichne diese Strategie als Veränderung der *Betrachtungsweise* des Problems. In diesem Kapitel werden Sie eine einfache Methode erlernen, wie Sie Ihre Vergangenheit und Ihre Gefühle in den Griff bekommen.

Psychologen raten uns oft, unsere Gefühle zu erspüren und sie zuzulassen oder sie auszudrücken. Ich schlage vor, dass Sie zuerst Ihre Gefühle zur Kenntnis nehmen und dann entscheiden, ob es wirklich wünschenswert ist, ihnen gemäß zu handeln oder sie auszudrücken: Manchmal wird das der Fall sein, manchmal nicht. Manchmal ist es in der Tat besser, die Gefühle zu ignorieren oder sich darüber hinwegzusetzen.

Vor langer Zeit gab es in Tibet eine Zeremonie, die alle hundert Jahre abgehalten wurde. Schüler des Buddhismus konnten sich ihr unterziehen, um zur Erleuchtung zu gelangen. Alle Schüler mussten sich in ihren weißen Gewändern in eine Reihe stellen. Die Lamas, also die tibetischen Priester, und der Dalai Lama traten vor die Schüler hin. Der Dalai Lama begann mit der Zeremonie, indem er sagte: »Dies ist die Zeremonie um den Raum der Tausend Dämonen. Es ist eine Zeremonie zur Erleuchtung, und sie findet nur einmal alle hundert Jahre statt. Wenn ihr euch entschließt, nicht teilzunehmen, müsst ihr weitere hundert Jahre warten. Um euch die Entscheidung zu erleichtern, erzählen wir euch, worum es in der Zeremonie geht.

Um den Raum der Tausend Dämonen zu betreten, müsst ihr nur die Tür öffnen und eintreten. Der Raum der Tausend Dämonen ist nicht sehr groß. Wenn ihr eingetreten seid, wird sich die Tür hinter euch schließen. Auf der Innenseite gibt es keinen Türgriff. Um wieder hinauszukommen, müsst ihr den ganzen Weg durch den Raum laufen, die Tür am anderen Ende finden, sie öffnen (sie ist nicht abgeschlossen) und hinaustreten. Dann werdet ihr erleuchtet sein.

Der Raum wird Raum der Tausend Dämonen genannt, weil in ihm tausend Dämonen hausen. Diese Dämonen haben die Fähigkeit, die Form eurer schlimmsten Träume anzunehmen. Sobald ihr den Raum betreten habt, zeigen diese Dämonen euch eure schlimmsten Ängste. Wenn ihr unter Höhenangst leidet, wird es euch beim Durchschreiten so vorkommen, als stündet ihr auf dem schmalen Fenstersims eines hohen Gebäudes. Wenn ihr Angst vor Spinnen habt, werdet ihr von den schrecklichsten achtbeinigen Kreaturen umgeben sein, die ihr euch vorstellen könnt. Egal, wie eure Ängste aussehen: Die Dämonen werden diese Bilder aus euren Gedanken lesen und sie real erscheinen lassen. Sie werden sogar so unwiderstehlich real wirken, dass es schwer sein wird, sich zu vergegenwärtigen, dass sie es nicht sind.

Wir können nicht hineinkommen, um euch zu retten. Das verbieten die Regeln. Wenn ihr den Raum der Tausend Dämonen betretet, müsst ihr ihn aus eigener Kraft wieder verlassen. Manche Menschen verlassen ihn nie. Sie betreten den Raum der Tausend Dämonen und sind gelähmt vor Angst. Sie bleiben in dem Raum gefangen, bis sie sterben. Wenn ihr das Risiko eingehen und den Raum betreten wollt, so ist das in Ordnung. Wenn nicht, wenn ihr lieber wieder nach Hause gehen wollt, so ist das auch in Ordnung. Ihr müsst den Raum nicht betreten. Ihr könnt warten, bis ihr wiedergeboren seid, und dann in hundert Jahren wiederkommen und es noch einmal versuchen.

Für den Fall, dass ihr den Raum betreten wollt, möchten wir euch zwei Ratschläge geben. Der erste lautet: Sobald ihr den Raum der Tausend Dämonen betreten habt, müsst ihr daran denken, dass das, was die Dämonen euch zeigen, nicht real ist. Alles entspringt nur eurer Vorstellung. Lasst euch nicht täuschen; es ist nur eine Illusion. Natürlich ist es vielen Menschen, die vor euch den Raum betreten haben, nicht gelungen, sich das zu vergegenwärtigen. Es ist sehr schwierig, diesen Gedanken im Kopf zu behalten. Der zweite Rat hat den Menschen geholfen, die es zum Ausgang am anderen Ende geschafft haben und erleuchtet waren: Egal, was ihr nach dem Betreten des Raumes seht, was ihr fühlt, was ihr hört oder was ihr denkt: Setzt immer einen Fuß vor den anderen. Wenn ihr einfach weiterlauft, werdet ihr irgendwann am anderen Ende ankommen, die Tür erreichen und hinaustreten.«

Dritter Lösungsschlüssel:
Akzeptieren Sie Ihre Gefühle und Ihre Vergangenheit, ohne davon Ihr Verhalten in der Gegenwart oder Zukunft bestimmen zu lassen

Sie werden inzwischen gemerkt haben, dass wir uns bei dieser Denkweise relativ wenig um die Vergangenheit scheren. Ich habe bisher keine Übungen oder Erörterungen dazu angeführt, wie Sie Ihre Kindheitstraumata bewältigen können oder wie Sie zu der Selbsterkenntnis gelangen sollen, dass Sie in gewisser Weise Kind geblieben sind. Der lösungsorientierte Ansatz konzentriert sich vornehmlich auf die Gegenwart und die Zukunft, weil hier Veränderungen möglich sind. Sie werden auch bemerkt haben, dass es kaum darum geht, seinen Gefühlen nachzuspüren, sie zu bearbeiten oder auszudrücken. Hier geht es vielmehr um Handlungen und Sichtweisen. Es mag sein, dass Sie Ihre Probleme lösen können, indem Sie Ihre Gefühle und Ihre Vergangenheit aufarbeiten, aber häufig führt dieser Ansatz lediglich zu einer endlosen Selbstanalyse.

Aber auch, wenn die lösungsorientierte Therapie ihr Hauptaugenmerk auf die Veränderung von Handlungen und Sichtweisen lenkt und auf die Gegenwart und Zukunft ausgerichtet ist, bedeutet das nicht, dass Sie sich nicht mit Ihren Gefühlen und Ihrer Vergangenheit auseinandersetzen sollen. Sie müssen sie nur ins rechte Licht setzen.

Erste Methode: Akzeptieren Sie Ihre eigene Erfahrung, Ihre Gefühle und Ihre Persönlichkeit

Wie können diese Aspekte unseres Lebens nüchtern betrachten, indem wir sie zunächst einmal einfach anerkennen. Dieses Anerkennen birgt eine große Kraft in sich. Vor Jahren hat der Psychologe Carl Rogers eine Therapiemethode entwickelt, die ganz auf diesem wirkungsvollen Prinzip beruht. Es könnte Ihnen einige Monate Therapie ersparen, wenn Sie diese einfache Methode anwenden. Sie sollten alle Aspekte dessen, was in Ihnen vorgeht und wer Sie sind, einfach anerkennen und als gültig akzeptieren. Dieses Anerkennen bedeutet, das Vorhandene zur Kenntnis zu nehmen und ihm seine Existenz zuzugestehen. Anstatt zu versuchen, es loszuwerden, es zu verdrängen, es zu analysieren oder zu werten, lassen Sie es einfach nur zu. Sie sollten sich den Zustand einfach nur bewusst vergegenwärtigen, anstatt das Gefühl zu haben, dass Sie etwas dagegen tun müssen. Ganz gleich, welche Fantasien, Gedanken, Gefühle, Empfindungen oder Wahrnehmungen Sie haben, akzeptieren Sie sie so, wie sie sind. Sie müssen Ihnen nicht gefallen – sie sollen lediglich akzeptieren, dass es das ist, was bei Ihnen im Moment vor sich geht. Egal, wer Sie in Ihrem tiefsten Inneren sind – erlauben Sie sich selbst, so zu sein.

Es gibt einen alten Leitspruch in der Psychotherapie, das dieses Prinzip sehr gut veranschaulicht: »Du musst dort sein, wo du bist, um dahin zu gelangen, wo du hingehst.« Wenn man sich dagegen wehrt oder leugnet, wo man steht und wer man ist, ist es schwierig, sich in die gewünschte Richtung zu bewegen.

Stellen Sie sich vor, Sie befänden sich in einem mit Möbeln voll gestellten Raum. Wenn Sie sich nicht vergegenwärtigen, wo Sie stehen oder wenn Sie sich selbst einen anderen Standpunkt vortäuschen, werden Sie bei dem Versuch, den Raum zu durchqueren, auf eine Menge unerwarteter Hindernisse und Schwierigkeiten stoßen. Wenn Sie wissen, wo Sie stehen, werden Sie möglicherweise immer noch auf Hindernisse stoßen, deren Standort aber rechtzeitig erkennen und einen Bogen um sie machen.

Eine andere Auswirkung der Tatsache, dass man sich seines Standpunktes nicht bewusst ist, ist, dass man in Gefühlen oder Erinnerungen verharrt, die wahrscheinlich sonst nur vorübergehend gewesen wären, wenn man sich ihnen nicht widersetzt hätte oder sich nicht von ihnen hätte unterkriegen lassen.

Es kam einmal ein sehr aufgeregter neuer Klient in meine Praxis. Als ich ihn fragte, was für ein Problem er habe, erwiderte er ernst und verzweifelt: »Ich bin latent homosexuell!« Ich kann mit dieser Freudschen Art der Selbstdiagnose nicht viel anfangen, deshalb sagte ich genauso ernst zu ihm: »Latent sind Sie so einiges: ein latenter Hund, ein latenter Präsident der Vereinigten Staaten. Wie kommen Sie darauf, dass Sie homosexuell sind?« Der Mann berichtete, dass er in der letzten Zeit Fantasien von nackten Männern gehabt habe, während er mit seiner Frau schlief. Diese Fantasien seien immer stärker geworden, bis sie schließlich seine Gedanken während des Geschlechtsverkehrs mit seiner Frau völlig beherrscht hätten. Er habe Angst, homosexuell zu werden. Ich fragte den Mann, ob er gern das Leben eines Homosexuellen führen würde. Er blieb eisern dabei, mich um Hilfe zu bitten, da er diese Fantasien auf keinen Fall ausagieren wollte, obwohl er tief im Inneren die Befürchtung hatte, dass er es doch tun würde. Ich bot ihm an, dass ich ihn durchaus unterstützen könne, damit zurechtzukommen, wenn er sich für die Homosexualität entscheiden würde – dass ich meinerseits aber keine klaren Hinweise dafür sähe, dass er es tatsächlich war.

Der Mann war erstaunt. »Was hat es denn dann mit diesen Fantasien auf sich?«, fragte er. Ich erläuterte ihm den Unterschied zwischen Fantasie und Handlung. Möglicherweise waren diese Vorstellungen eine Botschaft aus seinem tiefsten Inneren über seine wahren Wünsche, vielleicht waren es aber auch bloße Fantasien. Ich teilte ihm meine Vermutung mit, dass diese Fantasien am Anfang nur ab und zu aufgetreten und dann immer häufiger und intensiver geworden seien, je stärker er versucht habe, sie loszuwerden. Er sagte, genauso sei es gewesen. Ich schlug ein Experiment vor. Jedes Mal, wenn er mit seiner Frau schlief, oder auch zu anderen Gelegenheiten im Alltag, wenn er gerade mal einen Moment Zeit hatte, sollte er versuchen, sich in Fantasien über nackte Männer zu ergehen. Eine Woche fleißigen Trainings reichte, um den Mann zu überzeugen, dass diese Fantasien umso blasser wurden, je stärker er versuchte, sie herbeizuführen.

Diese Geschichte steht in krassem Gegensatz zu der eines anderen Klienten. Seine Eltern hatten ihn gedrängt, therapeutische Hilfe anzustreben, nachdem er in ihrer Gegenwart eindeutige Suizidgedanken geäußert hatte. Nach einigen Sitzungen erzählte er mir angespannt und zögerlich, dass er sich seit einiger Zeit von Männern angezogen fühlte. Ich hielt ihm meinen üblichen Vortrag über das Anerkennen und Akzeptieren von Gedanken, Gefühlen und Sehnsüchten. In der nächsten Sitzung erzählte er mir, dass er nach Hause gegangen sei und viel über das nachgedacht habe, was ich ihm gesagt hatte. Es sei ihm klar geworden, dass er zwar viele Jahre lang versucht habe, etwas für Frauen zu empfinden, dies aber einfach nicht konnte. Er hatte Angst gehabt, dass seine Familie ihn nicht akzeptieren würde, wenn er schwul sei. Dieser Konflikt hatte ihn fast in den Selbstmord getrieben. Wir fingen an, uns mit dem Thema Selbstakzeptanz zu beschäftigen und mit der Frage, wie er sich seiner Familie und anderen mitteilen könne. Am Ende entschied er sich, es nur ausgewählten Familienmitgliedern zu erzählen, von denen er wusste, dass sie mit der Nachricht gut umgehen konnten. Zu der Zeit, als es die übrigen Familienmitglieder herausbekamen, war er schon viel gefestigter im Umgang mit seiner sexuellen Identität und daher viel eher in der Lage, mit ihren Reaktionen fertig zu werden. Seine Selbstmordabsichten verschwanden vollends.

In beiden Fällen führte der einfache Vorgang des Anerkennens zur Lösung. Die Kraft des Anerkennens wirkt sich auch auf den Körper aus. Vor einigen Jahren hielt ich ein Seminar ab, bei dem ich den Leuten beibrachte, wie sie der Berg- und Talfahrt ihrer Diäten entkommen konnten. Ein Teil meines Vortrags handelte davon, seinen Körper so, wie er gerade ist, zu akzeptieren und das eigene Wohlbefinden nicht von der Gewichtsabnahme abhängig zu machen.

Eine Teilnehmerin verstand gut, wovon ich sprach. Sie hatte kürzlich ein altes Album durchgesehen und war auf ein fünf Jahre altes Foto von ihr gestoßen. Beim Betrachten stellte sie fest, dass es ihr gefiel, wie sie damals ausgesehen und wie viel sie gewogen hatte – ungefähr sieben Kilo weniger, als sie zum jetzigen Zeitpunkt wog. Sie hatte sich gedacht: Wenn sie nur wieder zu diesem Gewicht zurückkehren könnte, würde sie sich in ihrer Haut wohler fühlen. Dann erinnerte sie sich daran, wo und wann das Bild aufgenommen worden war und wie unwohl sie sich damals in ihrem Körper gefühlt hatte. In diesem Moment begriff sie, wie wichtig es war, mehr Akzeptanz dafür zu entwickeln, wie sie jetzt war – ansonsten würde sie wahrscheinlich in fünf Jahren wieder zurückblicken und genauso darüber denken, wie sie jetzt war. Die Tatsache, dass sie sich nicht selbst akzeptieren konnte, war der Dreh- und Angelpunkt dafür, dass sie immer weiter zunahm, indem sie immer weiter aß, um den Frust über ihren Körper zu dämpfen.

Ich hoffe, diese Beispiele können veranschaulichen, dass das Anerkennen und Geltenlassen dessen, wer man ist und wo man steht, eine große Kraft in sich birgt. Dies schließt Gefühle, Gedanken und Wahrnehmungen ebenso mit ein wie das derzeitige Erscheinungsbild des Körpers.

> **Zusammenfassung der ersten Methode**
> Hier geht es darum, ohne Wertung zu akzeptieren, was man fühlt, wahrnimmt oder denkt, wie man den eigenen Körper oder die eigene Identität empfindet.

Zweite Methode: Die Gefühle und Standpunkte anderer anerkennen

Eine der häufigsten Klagen, die ich bei Paarberatungen zu hören bekomme, ist: »Du hörst mir gar nicht zu!« Dies bringt uns zu einem weiteren Aspekt der Kraft des Anerkennens: dem Anerkennen der Erfahrungen anderer und deren Wahrnehmung ihrer selbst.

Eine Menge von Beziehungsproblemen entwickelt sich aus dem Spielchen »Wer hat Recht, wer ist im Unrecht?«. Paare verwenden ihre Zeit und Energie darauf, zu streiten, wer im Recht und wer im Unrecht ist, anstatt zusammen an der Lösung des Problems zu arbeiten, das sie gerade haben. Ein guter Weg, diese Konflikte zu umschiffen, ist es, eine Unterscheidung zwischen innerer (oder subjektiver) Wahrheit und äußeren (objektiv wahrnehmbaren) Eindrücken zu treffen. Ihre innere Wahrheit ist das, was in Ihnen vorgeht. Ich nenne es Ihre Erfahrung oder Ihr Selbstbild. Sie ist privat, weil keiner sie kennt, es sei denn, Sie teilen sie anderen Menschen auf irgendeine Art mit, etwa durch Worte oder Handlungen. Es gilt also die Faustregel, dass man jeden Streit darüber, ob jemand mit seiner subjektiven Wahrheit (Wahrnehmungen, Gefühle, Gedanken usw.) richtig oder falsch liegt, vermeiden sollte. Nehmen Sie diese private Wahrheit des anderen einfach zur Kenntnis. Sie könnten etwa sagen: »Du hast wohl gedacht, dass ich dich kritisieren wollte, als ich gesagt habe, dass ich einsam bin«, oder: »Du wolltest, dass ich dich anrufe, und hast dich darüber geärgert, dass ich es nicht getan habe.« Sie sind mit dem anderen nicht einer Meinung und gestehen ihm durch ihre Äußerung auch kein Monopol auf die Wahrheit zu – Sie sagen bloß, dass er die Dinge auf eine bestimmte Art und Weise empfindet und wahrnimmt und dass Sie dies zur Kenntnis nehmen und ihm das Recht auf diese Erfahrung zusprechen.

Dem gegenüber stehen die äußeren (objektiv wahrnehmbaren) Fakten. Sie basieren auf der Beobachtung, also auf dem, was Sie und andere mit ihren Sinnen wahrnehmen können – mit den Augen, mit dem Geschmack, dem Geruch, den Ohren und dem Tastsinn. In diesem Bereich lässt sich sehr wohl darüber streiten, wer Recht hat und wer nicht. (Wir werden diesen Aspekt zwischenmenschlicher Beziehungen im Kapitel »Das koabhängige Aschenputtel, das einen Frauenhasser liebt« noch näher behandeln.)

Ich empfehle, das Wesen einer anderen Person lieber anzuerkennen, als zu versuchen, es zu bewerten, zu verändern oder zu analysieren.

> Als ich einmal mit einem Paar in der Eheberatung saß, wurde der Mann plötzlich sehr unruhig und sagte zu seiner Frau und mir: »Ihr versucht beide, mich zu verändern, aber ich werde mich nicht ändern!«
>
> Irgendwie mochte ich den Kerl, obwohl er manchmal ganz schön unausstehlich sein konnte. Ich sagte jedenfalls: »Nein, ich finde Sie sehr nett und würde Sie niemals ändern wollen. Wir diskutieren hier nur darüber, dass Sie anders mit Ihrer Frau reden und sie anders behandeln sollten, damit die Beziehung für Sie beide angenehmer wird. Ich versuche nicht, *Sie* zu ändern; ich versuche nur, ein paar Ihrer Handlungsweisen zu verändern.« Nach dieser Zusicherung konnte er sich wieder entspannen und an der Diskussion teilnehmen.

Zu meiner Frau sage ich immer: »Wenn du mich jemals in der traurigsten und defensivsten Verfassung sehen willst, brauchst du mir bloß das Gefühl zu geben, dass du mich im Kern für einen schlechten Menschen hältst und dass du versuchst, mich zu ändern.« Wenn sie möchte, dass ich etwas an dem, was ich tue oder sage, verändere, bin ich bereit, es zu versuchen – aber nicht an meinem inneren Wesen.

Vor einigen Jahren sah sich eine Gruppe von Familientherapeuten eine Nachrichtensendung an, in der sich Abtreibungsbefürworter und -gegner über die Absperrung hinweg anschrien. Es wurde ihnen schlagartig klar, dass diese opponierenden Seiten den Familien in ihren Therapien sehr ähnelten. Diese Familien kamen schon in Lager gespalten in die Therapie, schrien in der Regel viel herum und hörten sich gegenseitig kaum zu. Ein Teil der Familientherapie besteht in der Kunst, verärgerte und entfremdete Menschen dazu zu bringen, im selben Raum Platz zu nehmen und zu einem respektvollen Umgang miteinander zu finden. Wenn das geschafft ist, können wir Familientherapeuten diesen Familien in der Regel helfen, die Probleme, die sie hierher geführt haben, zu lösen.

Diese Therapeuten beschlossen, ein Projekt zu starten, bei dem sie die beiden Seiten der Abtreibungsdebatte zu einem respektvollen Dialog zusammenbringen wollten. Was dabei herauskam, ist ziemlich spannend. Als die gegnerischen Lager erst einmal angefangen hatten, einander zuzuhören, stellten sie fest, dass sie in ihren Ansichten mehr Gemeinsamkeiten fanden, als sie vermutet hatten. (Zum Beispiel hatten sie alle dasselbe Anliegen, nämlich dass Kinder nicht ungewollt in die Welt gesetzt werden sollten.) Sie bemerkten auch, dass viele von ihnen komplexere Sichtweisen als das zunächst an den Tag gelegte Schwarzweißdenken entwickeln konnten, wenn sie die Möglichkeit hatten, die Angelegenheit in einer weniger defensiven Atmosphäre zu beleuchten und zu diskutieren. (Zum Beispiel gaben einige Abtreibungsgegner widerwillig zu, dass es Umstände gebe, in denen sie das Recht auf einen Schwangerschaftsabbruch befürworten würden, und einige Vertreter des anderen Lagers gaben Umstände zu, in denen eine Abtreibung abgelehnt werden sollte.) Nachdem beide Seiten die Möglichkeit akzeptiert hatten, dass die jeweils andere Seite nicht notwendigerweise verteufelt werden musste und dass es auch nicht nur zwei Seiten dieses Problems gab, konnten sie anfangen, an möglichen Lösungen zu arbeiten (bessere Schwangerenberatung, lokale Organisationen zur Vermittlung von Adoptionen und Pflegschaften).

Dies ist ein Beispiel, bei dem Anerkennung und Einbeziehung geholfen haben, Veränderungen in einem gesellschaftlichen Kontext herbeizuführen. In diesem Buch geht es natürlich mehr um die persönlichen als um die gesellschaftlichen Kontexte, aber Individuen, die lernen, sich selbst und andere Nahestehende zu akzeptieren, bereiten den Weg für einen vergleichbaren Durchbruch in anderen Gruppen, Ländern oder Kulturen.

Zusammenfassung der zweiten Methode

Anstatt den Gefühlen und Standpunkten anderer entweder zuzustimmen oder sie als falsch bzw. schlecht zu beurteilen, sollten Sie die anderen spüren lassen, dass Sie ihre innere Wahrnehmung zur Kenntnis nehmen und gelten lassen.

Dritte Methode: Akzeptieren Sie die Erlebnisse und Prägungen Ihrer Vergangenheit, ohne davon Gegenwart oder Zukunft bestimmen zu lassen

Obwohl der Fokus der lösungsorientierten Therapie auf Gegenwart und Zukunft liegt, erkennen wir die Bedeutung der Vergangenheit für das Leben eines Menschen an. Woher Sie kommen, spielt eine wichtige Rolle in Bezug auf das, was heute aus Ihnen geworden ist. Aber der entscheidende Punkt ist, dass die Vergangenheit, auch wenn sie Sie geprägt hat, nicht bestimmen darf, was Sie von nun an tun.

Ein Bekannter von mir, Steve Wolin, erzählte mir eine Geschichte. Steve ist Psychiater und spezialisiert auf die Arbeit mit Alkoholikerfamilien und deren Kindern.

Eines Tages kam ein junger Mann zu ihm und bat um Hilfe. Der 16-Jährige war von den Eltern seiner Freundin geschickt worden, die auch für die Behandlung aufkamen. Er war in sehr schwierigen Verhältnissen groß geworden. Seine Eltern konsumierten Drogen und Alkohol und vernachlässigten ihre vier Kinder. Die Kinder bekamen zu wenig zu essen und waren nicht ordentlich gekleidet und versorgt. Wie man sich vorstellen kann, hatten die Kinder bisher in einem ziemlichen Durcheinander gelebt. Der junge Mann wohnte nun im Haus seiner Freundin, deren Eltern sich seiner angenommen hatten, nachdem sie von seiner häuslichen Situation erfahren hatten.

Als Steve dem Jungen sagte, dass er großes Glück habe, eine Freundin mit so netten Eltern gefunden zu haben, erwiderte dieser beiläufig, es sei eigentlich nicht nur Glück, denn er hatte schon einige andere Beziehungen hinter sich, bis er eine Freundin gefunden habe, deren Eltern ihn mochten und bereit waren, ihm zu helfen. Nebenbei hatte er auch noch einen Job angenommen, um nach Schulschluss Geld zu verdienen, mit dem er seine jüngeren, noch zu Hause lebenden Geschwister unterstützen konnte. Steve war von der Belastbarkeit dieses jungen Mannes sehr beeindruckt und begann, sich auch mit anderen Kindern zu beschäftigen, die sich trotz ihrer schwierigen Herkunft sehr positiv entwickelten. Er fand viele weitere Beispiele für solche Entwicklungen.

Worauf es mir hierbei ankommt, ist Folgendes: Ihre Vorgeschichte bestimmt nicht Ihre Zukunft. Das bedeutet nicht, dass wir nicht von unserer Vergangenheit geprägt sind. Natürlich sind wir das. Aber wir sind nicht durch unsere Erbanlagen oder unseren Hintergrund determiniert, in eine ganz bestimmte Richtung zu gehen. Noch einmal: Es ist wichtig, dass Sie die Wunden und Nöte Ihrer Vergangenheit anerkennen, ohne dadurch Ihre Zukunft beherrschen zu lassen.

Zusammenfassung der dritten Methode

Die Vergangenheit beeinflusst uns mit Sicherheit, aber wir sind nicht gezwungen zuzulassen, dass die Vergangenheit die Geschichte unserer Zukunft schreibt oder dass sie uns dazu bringt, in der Gegenwart eine bestimmte Verhaltensweise an den Tag zu legen. Indem wir anerkennen, was in der Vergangenheit geschehen ist, können wir uns dieser Vergangenheit stellen, ohne in der Gegenwart oder Zukunft von ihr beherrscht zu sein.

Die vier Schritte der Anerkennung

Nachdem ich nun einige konkrete Beispiele angeführt habe, wie Anerkennung als Katalysator für eine Veränderung fungieren kann, wollen wir den Prozess des Anerkennens Schritt für Schritt behandeln. Es gibt vier Stufen des Anerkennens auf der persönlichen wie auch auf der gesellschaftlichen Ebene:

1. zur Kenntnis nehmen,
2. einbeziehen,
3. wertschätzen,
4. annehmen.

Erster Schritt: Zur Kenntnis nehmen

Zuallererst muss wahrgenommen werden, dass es da etwas gibt, was anerkannt werden sollte: ein Gefühl, ein Gedanke, eine andere Person oder eine soziale Ungerechtigkeit. Dies kann bedeuten, dass man je nach Situation sich selbst oder andere darauf aufmerksam macht. Diesen Schritt nenne ich: »zur Kenntnis nehmen«.

Ich kann mich noch an die Geschichte eines Mannes erinnern, der den Schritt des Zur-Kenntnis-Nehmens nutzte, um seine Wut zu zügeln, die ihn schon oft in Schwierigkeiten gebracht hatte. Eines Tages fuhr er auf der Autobahn zu einem Geschäftstermin – er war bereits spät dran –, als er merkte, dass er einen Platten hatte. Er hielt an, stieg aus, betrachtete den platten Reifen und fing an, sich zu ärgern. Er dachte: Warum musste das ausgerechnet jetzt passieren? Ich bin doch schon spät dran!

Aber als er sich an seinen Vorsatz erinnerte, die Dinge einfach nur zur Kenntnis zu nehmen, hielt er inne und sagte zu sich: Ich bin spät dran, und ich habe eine Reifenpanne. Als Nächstes öffnete er den Kofferraum, um seinen Wagenheber und den Ersatzreifen herauszuholen. Genau in dem Moment fing es an zu regnen. Er dachte bei sich: Ich bin spät dran, ich habe eine Reifenpanne, und es regnet. Und da musste er lachen. Ihm war klar geworden, dass ein Wutausbruch weder dem Wechseln des Reifens förderlich gewesen wäre noch dazu geführt hätte, dass er nicht zu spät kam. Also konnte er genauso gut den Tatsachen ins Auge blicken und einfach den Reifen wechseln.

Er hätte ebenso leicht Wut und Frustration zulassen können. In einer Problemsituation kann es ein Ausweg sein, die Dinge nur zur Kenntnis zu nehmen.

Zweiter Schritt: Einbeziehen

Der nächste Schritt besteht darin, dem Vorhandenen Raum zu verschaffen oder es mit einzubeziehen. Der Ku-Klux-Klan nimmt die Existenz von Schwarzen und Katholiken in der amerikanischen Gesellschaft zur Kenntnis, aber er gibt ihnen keinen Raum; er möchte nicht, dass sie mit einbezogen werden. Es gibt radikale Christen, die glauben, dass Menschen anderen Glaubens oder ohne jede religiöse

Überzeugung schlecht oder verkehrt leben. ACLU-Anhänger[3] vertreten die Auffassung, dass Leute, die das Verbrennen von Fahnen verbieten wollen oder für Schulgebete einstehen, einer teuflischen Macht angehören. »Diese Leute« werden als anders bzw. schlecht abgestempelt und gehören nicht dazu.

Zurück zu Ihnen: Sie kennen bestimmt Situationen, in denen Sie ärgerlich werden, aber nicht möchten, dass der Ärger Besitz von Ihnen ergreift. Sie haben keinen Raum für Ihre Wut. Wenn Sie allerdings versuchen, die Wut ganz aus Ihrem Leben zu verbannen, werden Sie entweder auf einen wichtigen und manchmal sinnvollen Aspekt Ihres Erlebens verzichten müssen, oder Sie werden irgendwann einen so heftigen Wutausbruch bekommen, dass er in keinem angemessenen Verhältnis zu der Situation steht, weil Sie kaum Erfahrung im Umgang mit Ihrer Wut gesammelt haben.

Der nötige Schritt, um dieser Verdrängung entgegenzuwirken, ist das Integrieren: Integrieren von Gefühlen; von Menschen, die anders sind als Sie; von Widersprüchen in Ihnen selbst oder in anderen Bereichen Ihres Lebens – Widersprüchen, denen Sie bisher vielleicht noch keinen Raum gegeben hatten. Denken Sie daran, dass Integrieren nicht mit Zustimmung gleichzusetzen ist; aber sie bringt in der Tat mit sich, dass man die Existenz und die Gültigkeit des Gefühls, des Gedankens, der anderen Person oder der Situation akzeptiert.

Dritter Schritt: Wertschätzen

Im nächsten Schritt geht man vom Raumschaffen dazu über, jemanden oder etwas tatsächlich in seinem Wert zu schätzen. Aktuelle Affirmative-action-Programme[4] tragen dem Umstand Rechnung, dass es soziale Ungerechtigkeit bei Einstellungen und Beförderungen gibt, und geben Minderheiten und Frauen bei Stellenbesetzungen den Vorzug; aber Programme, die die Vielfalt der Gesellschaft propagieren, schätzen ja gerade das, was die Menschen beiderlei Ge-

---

[3] ACLU: American Civil Liberties Union, eine US-Bürgerrechtsorganisation.
[4] In den USA üblicher Ausdruck für die bevorzugte Behandlung von Minderheiten auf dem Arbeits- und Ausbildungsmarkt.

schlechts und unterschiedlicher ethnischer Herkunft beizutragen haben.

Wenn Sie anfangen, Ihre Emotionen schätzen zu lernen – wozu auch Wut, Trauer und so genannte negative Gefühle zählen –, haben Sie diese Ebene erreicht. Sie können in dem, was diese Gefühle in Ihrem Leben darstellen, auch etwas Gutes sehen.

Vierter Schritt: Annehmen

Der vierte Schritt besteht darin, jemanden oder etwas anzunehmen bzw. in sein Leben zu integrieren. Hermann Hesse hat einmal geschrieben: »Also liebe das Leid! Widersteh ihm nicht, entflieh ihm nicht! Nur dein Widerwille ist es, der wehtut, sonst nichts.«[5] Das Annehmen bedeutet, jedes Gefühl, jede Erfahrung oder jeden in Ihrem Leben auftretenden neuen Standpunkt mit Wohlwollen zu akzeptieren. Dies geht noch über das bloße Zur-Kenntnis-Nehmen, Einbeziehen und Wertschätzen hinaus. Sie gehen sogar freudig an die Aspekte Ihres Lebens heran, die Sie bisher gefürchtet oder vermieden haben. Fehler müssen geschehen dürfen, denn ohne sie können wir niemals etwas Neues lernen oder erfolgreich sein. Tränen müssen fließen dürfen, sie lassen uns spüren, dass wir lebendig sind.

Die vier Schritte der Anerkennung

- **Erster Schritt: Zur Kenntnis nehmen**
  Gefühle, Empfindungen oder andere Personen wahrnehmen oder anderen gegenüber mitteilen
- **Zweiter Schritt: Einbeziehen**
  Gefühlen, Wahrnehmungen oder anderen Personen Raum geben
- **Dritter Schritt: Wertschätzen**
  Den Wert von Gefühlen, Wahrnehmungen oder anderen Personen anerkennen
- **Vierter Schritt: Annehmen**
  Gefühle, Wahrnehmungen oder andere Personen annehmen

---

[5] Aus: *Ein Stück Tagebuch*, 1918.

Anerkennung und Verantwortlichkeit

Noch eine Bemerkung zum Thema Anerkennen: Die Erfahrungen, die Sie machen, müssen nicht notwendigerweise bestimmen, wie Sie Ihr Leben führen. Manche Leute meinen, dass ihnen, wenn sie ein bestimmtes Gefühl oder eine Fantasievorstellung haben, dadurch vorgeschrieben wird, wer sie sind oder dass sie ihre Handlungen danach ausrichten müssten. Wenn ich meinen Gefühlen freien Lauf lassen würde, hätte ich niemals dieses Buch fertig geschrieben. Wenn wir einen Teil unseres Erfahrungsschatzes dominieren lassen, lassen wir die anderen Anteile außen vor.

Man könnte folgenden Vergleich anstellen: Sie versuchen, mit einem Segelschiff den Ozean zu überqueren, und die unterschiedlichen Anteile Ihrer Person sind die Besatzungsmitglieder. Stellen wir uns vor, ein Besatzungsmitglied würde plötzlich das Steuer an sich reißen, weil ihm danach wäre, wieder nach Hause zu segeln. Ein anderer hätte einen Freund auf einer nahe gelegenen Insel, also würde er den ersten vom Steuer wegschubsen und selbst danach greifen. Der Kurs, den das Schiff verfolgen würde, sähe ein bisschen so aus wie der Lebenslauf mancher Leute, die ich kenne; sie steuern hin und her und erreichen dabei nie ihre erhofften Ziele. Erfahrung ist ein guter Kompass, aber ein schlechter Kapitän. Gefühle sind gute Berater, aber schlechte Lehrer. Nehmen Sie Ihre Erfahrungen und Ihre Gefühle zur Kenntnis, aber lassen Sie sich von ihnen weder vorschreiben, was Sie tun sollen, noch sich von dem angepeilten Ziel abbringen.

Mein Freund Peter wollte an einem Marathon teilnehmen. Er trainierte schon seit längerer Zeit, war aber noch nie einen Marathon gelaufen. Er wusste genug übers Laufen, um sich darüber im Klaren zu sein, dass er seinem Körper ernsthaft schaden konnte, wenn er nicht ausreichend trainierte und sich adäquat vorbereitete, das heißt, dass er genügend Meilen laufen musste, um seine körperliche Kondition für diesen anstrengenden Ausdauertest aufzubauen. Aber es gab immer wieder Tage, an denen er es nicht schaffte, sein Trainingspensum zu erfüllen. Schließlich wandte er sich an mich.

Ich bat ihn, genau zu beschreiben, wie er von seinem Trainingsplan abgekommen sei. Er sagte, da der Trainingsplan das Pensum immer weiter erhöhte, würde er morgens sehr mit sich ringen, wenn es Zeit zum Aufstehen und Loslaufen sei. Wenn der Wecker klingelte, sei er furchtbar müde. Eine innere Stimme sagte ihm dann: Du könntest 30 Minuten länger schlafen und heute trotzdem noch eine gute Strecke hinbekommen. Oder: Es ist doch lächerlich! Dass du diesen Marathon laufen willst, ist doch ein einziger Egotrip! Oder: Du bist heute bei der Arbeit nicht zu gebrauchen, wenn du nicht ausgeschlafen bist. Oder: Es ist ziemlich kalt heute Morgen. Vielleicht solltest du heute aussetzen und morgen dafür länger laufen … Manchmal gewann Peter diesen Kampf, stand auf und lief los, aber oft verlor er ihn auch und blieb im Bett liegen. Interessanterweise erzählte er mir, dass er für seine normale Laufstrecke immer pünktlich aufgestanden war. Ich fragte ihn, wie er das angestellt habe, und er erwiderte, dass er sich dabei nie vor die Wahl gestellt habe. Er sei einfach aufgestanden und losgerannt.

Diese Bemerkung brachte mich darauf, ihm folgenden Plan vorzuschlagen: Peter sollte zu Beginn jedes Monats entscheiden, ob er den ganzen Monat lang für den Marathon trainieren würde. Dann hätte er morgens keine Gelegenheit mehr, sich zu entscheiden, ob er laufen solle oder nicht, es sei denn, er hätte eine Verletzung, die sich durchs Laufen verschlimmern könnte. Seine einzige Chance, eine Wahl zu treffen, ob er laufen wolle oder nicht, gäbe es am ersten Abend des nächsten Monats. Dann könnte er ganz rational entscheiden, ob sein Ziel, den Marathon zu laufen – und die damit verbundene Anstrengung –, wirklich lohnenswert sei. In der Zwischenzeit gab es morgens, wenn der Wecker klingelte, keine Gelegenheit zu diskutieren oder sich mit seinen Gefühlen oder dem inneren Schweinehund herumzuärgern.

Als wir nach seinem Marathonlauf an der Ziellinie saßen, erzählte er mir, wie er es geschafft hatte. Als an dem Morgen, nachdem wir den Plan gefasst hatten, der Wecker klingelte, hörte er von seiner inneren Stimme wieder die schlagenden Argumente, warum er lieber weiterschlafen sollte. Und ihm war sehr danach weiterzuschlafen. Während er der Stimme zuhörte, stemmte er sich von der Bettkante hoch und zog sich seine Sportsachen an. Als er an der Haustür war, fing die Stimme wieder an zu verhandeln: Okay, wenn du dich jetzt wieder hinlegst und eine Viertelstunde weiterschläfst, kannst du ja morgen eine Viertelstunde früher aufstehen, und keiner kann sich beschweren. Peter öffnete einfach die Tür, ging nach draußen und begann mit den Stretchingübungen. Beim Laufen verstummte die Stimme allmählich. Jeden Morgen lief es nach demselben Schema ab. Früher war es sein Fehler gewesen, der inneren Stimme und seinen Gefühlen Raum zu geben. Jetzt nahm er sie einfach nur zur Kenntnis und tat das, was für ihn das Richtige war.

Anerkennen üben

Es folgen ein paar praktische Übungen, die Sie zur Durchführung des dritten Lösungsschlüssels, also des Anerkennens, anwenden können. Da dies ein Buch über Lösungen und die Veränderung von Handlungsweisen ist, ist es wichtig, dass Sie anfangen, einige der hier vorgeschlagenen Möglichkeiten in die Tat umzusetzen. Sie können dies natürlich auch ohne die Übungen tun, indem Sie Ihren eigenen Weg finden, diese Ideen in Ihr Leben zu integrieren. Daher möchte ich Sie gleich vorweg von Ihrem schlechten Gewissen entbinden, wenn Sie die Übungen nicht durchführen.

Erste Übung: Machen Sie Ihre wunden Punkte ausfindig und geben Sie ihnen eine Stimme

Untersuchen Sie Ihren Erfahrungsschatz daraufhin, ob es etwas gibt, das Sie sich im Hinblick auf Ihren Körper oder Ihr inneres Wesen nicht eingestanden haben. Wenn Ihnen irgendetwas einfällt, fragen Sie sich, ob Sie es nur sich selbst oder auch jemand anderem eingestehen müssen, um ihm Raum zu geben, es zu schätzen und anzunehmen.

Wenn Ihnen nichts einfällt, kann ich Ihnen ein paar Ecken nennen, in denen Sie mal nachsehen können. Wenn Sie ein Mann sind, suchen Sie nach Stellen der Angst oder anderer Gefühle, die Ausdruck einer Verletzlichkeit sind, wie zum Beispiel Traurigkeit oder Schwäche. Wir Männer werden in der Regel so erzogen, dass wir nicht ängstlich, traurig oder schwach sein dürfen, also nehmen wir diese Gefühle häufig nicht zur Kenntnis. Wenn Sie eine Frau sind, befragen Sie mal Ihren Körper. Wie viele von Ihnen wären willens, ihre Konfektionsgröße oder ihr Körpergewicht zu verraten? Ich sage nicht, dass Sie es tun sollen, aber prüfen Sie einfach, ob es an Ihrem Körper etwas gibt, dessen Sie sich schämen oder das Sie verleugnen.

Wenn ja, gestehen Sie es sich einfach ein – wenigstens im stillen Kämmerlein. Vielleicht vertrauen Sie es aber auch einer anderen Person an.

Als Nächstes sollten Sie einen Beweis dafür liefern, dass Sie dem, wie Sie sind und wo Sie stehen, Raum lassen bzw. es so annehmen können. Zum Beispiel: Wenn Sie normalerweise sehr zurückhaltend damit sind, Gefühle der Ängstlichkeit aufkommen zu lassen, verbringen Sie eine Weile damit, sich auf etwas zu konzentrieren, vor dem Sie Angst haben, und versuchen Sie, das Gefühl der Angst zu spüren.

> Ein Mann gestand seiner Partnerin, er habe bei einem Streit immer Angst, dass sie ihn verlassen würde. Sie war sehr überrascht, denn das Einzige, was sie ihm während eines Streits anmerken konnte, war Wut. Sie hatte nie auch nur einen Anflug von Angst bei ihm beobachtet oder die Vermutung gehabt, dass er Angst haben könnte. Nach dem Gespräch sah sie ihn bei ihren Streitigkeiten in einem anderen Licht, und einmal reichte sie ihm während einer heftigen Diskussion die Hand, um ihn zu besänftigen. Er wurde augenblicklich ruhiger, und sie waren in der Lage, den Punkt, über den sie gestritten hatten, zu klären.

Eine Frau erzählte mir, dass sie nach dieser Übung sofort losgegangen sei und sich drei schicke Kleiderkombinationen gekauft habe, die sie zur Arbeit tragen wollte. Sie hatte schon eine ganze Zeit lang zwei schlecht sitzende, abgetragene Kostüme angehabt und warten wollen, bis sie abgenommen und ihr »eigentliches Gewicht« wieder erreicht hätte, um sich erst dann neue Kleider zu kaufen. Sobald sie sich Kleider in ihrer aktuellen Größe gekauft hatte, fühlte sie sich wohler in ihrer Haut und begann abzunehmen. Sie sollten die Kraft des Anerkennens niemals unterschätzen.

Zweite Übung: Machen Sie sich frei von Zwängen und Abhängigkeiten, indem Sie Ihre Gefühle von Ihren Handlungen abkoppeln

Um diese Übung zu erklären, muss ich Ihnen eine kleine Geschichte erzählen. Ich las sie einmal in einem Nachrichtenmagazin. Der Artikel war so ähnlich überschrieben wie »Los, Ihr Dickerchen!« – kein sehr netter Titel, aber ich war neugierig, wie der Verfasser diese unmögliche Formulierung rechtfertigen würde, also las ich weiter.

> Der Mann berichtete, er sei seit seiner Kindheit übergewichtig gewesen und habe jede denkbare Diät ausprobiert. Die Diäten hatten unterschiedlich gut und unterschiedlich lang gewirkt, aber am Ende hatte er immer wieder so viel Gewicht zugenommen, wie er vorher abgenommen hatte, manchmal sogar mehr. Er war fürchterlich beunruhigt, wenn er gerade nichts aß, obwohl er in der Regel offensichtlich nicht aus echtem Hunger aß.
>
> Als er keine Lust mehr hatte, die Diättipps anderer Leute auszuprobieren, beschloss er, eine eigene Methode zu entwickeln. Das nächste Mal, wenn er wieder so unruhig wäre, wollte er es einfach nur aussitzen und nichts unternehmen. Beim ersten Mal schaffte er es, indem er vier oder fünf Stunden emotionaler Qualen durchlitt. Ihm war überhaupt nicht klar, warum er sich Sorgen machte oder wovor er Angst hatte. Es war eine unbestimmte und schwer fassbare Art von Angst. Aber er blieb standhaft, nicht zu essen und auch nichts anderes zu unternehmen, um diesem Zustand zu entkommen. Schließlich legte sich die Angst wieder, und er stellte fest, dass er kein Verlangen hatte, zu essen. Von da an nutzte er jede Gelegenheit, sitzen zu bleiben und die Angst auszuhalten, anstatt zu essen und ihr damit zu entkommen. Sein Zwang zu essen wurde immer schwächer. Er nahm ab und konnte sein Gewicht schließlich auch halten.
>
> Er war zu der Überzeugung gekommen, dass alle übergewichtigen Menschen versuchen, sich ihr Problem auszureden, indem sie sich sagen: Ich habe einen langsamen Stoffwechsel, oder: Es steckt in meinen Genen und hängt von den äußeren Bedingungen ab; man kann sein Gewicht gar nicht wirklich beeinflussen. Obwohl ich glaube, dass sein Rückschluss von seinen eigenen Erfahrungen auf alle Menschen, die Übergewicht haben, unzulässig war, ist seine Geschichte doch eine gute Grundlage für diese Übung.

Denken Sie an einen Bereich in Ihrem Leben, mit dem Sie unzufrieden sind, da Sie irgendetwas zwanghaft oder wie eine Sucht betreiben. Ihr Zwang bzw. Ihre Sucht könnte zum Beispiel Essen, Drogenmissbrauch oder Alkohol sein, oder auch Nägelkauen oder sich im Gesicht zu kratzen – irgendetwas, das Sie nicht lassen können und das Ihnen nicht gut tut. Wenn Sie das nächste Mal den Drang zu dem ungeliebten Verhalten verspüren, beobachten und registrieren Sie einfach nur, welche Emotionen, Gedanken, Fantasien oder Impulse in Ihnen dabei hochkommen – ohne dass Sie irgendetwas dagegen unternehmen müssen.

Mehr als positives Denken: Das Abwägen von Anerkennung und Möglichkeit

Manchmal kommen in den Pausen meiner lösungsorientierten Workshops Leute zu mir und erzählen, wie gut ihnen dieser Ansatz gefällt, weil er so positiv ist. Mir ist immer etwas unwohl zumute, wenn ich das höre. Ich verstehe, was sie sagen wollen. Herkömmliche Therapieansätze können manchmal negativ und entmutigend sein. Aber es gefällt mir nicht besonders, wenn ich den Eindruck bekomme, dass die Leute glauben, sie müssten zur Verbesserung ihres Lebens einfach nur »positiv denken«. Dies kann nämlich dazu führen, dass wir die Probleme, denen wir uns gegenüber sehen, verniedlichen.

Mir kommt Positives Denken manchmal so wie ein Misthaufen vor, den man mit einer Goldschicht bedeckt und das Ganze dann Gold nennt. Es mag eine Zeit lang gut aussehen, aber wenn man in dem Haufen herumstochert, stellt man fest, dass unter der schön aussehenden Außenhülle doch nur ein Haufen Mist ist. Negatives Denken ist natürlich genauso schlecht: wenn man denkt, dass alles nur Mist ist und keiner jemals etwas daran ändern kann.

Bei unserem Ansatz halten wir daran fest, dass es wichtig ist, das Problem zu erkennen (den Mist), aber eben auch alles Mögliche zu unternehmen, um die Situation zu verändern (den Mist in Humus zu verwandeln, ihn wegzuräumen oder was sonst hilfreich wäre). Diese Denkweise unterscheidet sich vom Positiven Denken dadurch, dass hier Probleme und Hindernisse auf dem Weg zur Veränderung ebenso anerkannt werden wie die Möglichkeiten zur Veränderung. Wenn Sie nicht *beides* tun, laufen Sie Gefahr, in negativem, verbittertem Denken zu verharren oder unangenehme Überraschungen zu erleben, wenn unrealistische, abwegige Vorhaben fehlschlagen.

Dritter Lösungsschlüssel: Akzeptieren Sie Ihre Gefühle und Ihre Vergangenheit, ohne davon Ihr Verhalten in der Gegenwart oder Zukunft bestimmen zu lassen

- **Erste Methode**
  Akzeptieren Sie Ihre eigene Erfahrung, Ihre Gefühle und Ihre Persönlichkeit.
- **Zweite Methode**
  Erkennen Sie die Gefühle und Standpunkte anderer an.
- **Dritte Methode**
  Akzeptieren Sie die Erlebnisse und Prägungen Ihrer Vergangenheit, ohne davon die Gegenwart oder Zukunft bestimmen zu lassen.

Die Verlagerung der Aufmerksamkeit: Das, worauf man sich konzentriert, gewinnt an Bedeutung

Eine sehr wirksame Methode, die Betrachtungsweise eines Problems zu verändern, ist, einfach unsere Aufmerksamkeit auf einen anderen Aspekt der jeweiligen Situation zu verlagern.

Meinem Lehrer, dem Psychiater Milton H. Erickson, fiel bei der Anwendung von Hypnosetechniken auf, dass die Verlagerung der Aufmerksamkeit ein wirksames Mittel zur Problemlösung ist. Er versetzte jemanden, der zum Beispiel an chronischen arthritischen Schmerzen litt, in eine hypnotische Trance und lenkte seine Aufmerksamkeit auf die Körperteile, die nicht schmerzten. Vielleicht tat in dem Moment gerade die linke große Zehe nicht weh, während alle anderen Gelenke schmerzten. Mit hypnotischer Suggestion schaffte Erickson es, die Aufmerksamkeit seiner Klienten mehr auf die angenehmen Aspekte ihres Erlebens zu fokussieren. Im vorliegenden Kapitel werden wir dasselbe Prinzip der Aufmerksamkeitsverlagerung auf einige andere Lebenssituationen oder Bereiche Ihres Erlebens anwenden, und zwar ganz ohne Hypnose.

Eines Tages fiel Ericksons kleiner Sohn Robert auf dem Fußweg vor dem Haus hin. Er hatte sich den Mund aufgeschlagen und war blutüberströmt, als seine Eltern, aufgeschreckt von seinen Angst- und Schmerzensschreien, herauskamen. Erickson sagte ohne Umschweife: »Robert, das tut weh. Das tut richtig weh. Ich frage mich, wann es aufhören wird wehzutun. Jetzt im Moment tut es weh, es tut einfach nur weh. Wann wird der Schmerz aufhören?«

Das lenkte Robert ab. Zunächst hatte er nur auf den Schmerz geachtet, aber jetzt fing er an sich zu fragen, wann der Schmerz wohl aufhören würde. Er hörte auf zu schreien, als er darüber nachdachte. Unterdessen hatten seine Eltern ihn schon ins Badezimmer gebracht und wuschen ihm den Mund aus, damit Erickson sehen konnte, ob die Wunde genäht werden müsse oder nicht. Während das Blut aus Roberts Mund ins Waschbecken lief, sagte Erickson zu seiner Frau: »Mutter, guck dir bloß das Blut an. Das ist gesundes rotes Blut! Das wird die Wunde richtig gut auswaschen. Guck dir die Farbe dieses Blutes an.« Natürlich guckte sich Robert auch das Blut an. Anstatt vor Angst und Schmerz zu erstarren, war er davon fasziniert, sich seinem »guten, gesunden roten Blut« zu widmen.

Als die Wunde ausgewaschen war, wurde klar, dass sie genäht werden musste. Also begann Erickson, Robert zu erklären, dass ein paar Stiche gemacht werden müssten, und erinnerte ihn daran, dass sein Bruder im vergangenen Jahr auch hatte genäht werden müssen, als er sich verletzt hatte. »Robert, ich frage mich, ob du den Wettbewerb gewinnen und mehr Stiche als dein Bruder bekommen wirst. Er hatte sechs Stiche. Du bräuchtest also nur sieben Stiche, um zu gewinnen.« Als sie in der Notaufnahme ankamen, wunderte sich der behandelnde Arzt, wie ruhig der Junge blieb, während die Wunde gesäubert und genäht wurde. Das Einzige, was am Ende aus Roberts frisch genähtem Mund kam, war: »Wie viele Stiche waren das?« – »Neun«, antwortete der Arzt. Und der Mund verzog sich zu einem frisch genähten, schiefen Lachen. So groß ist die Kraft der Aufmerksamkeitsverlagerung.

Vierter Lösungsschlüssel: Die Aufmerksamkeit verlagern

Die Bereiche, die im Fokus Ihrer Aufmerksamkeit liegen, nehmen häufig sowohl in Ihrem Bewusstsein als auch in Ihrem Leben einen großen Raum ein.

Wenn Sie Probleme haben, liegt das meist daran, dass Sie immer auf dasselbe fixiert sind. Um das Problem zu lösen, müssen Sie sich einem anderen Aspekt der Angelegenheit widmen. Dazu sollten Sie sich fragen: Worauf richtet sich meine gesamte Aufmerksamkeit bei diesem Problem? Konzentriere ich mich auf etwas wenig Aussichtsreiches? Suchen Sie irgendeinen anderen Aspekt und beginnen Sie, Ihr Augenmerk darauf zu richten.

Der Hauptzweck dieses Buches liegt darin, Sie zu ermuntern, Ihre Aufmerksamkeit weg vom Analysieren, von Erklärungen und Problemen hin zu Handlungen zu lenken, die zur Problemlösung beitragen können. Unsere Kultur ist durchdrungen vom Problembewusstsein. Wir leben in der Vorstellung, dass auftretende Probleme in der Vergangenheit begründet sind und dass die Dinge eben so sind, wie sie sind – sozusagen in Zement gegossen. Wenn Sie aber einfach einmal irgendetwas anders machen oder Ihre Denkweise ändern, kann das schon eine Menge bewirken. Wenn Sie sich auf Lösungen statt auf Probleme konzentrieren, können sich die Dinge sogar noch schneller verändern.

Es gibt verschiedene Methoden, wie Sie diesen Lösungsschlüssel zur Problemlösung benutzen können.

Erste Methode: Wechseln Sie den Sinneskanal

Eine der einfachsten Varianten der Aufmerksamkeitsverlagerung ist die, sich auf eine andere Sinneswahrnehmung einzulassen (also Sehen, Hören, Riechen, Schmecken oder Tasten). Verlagern Sie Ihre Wahrnehmung vom Sehen zum Hören oder vom Hören zum Tasten. Schließen Sie während eines Streits Ihre Augen und hören Sie Ihrem Partner wirklich zu.

Ich hatte eine Klientin, die an Bulimie litt. Wir fanden heraus, dass einer der Auslöser für ihr zwanghaftes Essverhalten Partys waren, bei denen es etwas zu essen gab. Sie registrierte das Buffet üblicherweise schon im ersten Moment und fühlte sich magisch davon angezogen. Dann schwor sie sich, nichts von den fetten Speisen zu essen, aß aber letztlich während der ganzen Party zwanghaft. Auf dem Weg nach Hause kaufte sie völlig unkontrolliert und getrieben von Schuldgefühlen noch mehr Essen und schlang es hinunter. Wenn sie dann voll gestopft und in schrecklicher Verfassung nach Hause kam, übergab sie sich wieder – aus Angst, dass sie durch die Fresserei zu dick werden könnte.

Sie war eine ausnehmend gesellige Person. Daher gab ich ihr folgenden Rat: Das nächste Mal, wenn sie auf eine Party ging, sollte sie sich auf die Gesichter dreier Personen dort konzentrieren. Sie sollte sich die drei am nettesten aussehenden Leute heraussuchen und sich mit ihnen bekannt machen. Danach durfte sie essen, was sie wollte. Natürlich kam sie bei den nächsten Partys nie bis zum Buffet, da sie dank ihrer Verlagerung der sensorischen Wahrnehmung unweigerlich ein paar interessante Leute kennen lernte und sich in Gespräche vertiefte, die ihre Aufmerksamkeit weg vom Essen hin zu anderen Menschen lenkte.

Zusammenfassung der ersten Methode

Verlagern Sie Ihre Aufmerksamkeit von einem Ihrer Sinneskanäle (also Sehen, Hören, Tasten, Schmecken oder Riechen) auf einen anderen.

Zweite Methode: Erweitern Sie den Fokus Ihrer Aufmerksamkeit

Wenn Sie ein Problem haben, bei dem Sie von einer ständig wiederkehrenden Erinnerung geplagt werden, sollten Sie versuchen, diese Erinnerung zu erweitern, anstatt sie loszuwerden. Erinnern Sie sich an das, was vor und nach dem Ereignis, das Sie beschäftigt, vorgefallen ist. Schauen Sie sich an dem Platz um, an dem das Problem aufgetaucht ist, und nehmen Sie alles wahr, was für Sie bisher nicht im Vordergrund gestanden hat.

Ich hatte einen Klienten, der unter Flugangst litt. Er hatte diese Phobie entwickelt, nachdem er einen besonders beängstigenden und schwierigen Flug durch einen Schneesturm erlebt hatte. Das Flugzeug war in Turbulenzen geraten und wurde im Schneegestöber durchgerüttelt. Der Mann war überzeugt, dass das Flugzeug abstürzen würde. Seitdem hatte er panische Angst davor, an Bord eines Flugzeugs zu gehen. Gelegentlich musste er jedoch beruflich reisen. Wenn solch ein Trip bevorstand, bekam er schon Wochen vor dem Flug Durchfall und litt vor und während der Reise unter Panikattacken.

Als wir daran arbeiteten, diese Angst zu bekämpfen, erzählte er mir von der Szene, die sich immer und immer wieder vor seinem inneren Auge abspielte, sobald er ans Fliegen dachte. Er erinnerte sich daran, wie er während des Schneesturms in dem Flugzeug gesessen war. Die Frau neben ihm hatte seine Panik bemerkt und versucht, ihn zu beruhigen. Aber als sie sich einige Minuten lang unterhalten hatten, hatte er die Frau schließlich auch davon überzeugt, dass das Flugzeug abstürzen würde, und sie bekam ebenfalls Angst. Ihr Ehemann, der auf der anderen Seite neben ihr saß, musste sie nun beruhigen. Neben dem Gefühl der Todesangst hatte mein Klient nun also auch noch ein schlechtes Gewissen, dass er dieser netten Frau, die ihm hatte helfen wollen, Angst eingejagt hatte. Er konnte sich lebhaft an die Angst- und Schuldgefühle erinnern – wie seine Hände sich an den Armstützen festgekrallt hatten und er den Gedanken nicht loswurde: Ich werde dieses Flugzeug niemals lebendig verlassen! Jedes Mal, wenn er ans Fliegen dachte, stand ihm dieses Horrorszenario vor Augen.

Als wir dieses primäre, Angst erregende Flugerlebnis weiter untersuchten, kam ihm nach und nach die Erinnerung an andere Einzelheiten im Zusammenhang mit dem Vorfall – was ihn selbst überraschte. Er erinnerte sich an einen Mann in der gegenüberliegenden Sitzreihe, der ganz ruhig dasaß und las, und an einen anderen ein paar Reihen weiter, der während dieses schrecklichen Flugs die ganze Zeit über schlief. Als wir noch weiter darüber sprachen, erzählte er, wie das Flugzeug schließlich gelandet sei und wie er aufgestanden sei und das Flugzeug verlassen habe – froh, überhaupt noch am Leben zu sein. Als er sich an diesen Teil der Reise erinnerte, guckte er ganz verwundert und rief: »Ich bin lebend aus dem Flugzeug herausgekommen!« Von da an konnte er immer, wenn er wegen einer Flugreise in Panik geriet, bewusst seine Aufmerksamkeit verschieben: weg von der Konzentration auf die schrecklichsten Momente seiner Erinnerung hin zu dem Moment, als er das Flugzeug verließ. Das reduzierte seine Angst so weit, dass er in der Lage war, relativ entspannt zu fliegen, insbesondere nachdem er wieder eine Reihe angenehmerer Flugerlebnisse hinter sich hatte.

Eine Frau, die abnehmen wollte, erhielt den Rat, in einen Supermarkt zu gehen und zu schauen, wie viele Lebensmittel sie finden würde, die sie noch nicht kannte. Sie berichtete, dass sie überrascht gewesen sei, wie viele Dinge es dort gab, die ihr noch nie aufgefallen waren. Sie hatte sonst bei jedem Besuch des Supermarktes immer dieselben Waren eingekauft. Nachdem sie die Vielfalt der verfügbaren neuen Lebensmittel entdeckt hatte, beschloss sie, dass sie ihre Esslust von nun an befriedigen würde, indem sie neue Nahrungsmittel ausprobierte, anstatt zu viel zu essen. Auf diese Art und Weise konnte sie das Essen genießen und dabei abnehmen, anstatt die Menge der verzehrten Lebensmittel zu beschränken.

Zusammenfassung der zweiten Methode

Anstatt des üblichen Tunnelblicks sollten Sie Ihre Sicht und Suche auf jene Aspekte einer Situation erweitern, die Sie vorher nie richtig bemerkt haben.

Dritte Methode: Verlagern Sie Ihre Aufmerksamkeit von der Vergangenheit auf die Gegenwart

Eine andere Klientin wurde während des Geschlechtsverkehrs mit ihrem Mann von Erinnerungen daran heimgesucht, wie sie als Kind von ihrem Vater sexuell missbraucht worden war. Diese Rückblenden auf ihre Kindheit beeinträchtigten das Liebesleben des Ehepaares allmählich so sehr, dass der Sex für beide zu einem negativ besetzten Erlebnis wurde.

Aber es stellte sich heraus, dass die Lösung überraschend einfach war. Das Paar hatte beim Sex anscheinend immer das Licht aus. Ich schlug vor, dass sie immer dann das Licht anschalten sollten, wenn die Erinnerungen an den sexuellen Missbrauch in der Frau hochkamen. Dann sollte sie ihren Mann ansehen und sein Gesicht berühren. Er sollte irgendetwas zu ihr sagen. Das half schon, ihre Aufmerksamkeit von der Vergangenheit und ihren schrecklichen Erinnerungen zur Gegenwart und zu ihrem Ehemann zu verlagern, der sie schließlich niemals missbraucht hatte. Mit dieser erweiterten Wahrnehmung konnten sie fortfahren – egal, ob das Licht nun an oder aus war. Nur wenn die Erinnerung wieder hochkam, konnten sie erneut unterbrechen und ihre Aufmerksamkeit neu fokussieren. Nachdem sie diese Prozedur einige Male vollzogen hatten, wurden die Erinnerungen weniger aufdringlich und ihr Liebesleben wieder befriedigender.

Zusammenfassung der dritten Methode

Anstatt sich auf das zu konzentrieren, was geschehen ist, konzentrieren Sie sich auf das, was jetzt im Moment geschieht.

Vierte Methode: Verlagern Sie Ihre Aufmerksamkeit von der Gegenwart oder der Vergangenheit auf die Zukunft

Das ganze folgende Kapitel ist dieser Methode gewidmet, daher führe ich hier nur ein kurzes Beispiel an.

Eine meiner Klientinnen war von ihrem letzten Freund geradezu besessen. Obwohl sie die Beziehung wegen seiner Gewalttätigkeit und seines enormen Drogenkonsums beendet hatte, hatte sie immer noch das Gefühl, dass dies die beste Beziehung gewesen sei, die sie je gehabt habe oder je haben würde. Sie hatte auch schon mit anderen Männern ähnliche, von Missbrauch geprägte Beziehungen gehabt.

Wir begannen, darüber zu sprechen, was für eine Art von Beziehungen sie wohl haben würde, wenn sie das übliche Muster ihrer Beziehungen mit gefährlichen Männern durchbrechen könnte. Je länger wir darüber sprachen, umso größer wurde ihr Interesse, eine Beziehung zu finden, die ihrer Vorstellung für die Zukunft entsprach. Wir überlegten, welche Schritte sie unternehmen müsste. Wir kamen überein, dass sie als ersten Schritt anfangen müsse, auf Männer zu achten, die sie in der Vergangenheit keines Blickes gewürdigt habe, da sie nicht ihrem »Typ« entsprachen. Sie beschloss, dass sie anfangen würde, sich mit Männern zu verabreden, die sie nicht unbedingt auf den ersten Blick attraktiv fand. Beim näheren Kennenlernen sollte sie dann herausfinden, ob diese mehr von dem zu bieten hatten, was sie sich für eine Beziehung erhoffte.

> **Zusammenfassung der vierten Methode**
>
> Konzentrieren Sie sich auf das, was Sie erleben möchten, anstatt auf das, was Sie erlebt haben oder gerade erleben.

Fünfte Methode: Schalten Sie von Ihrem inneren Erleben auf die Außenwelt oder auf andere Personen um

Versuchen Sie, sich in einer für Sie beängstigenden Situation nicht auf Ihre Angst zu konzentrieren, sondern einfach die Gegenstände in Ihrer Umgebung anzufassen und ihre Beschaffenheit zu erspüren. Wenn Sie häufig ängstlich sind, könnten Sie es zum Beispiel damit probieren, ein oder zwei Stunden in einem Obdachlosenheim ehrenamtlich zu arbeiten.

Milton H. Erickson machte einem jungen Mann namens David, der die ganze Zeit depressiv und einsam zu Hause herumhing, einmal den Vorschlag, sich in die Stadtbücherei zu begeben und dort zu versuchen, depressiv zu sein. David willigte ein. Anstatt dort herumzusitzen und seine Gedanken darum kreisen zu lassen, wie deprimierend sein Leben war, beschloss er, dort nach Literatur über Höhlenexkursionen zu suchen – ein Thema, das ihn schon immer interessiert, mit dem er sich aber noch nie näher beschäftigt hatte.

Als er vor dem Regal mit Literatur über Höhlenexkursionen stand, sprach ihn ein anderer junger Mann an und fragte ihn, ob er sich für Höhlentouren interessiere. David bejahte, und sie kamen ins Gespräch, das letztendlich dazu führte, dass die beiden gemeinsam eine Höhlenexkursion unternahmen. Als David diesen neuen Freund gefunden hatte und dadurch häufiger aus dem Haus kam, ließ seine Depression nach.

Zusammenfassung der fünften Methode
Gehen Sie aus sich heraus und blicken Sie hinaus in die Welt.

Sechste Methode: Verlagern Sie Ihre Aufmerksamkeit von der Außenwelt oder von anderen Menschen auf Ihr Innenleben

Einer meiner Klienten war durch ein anstrengendes Berufsleben und familiäre Aktivitäten so eingespannt, dass er sich gar nicht mehr richtig lebendig fühlte, sondern den Eindruck hatte, nur noch mit Pflichterfüllung und Existenzsicherung beschäftigt zu sein. Er begab sich auf ein Wochenendseminar zur stillen Meditation. In dieser Zeit wurde ihm klar, dass es in seiner Ehe eine Reihe schwerwiegender Probleme gab, die er bisher verdrängt oder verleugnet hatte. Als er anfing, sich mit diesen Problemen zu beschäftigen, bemerkte er, dass er allmählich wieder auflebte. Er gewöhnte sich an, weniger zu arbeiten und mehr Sport zu treiben.

Zusammenfassung der sechsten Methode
Richten Sie Ihre Aufmerksamkeit auf das, was sich in Ihrer Gefühlswelt bzw. Ihrem Inneren abspielt, anstatt sich auf das zu konzentrieren, was andere sagen oder tun bzw. was in der Welt um Sie herum geschieht.

Siebte Methode: Konzentrieren Sie sich lieber auf das, was funktioniert, als auf das, was nicht funktioniert

Dieses Motto ist letztlich die Quintessenz des ganzen Buches und wurde ja schon im zweiten Kapitel genauer behandelt. Die Anwendung dieser Methode selbst in kleinen Portionen kann schon positive Veränderungen erbringen. Zum Beispiel, wenn Sie eine Rede halten und dabei auf den Gesichtsausdruck der Zuhörer achten: Versuchen Sie, im Auditorium eine Person zu finden, die lächelt oder nickt, während Sie sprechen, und konzentrieren Sie sich auf sie. Oder Sie nehmen sich vor, Ihr Kind, Ihren Ehepartner oder Ihren Angestellten dabei zu »erwischen«, wie er gerade etwas sehr gut macht, anstatt zu kommentieren, was er falsch gemacht hat.

Ich habe einmal eine Geschichte über einen Pfarrer gehört, der ständig unter dem Druck stand, noch mehr für die Gemeinde zu tun, obwohl er schon weit mehr als 40 Stunden pro Woche arbeitete. Auch wurde er von einigen Gemeindemitgliedern regelmäßig kritisiert (den einen war er zu liberal, den anderen zu konservativ, oder man erwartete von ihm, dass er mehr Veranstaltungen für Jugendliche organisierte usw.).

Er begann, ein – wie er es nannte – »Dankesalbum« anzulegen. Dies war ein Ordner, in dem er die netten Karten sammelte, die die Leute ihm über die Jahre geschrieben und in denen sie ihm für seine freundlichen Worte, für eine besonders bewegende Predigt oder für eine Beratung, die eine Ehe gerettet hatte, gedankt hatten. Wenn er sich unter Druck gesetzt, entmutigt oder nicht genug gewürdigt fühlte, ging er in sein Arbeitszimmer und las in diesem Dankesalbum, um seine Arbeit dann mit neuer Energie fortzusetzen.

Zusammenfassung der siebten Methode

Nehmen Sie Lösungen und positive Erlebnisse und Aktivitäten eher zur Kenntnis als negative Erlebnisse und Aktivitäten.

Achte Methode: Wechseln Sie vom Denken oder Fühlen zum Handeln

Wenn Sie unangenehme Gedanken oder Gefühle nicht loswerden, konzentrieren Sie sich auf eine Handlung, die Sie entweder von diesen Gedanken oder Gefühlen befreien oder sich generell positiv auf Ihr Leben auswirken könnte.

> Ich hatte einen Klienten, der mit seiner Arbeit unzufrieden war. Das war er schon sehr lange, hatte aber nie etwas dagegen unternommen. Er wollte eigentlich lieber selbstständig arbeiten. Aber sobald er darüber nachzudenken begann, fing er entweder an zu träumen und seine Zeit mit der Vorstellung zu vertrödeln, was er für ein großartiges Leben hätte, wenn er endlich selbstständig wäre, oder er verlor den Mut und beschloss, dass dieser Schritt zu riskant war und dass er es nie schaffen würde.
>
> Wir vereinbarten Folgendes: Jedes Mal, wenn er mit seinem Job unzufrieden war, sollte er, anstatt wieder in Träumereien oder Ängste zu verfallen, damit beginnen, konkrete Pläne zu schmieden und bestimmte Schritte in die Tat umzusetzen (wie zum Beispiel Bekannte anzurufen, die ihm Beraterverträge verschaffen konnten), die zur Verwirklichung seiner Träume beitragen und seine Versagensängste eindämmen konnten.

Zusammenfassung der achten Methode

Schreiten Sie zur Tat, anstatt sich auf Ihr Innenleben zu konzentrieren.

Neunte Methode: Stellen Sie lösungsorientierte Fragen

> *»Wenn sie dich dazu bringen, die falschen Fragen zu stellen,*
> *müssen sie sich auch nicht um die Antworten scheren.«*
> Thomas Pynchon

Ich möchte Ihnen vorschlagen, folgende Verlagerung Ihrer Aufmerksamkeit auszuprobieren. Statt sich selbst »Problemfragen« zu stellen – also Fragen wie »Warum habe ich dieses Problem?«, »Was stimmt nicht mit mir?«, »Womit habe ich das verdient?« oder »Was an meiner Kindheit, an meinen Erbanlagen oder meinen biologischen Funktionen ist dafür verantwortlich, dass ich so bin?« –, sollten Sie sich bemühen, sich folgende Frage in immer neuen Variationen zu stellen: »Was ist dieses Unproduktive, das ich immer wieder tue, denke und in meinem Blickfeld habe, und wie könnte ich anders handeln, denken oder auf etwas anderes achten, damit sich die Situation ändert?«

Dass Warum-Fragen in die falsche Richtung führen können, ist eine allgemein gültige Regel. Denn sie verlangen Erklärungen und bewegen sich immer wieder auf demselben Terrain. Das trifft natürlich nicht immer zu. Manchmal kann Sie eine Warum-Frage auf den richtigen Weg bringen oder Ihnen helfen, die Situation, in der Sie feststecken, zu klären. Aber ich würde Ihnen empfehlen, stattdessen mehr Fragen zu stellen, die mit den Worten »Wie« oder »Was« beginnen. Zum Beispiel könnten Sie – anstatt sich zu fragen: »Warum geschehen diese schrecklichen Dinge immer mir?« oder »Warum ziehe ich in Beziehungen immer den Kürzeren?« – die Fragen etwas konstruktiver formulieren: »Was kann ich tun, um die Situation zu verändern?« oder »Wie kann ich dafür sorgen, dass ich in zukünftigen Beziehungen nicht wieder den Kürzeren ziehe?«.

Wenn Sie dazu neigen, sich selbst Problemfragen zu stellen, versuchen Sie es stattdessen mit einer der folgenden Formulierungen:

1. Welche wahrnehmbaren Fakten kennzeichnen diese Situation, und welche Schlussfolgerungen (Geschichten, Urteile, Kritik) habe ich aus diesen Fakten gezogen?

2. Wenn ich dies nun sowieso durchmachen muss, inwieweit kann ich davon vielleicht sogar profitieren?

3. Was muss ich tun, damit die Dinge eher nach meinen Wünschen laufen?

4. Bin ich bereit, auf bestimmte Verhaltensweisen zu verzichten, damit die Dinge eher meinen Wünschen entsprechend verlaufen?

5. Ist dies der Bereich, auf den ich meine Energie verwenden oder meine Aufmerksamkeit richten möchte? Und wenn nicht: Worauf würde ich meine Energie oder Aufmerksamkeit lieber verwenden?

6. Gibt es irgendetwas, das ich in diesem Moment an der Situation ändern kann? Wenn ja: Was wäre der erste Schritt, den ich machen müsste? Wenn nicht: Wie kann ich mich damit abfinden und akzeptieren, was ich jetzt im Moment nicht ändern kann?

7. Wo und wann habe ich in dieser Situation die Möglichkeit, eine Wahl zu treffen?

8. Was war die beste Strategie, wie ich mit einer ähnlichen Situation zuvor schon einmal zurechtgekommen bin?

Als sein Computer abstürzte, begann Christoph in seiner Firma herumzutoben und mit Gegenständen um sich zu werfen. Das war seine übliche Reaktion auf kritische Situationen, und ein Computerabsturz war eben eine echte Krise. Christoph hatte über acht Monate lang keine Sicherungskopien seiner Computerdaten angefertigt. Das Geschäft boomte, und er hatte einfach nicht genug Zeit gehabt, mit dem Verwaltungskram hinterherzukommen. Kunden riefen an und fragten nach dem Verbleib ihrer Bestellung. Außerdem war es Freitag, und Christoph hatte seiner Stellvertreterin den Tag freigegeben. Dafür sollte sie sich am Wochenende um die Firma kümmern, da er als Trauzeuge zu einer Hochzeit in der Verwandtschaft geladen war. Um noch eins draufzusetzen: Zwei seiner wichtigsten Angestellten hatten am Anfang der Woche überraschend gekündigt, und er hatte noch keinen Ersatz gefunden.

Christophs erster Gedanke war: Warum passiert so etwas immer mir? Dann stellte er sich eine lösungsorientierte Frage: Gibt es jetzt im Moment irgendetwas, das ich tun kann? Er rief seine Stellvertreterin an; sie war bereit, in die Firma zu kommen und ihm dabei zu helfen, die Dinge wieder geradezubiegen. Dann rief er einen Computerspezialisten an, der versprach, die Computer noch am selben Tag wieder zum Laufen zu bringen, wenn es denn technisch möglich sei. Als die Stellvertreterin ankam, hatte sich Christophs Panik schon etwas gelegt. Sie setzten sich hin und sprachen miteinander. Seine Kollegin, die eine sehr ruhige und gelassene Person war, sagte zu ihm: »Christoph, was müssen wir tun, um aus dieser Krise etwas zu machen, an dem wir Spaß haben?«

Christoph war ein wenig erstaunt. Er war zwar für jeden Spaß zu haben und hatte beim Aufbau der Firma alles daran gesetzt, für seine Angestellten und sich selbst einen Ort zu gestalten, an dem man zum Lachen nicht in den Keller gehen musste. Aber ihm war noch nie in den Sinn gekommen, sich bei einer Krise zu amüsieren. Dennoch war er willens, sich diese Idee durch den Kopf gehen zu lassen. Sie begannen, sich Möglichkeiten auszudenken, wie sie an dieser Krise ihren Spaß haben könnten. Christoph beschloss, den ganzen Tag mit einem Papierhut herumzulaufen, damit die Angestellten sehen konnten, was er für ein Dummkopf gewesen war, die Computerdaten nicht zu sichern. Er schrieb fünfzig Mal an die Tafel: »Ich werde die Daten jeden Tag sichern und die Kopien hier in einem Safe und zu Hause aufbewahren.«

Als sie gerade begannen, sich richtig gut zu amüsieren, tauchte verrückterweise auch noch ein Bewerber auf, den sie sofort einstellten, da er genau der Richtige für den Job war. Der Computerspezialist kam, brachte die Computer wieder in Ordnung und konnte sogar alle Daten retten. Als Christoph dazu übergegangen war, sich eher lösungsorientierte Fragen zu stellen, hatte sich das Blatt zu wenden begonnen. Und auch wenn es sich nicht gewendet hätte, hätte er bei dem Ganzen zumindest Spaß gehabt. Wer zuletzt lacht …

Zusammenfassung der neunten Methode

Ändern Sie Ihre Fragestellungen: Anstelle von Fragen, die zu nichts führen oder durch die Sie sich nur noch schlechter fühlen, sollten Sie Fragen formulieren, die Ihnen neue Möglichkeiten eröffnen oder zur Lösungsfindung und zum allgemeinen Wohlbefinden beitragen.

Übung: Formulieren Sie Fragen zur Lösung statt Fragen zum Problem

Stellen Sie sich eine typische Problemsituation vor. Schreiben Sie die typischen Fragen auf, die Sie sich selbst oder anderen hierzu stellen. Untersuchen Sie diese Fragen gründlich. Fühlen Sie sich durch das Stellen dieser Fragen besser oder schlechter? Befördern die Fragen Sie in die Richtung, in die Sie möchten, oder liefern sie Ihnen einfach nur gute Erklärungen dafür, warum Sie in dem Problem feststecken oder sich nicht ändern können? Wenn Ihre Fragen Ihnen nicht helfen, probieren Sie einige der alternativen Fragevarianten aus, die ich oben angeführt habe, oder denken Sie sich selbst sinnvollere Fragen aus.

Vierter Lösungsschlüssel: Die Aufmerksamkeit verlagern

- **Erste Methode: Wechseln Sie den Sinneskanal**
  Schalten Sie zwischen Ihren Seh-, Hör-, Tast-, Geruchs- und Geschmacks-kanälen hin und her. Stellen Sie fest, welchen Sie in der Problemsituation am intensivsten nutzen, und schalten Sie auf einen anderen um oder konzentrieren Sie sich innerhalb desselben Kanals auf einen anderen Aspekt.

- **Zweite Methode: Erweitern Sie den Fokus Ihrer Aufmerksamkeit**
  Achten Sie auf Dinge, die Sie in der Problemsituation bisher nicht richtig wahrgenommen haben.

- **Dritte Methode: Verlagern Sie Ihre Aufmerksamkeit von der Vergangenheit auf die Gegenwart**
  Konzentrieren Sie sich stärker auf das, was jetzt und hier in Ihrem Leben geschieht, als sich an die Vergangenheit zu erinnern bzw. sie heraufzube-schwören.

- **Vierte Methode: Verlagern Sie Ihre Aufmerksamkeit von der Gegenwart oder der Vergangenheit auf die Zukunft**
  Schalten Sie von Ihren Erinnerungen oder dem gegenwärtigen Erleben auf das um, was Sie in der Zukunft tun oder fühlen möchten.

- **Fünfte Methode: Schalten Sie von Ihrem inneren Erleben auf die Außenwelt oder auf andere Personen um**
  Anstatt sich auf Ihr Innenleben (Ihre Gedanken, Gefühle, Fantasien, Er-fahrungen) zu fixieren, sollten Sie sich auf eine andere Person oder das, was um Sie herum vor sich geht, konzentrieren.

- **Sechste Methode: Verschieben Sie Ihre Aufmerksamkeit von der Außenwelt oder von anderen Menschen auf Ihr Innenleben**
  Wenn Sie in einer Problemsituation üblicherweise auf die Außenwelt oder auf andere Menschen ausgerichtet sind, versuchen Sie, Ihre Auf-merksamkeit von der Außenwelt abzuziehen und sich auf Ihr Innenleben zu konzentrieren.

- **Siebte Methode: Konzentrieren Sie sich lieber auf das, was funktioniert, als auf das, was nicht funktioniert**
  Konzentrieren Sie sich auf das, was funktioniert oder in der Vergangen-heit in dieser oder einer ähnlichen Situation funktioniert hat.

- **Achte Methode: Wechseln Sie vom Denken oder Fühlen zum Handeln**
  Anstatt sich auf Ihr Innenleben zu konzentrieren, schreiten Sie voran in die Welt der Handlungen.

- **Neunte Methode: Stellen Sie lösungsorientierte Fragen**
  Untersuchen Sie die typischen Fragen, die Sie sich selbst oder anderen zu einer Problemsituation stellen. Beginnen Sie, nützlichere Fragen zu stel-len, das heißt Fragen, die Ihnen helfen, besser mit der Situation zurecht-zukommen oder die Situation zum Besseren zu verändern. Generell sind Was- und Wie-Fragen ergiebiger als Warum-Fragen.

Wie soll Ihr Traum in Erfüllung gehen, wenn Sie gar keinen haben? Die Zukunft nutzen, um Probleme zu lösen

»Mein Interesse gilt der Zukunft,
weil ich dort den Rest meines Lebens zubringen werde.«
Charles F. Kettering

1990 hielt der Psychiater Viktor Frankl eine Grundsatzrede auf einem Kongress im kalifornischen Anaheim. Vor 7000 Zuhörern erzählte Frankl seine ergreifende Lebensgeschichte. Er beschrieb die schrecklichen Dinge, die ihm in einem Nazi-Vernichtungslager widerfahren waren, und wie er einige Male beinahe zu Tode gekommen wäre. Er war physisch und psychisch misshandelt und gefoltert worden. In seiner Rede beschrieb Frankl einen einzigen Tag im Detail – einen Tag, der sich ihm tief ins Bewusstsein eingegraben hatte.

An einem winterlichen Tag wurde er in Polen gezwungen, mit einer Gruppe anderer Gefangener durch ein Feld zu marschieren. Er war nur leicht bekleidet, trug keine Strümpfe und hatte Löcher in den Schuhen. Durch Mangelernährung und die schlechte Behandlung stark geschwächt und krank, begann er zu husten. Der Husten war so stark, dass er zusammenbrach. Ein Aufseher trat zu ihm und befahl ihm, aufzustehen und weiterzugehen, aber der Husten war so schlimm, dass er nicht einmal antworten konnte. Der Aufseher begann, ihn mit einem Knüppel zu schlagen, und sagte ihm, dass er hier liegen bleiben und sterben würde, wenn er jetzt nicht aufstünde. Frankl – der diese Art Behandlung auch schon bei anderen Häftlingen beobachtet hatte – wusste, dass der Aufseher es verdammt ernst meinte. Fast ohnmächtig vor Schmerzen dachte er während der Schläge bei sich: Jetzt ist es vorbei. Er hatte einfach nicht mehr die Kraft aufzustehen.

Da lag er also am Boden, unfähig weiterzugehen, und mit einem Mal war er nicht mehr in Polen. Stattdessen hatte er ein Bild vor sich, wie er nach dem Krieg in Wien am Rednerpult stehen und einen Vortrag über die Psychologie der Vernichtungslager halten würde. Vor sich hatte er 200 Zuhörer, die ihm mit gespannter Aufmerksamkeit folgten. Es war ein Vortrag, an dem er während all der Zeit im Vernichtungslager gearbeitet hatte. Er sprach darüber, dass einige Menschen dieses

Erlebnis psychologisch und emotional besser überlebt hatten als andere. Es war eine glänzende Rede, die er da vor seinem inneren Auge und Ohr erlebte. Er lag nicht mehr halbtot auf dem Feld, sondern ging ganz in seiner Rede auf. Während der Rede erzählte Frankl seinem imaginären Publikum von diesem Tag, an dem er auf dem Feld lag, geschlagen wurde und sich sicher war, dass er nicht mehr die Kraft aufbringen würde, aufzustehen und weiterzugehen.

Dann, so erzählte er seinen imaginären Zuhörern, geschah das Unfassbare: Er konnte wieder aufstehen. Der Aufseher hörte auf, ihn zu schlagen, und er begann zunächst unsicher, dann mit wachsender Kraft weiterzulaufen. Während er sich die Beschreibung seiner Situation vor dem Publikum vorstellte, richtete sich sein Körper auf und begann tatsächlich zu laufen. Er blieb die ganze Zeit während des Arbeitseinsatzes bei dieser Fantasievorstellung von seiner Rede, auch während des Fußmarsches zurück ins Vernichtungslager. Er fiel erschöpft auf seine Liege und stellte sich vor, wie er seine glänzende Rede zu Ende führte und stehende Ovationen erhielt. Viele Jahre später und Tausende von Kilometern entfernt brachten ihm 7000 Menschen die stehenden Ovationen für diese Rede dar. Das geschah 1990 in Anaheim.

Was hatte Viktor Frankl getan, das die meisten Menschen angesichts eines Problems nicht tun? Er fantasierte aufs Lebhafteste über eine Zukunft, in der seine Probleme gelöst wären, und arbeitete sich dann in Gedanken wieder in die Gegenwart zurück – um herauszufinden, was er tun musste, um diese Zukunft Wirklichkeit werden zu lassen.

Wenn Sie mit einem Problem in eine Sackgasse geraten sind, macht es einen entscheidenden Unterschied in der Betrachtungsweise, wenn Sie Ihren Blick von der Vergangenheit auf eine Zukunft richten, in der das Problem Sie nicht mehr begleitet. Dann muss man natürlich wieder den Weg zurück in die Gegenwart finden, um herausbekommen, was man dazu beitragen kann, dass diese Zukunft nicht nur ein attraktives Hirngespinst bleibt, sondern Realität wird. Es ist wichtig, die Vergangenheit zu registrieren, anstatt sie zu ignorieren oder zu leugnen. Aber es ist mindestens genauso wichtig, Ihr Augenmerk darauf zu richten, wohin Sie noch möchten.

Fünfter Lösungsschlüssel: Stellen Sie sich eine Zukunft vor, aus der sich Lösungen für die Gegenwart ableiten lassen

Kürzlich las ich einen Artikel über das Internet, in dem der Verfasser schrieb, dass in Anbetracht der neuen Medien wirtschaftlicher Erfolg in Zukunft entscheidend vom Kampf um die Aufmerksamkeit der Kunden abhängen werde. Er sagte voraus, dass sich die Aufmerksamkeit zur wertvollsten Währung der Zukunft entwickeln werde.

Ihre Handlungen werden durch das beeinflusst und gesteuert, worauf Sie Ihre Aufmerksamkeit richten. Fragen Sie nur einmal all die Werbefachleute, die mit ihren Werbemitteln versuchen, unsere Blicke einzufangen und uns aufhorchen zu lassen. Auf welche Seite Ihres Problems richten Sie also Ihre Aufmerksamkeit? Wenn Sie sich nicht vor allem auf die Zukunft konzentrieren, sinken Ihre Chancen, das Problem zu lösen.

Erste Methode: Verwenden Sie die Möglichkeitssprache und die Sprache der positiven Erwartung

Wie man die Möglichkeitssprache anwendet

Wenn man in einer problemorientierten und auf die Vergangenheit fixierten Art über seine Schwierigkeiten spricht, erhöht sich die Wahrscheinlichkeit, in diesen Problemen zu verharren. Wenn wir uns einer entmutigenden Sprache bedienen, kanalisieren wir unser Denken und Fühlen unabsichtlich weg von der Möglichkeit, dass die Zukunft besser werden kann und sich unsere Probleme lösen lassen. Dabei ist die Sprache auch ein probates Mittel, um zu einer veränderten Betrachtungsweise zu führen. Der Gebrauch der Möglichkeitssprache schafft eine Atmosphäre der Wahlfreiheit und der Veränderbarkeit.

• Reden Sie über Probleme lieber in der Vergangenheitsform als in der Gegenwarts- oder Zukunftsform: »Ich war deprimiert« lieber als »Ich bin deprimiert« oder »Ich werde für den Rest meines Lebens deprimiert sein«. Dadurch hält man sich die Gegenwart und die Zukunft offen für neue Möglichkeiten.

- Vermeiden Sie absolute oder Alles-oder-Nichts-Aussagen. Wenn Wörter wie »nie«, »immer«, »keiner«, »jeder« oder »nichts« in einem negativen und abschreckenden Ton verwendet werden, wird Ihr Denken in der Regel in Richtung Unmöglichkeit umgelenkt, und Ihnen bleibt der Zugang zu hoffnungsvollem und kreativem Denken verwehrt. Verwandeln Sie eine absolute oder verallgemeinerte Bemerkung oder Frage in eine weniger absolute. Statt zu sagen »Wir sind nie miteinander ausgekommen«, sollten Sie so formulieren: »Normalerweise kommen wir nicht miteinander aus« oder »Die meiste Zeit streiten wir uns«.

- Vermeiden Sie es, sich selbst oder eine andere Person als das Problem hinzustellen. Diese Etiketten können haften bleiben, als seien sie mit Alleskleber befestigt. Äußerungen wie »Ich bin eine depressive Person« oder »Sie ist eine Querulantin« verzerren die Situation und können Sie und die anderen davon abhalten zu erkennen, dass es da noch andere Qualitäten und Seiten an Ihnen oder anderen gibt. Stattdessen können Sie »Ich leide an einer Depression« sagen oder »Sie neigt dazu, sich zu beschweren«. Statt »Ich bin ein Zauderer« könnten Sie sagen: »Ich habe bei den meisten Gelegenheiten gezögert.«

Wie man die Sprache der positiven Erwartung anwendet

Eine andere Methode, wie Sie Ihr Augenmerk stärker auf die Zukunft und auf Lösungen hinlenken können, besteht darin, die von mir so bezeichnete Sprache der positiven Erwartung zu gebrauchen. Unser Sprachgebrauch spiegelt häufig unsere Erwartungen hinsichtlich der Zukunft wider. Sie können dazu beitragen, Ihre Zukunftshoffnungen keimen zu lassen, indem Sie die Sprache der positiven Erwartung anwenden, um damit die Vorstellung zu erzeugen, dass eine bessere Zukunft für Sie nicht nur möglich, sondern sogar wahrscheinlich ist.

Wenn Ihre Sprache Formulierungen enthält wie »Es wird niemals besser werden« oder »Was wird jetzt wohl als Nächstes schief laufen?« oder »Er wird sich niemals ändern«, erwarten Sie offenbar, dass die Zukunft genauso oder noch schlechter wird als die Gegenwart. Und da diese Erwartungen Ihre Zukunft beeinflussen, werden Sie höchstwahrscheinlich noch mehr des Altbekannten oder sogar Schlimmeres hervorbringen. Wenn Sie nicht daran glauben, dass sich die Dinge ändern können, werden Sie vermutlich auch weiter dasselbe tun, was Sie immer schon getan haben. Wenn Sie glauben, dass es nur noch schlimmer wird, steht zu erwarten, dass Sie genauso handeln, dass Sie die Situation unbewusst noch verschlimmern. Sie setzen dadurch eine Selffulfilling Prophecy (eine sich selbst erfüllende Voraussage) in die Welt.

> Vor vielen Jahren stellte man ein Experiment an, bei dem einigen Lehrern gesagt wurde, dass sie in diesem Schuljahr eine Gruppe von schwierigen Schülern hätten. Anderen Lehrern wurde mitgeteilt, sie hätten eine Gruppe hochbegabter und -motivierter Schüler. In Wirklichkeit hatte jeder Lehrer eine ganz normal zusammengesetzte Gruppe. Aber am Ende des Schuljahres zeigte sich, dass die »problematischen« Schüler schlechtere Noten und Testergebnisse erzielten und auch mehr Verhaltensauffälligkeiten aufwiesen. Die so genannten »hochbegabten« Kinder schnitten in all diesen Bereichen besser ab. Der einzige Unterschied zwischen den Gruppen war die unterschiedliche Erwartungshaltung der Lehrer gewesen.

Diese Geschichte erzählte ich vor einigen Jahren, als ich bei einer Lehrerfortbildung in Memphis einen Workshop gab. Im Gegenzug wurde mir die folgende schon legendäre (und möglicherweise frei erfundene) Geschichte erzählt, die in der Gegend kursierte.

> Angeblich hatte es in einem Jahr eine Schulklasse gegeben, die so aufmüpfig gewesen war, dass sie nacheinander zwei Lehrer vergrault hatte. Ein Lehrer ging in den vorzeitigen Ruhestand, der andere gab den Lehrerberuf auf. Diese Klasse war so schlimm, dass Vertretungslehrer sich inzwischen weigerten, sie zu unterrichten. Also rief die Schulbehörde eine Lehrerin an, die sich um eine Stelle beworben hatte, in diesem Schuljahr aber nicht untergekommen war. Sie fragten sie, ob sie bereit sei, einzuspringen und die Klasse für den Rest des Schuljahres zu unterrichten. Dafür boten sie ihr für das darauf folgende Jahr eine feste Vollzeitstelle an. Sie sagte begeistert zu. Der Rektor be-

schloss, die Lehrerin nicht vor der Klasse zu warnen, da er besorgt war, dass sie sich abschrecken lassen könnte, wenn sie erfuhr, was ihr bevorstand.

Als die neue Lehrerin bereits einen Monat im Dienst war, besuchte der Rektor eine Unterrichtsstunde, um zu sehen, wie die Dinge liefen. Zu seiner Verwunderung benahmen sich die Schüler gut und arbeiteten eifrig mit. Nachdem die Schüler das Klassenzimmer verlassen hatten, blieb der Rektor noch einen Moment, um der Lehrerin zu ihrer guten Arbeit zu gratulieren. Sie bedankte sich, bestand allerdings darauf, dass sie ihm auch dafür zu danken habe, dass er ihr als Anfängerin eine so tolle Klasse überlassen habe. Der Rektor druckste herum und sagte, dass ihm nun wirklich kein Dank gebühre.

Sie lachte und sagte zu ihm: »Wissen Sie, ich habe Ihr kleines Geheimnis schon an meinem ersten Tag hier herausbekommen. Als ich die Schublade des Lehrerpultes öffnete, fand ich die Liste mit den IQ-Werten der Schüler. Da wusste ich, dass bei diesen begabten und lebhaften Kindern eine große Herausforderung auf mich wartete. Ich wusste, dass ich mich mächtig anstrengen musste, die Schule für sie interessant zu gestalten, weil sie so intelligent sind.« Sie zog die Schublade auf, sodass der Rektor die Liste mit den Namen und daneben den Zahlenwerten der Schüler – 136, 145, 127, 128 usw. – zu sehen bekam. Er rief: »Das sind doch nicht die IQ-Werte – das sind ihre Schließfachnummern!« Zu spät. Die Lehrerin war schon mit der Hochbegabtenerwartung an diese Klasse herangegangen – und diese hatte hervorragend auf ihre positive Einstellung und Herangehensweise reagiert.

Sie können absichtlich einen Kontext für eine positive Erwartung schaffen, indem Sie die Sprache der positiven Erwartung anwenden:

- Verwenden Sie diese Sprache, um mögliche Lösungen vorwegzunehmen und Möglichkeiten den Weg zu bahnen: »*Bis jetzt* habe ich es nicht geschafft, den Job zu bekommen, den ich möchte« oder »Wir haben *noch* keinen Weg finden können, wie wir miteinander auskommen können«. Statt zu sagen »*Wenn* ich das Problem löse …«, formulieren Sie so: »*Dann, wenn* ich das Problem gelöst habe, werde ich bestimmt viel besser mit anderen auskommen.«
- Benutzen Sie Schlüsselbegriffe wie z. B. »bis jetzt«, »noch nicht«, »dann, wenn«, »bis zu diesem Punkt«, »ich werde künftig« usw.

> **Zusammenfassung der ersten Methode**
>
> Reden Sie über Probleme in der Vergangenheitsform; vermeiden Sie absolute und Alles-oder-Nichts-Aussagen; vermeiden Sie es, sich selbst oder eine andere Person als das eigentliche Problem hinzustellen. Nutzen Sie positive Erwartungen, um die Vorstellung von einer besseren Zukunft zu ermöglichen und etwaige Lösungen vorwegzunehmen.

Zweite Methode: Leben, als ob – Beschwören Sie eine verlockende Zukunft herauf

> *»Wenn du voller Hoffnung bist, kannst du natürlich aus eigener Kraft handeln. Das Wunder geschieht, wenn du nicht viel Hoffnung verspürst, dich aber dennoch zum Handeln antreibst. Vielleicht ist es das Gehirn, stimuliert durch das Handeln, das dich auf den Weg der Hoffnung zurückbringt. Ich weiß nicht, warum es funktioniert. Ich weiß nur, dass es funktioniert.«*
> Shari Lewis

Eine weitere Methode, eine Zukunft voller Möglichkeiten zu kreieren, besteht darin, sich eine Zukunft vorzustellen, in der das Problem bereits gelöst ist – wie wenn Sie es in einer Kristallkugel vorhersehen könnten oder wie wenn ein Wunder geschehen wäre –, und dann so zu handeln, als ob diese Zukunft so eingetreten wäre. Was würden Sie dann gerade tun? Was müssten Sie jetzt und hier unternehmen, um diese Zukunft wahr werden zu lassen?

Eine Gruppe von Therapeuten in Milwaukee dachte sich eine wunderbare Methode aus, wie man diesen lösungsorientierten Blick auf die Zukunft entwickeln kann. Sie fingen an, Menschen mit Problemen zu bitten, sich Folgendes vorzustellen: Während sie in der kommenden Nacht schliefen, würde ein Wunder geschehen und sie all ihrer Probleme entledigen. Allerdings konnten diese Leute natürlich nicht wissen, dass das Wunder geschehen sei, da sie zu der Zeit ja geschlafen hätten. Und jetzt kommt der entscheidende Punkt: Man bat die Leute, zu sagen, an welcher Veränderung ihres Tuns sie am nächsten Morgen nach dem Aufstehen zuallererst bemerken würden, dass ein Wunder geschehen sei. Sie stellten auf diese Frage hin fest, dass viele Leute eine ziemlich genaue Vorstellung davon hatten, wie sie handeln oder denken würden, wenn das Problem nicht mehr auf ihnen lasten würde.

Sie müssen sich allerdings klar machen, dass es bei dieser zweiten Methode nicht darum geht, auf ein Wunder zur Lösung Ihrer Probleme zu hoffen – es geht darum, Ihre Vorstellungskraft und Ihre Handlungen von unnötigen Blockaden zu befreien. Die Anwendung dieser Methode erfolgt in drei Schritten:

1. Machen Sie sich ein genaues Bild davon, wie Ihre Zukunft ohne das Problem aussehen würde bzw. wie eine Zukunft aussehen würde, in der Sie ein zufriedenes und erfülltes Leben führen.
2. Identifizieren Sie die Hindernisse auf dem Weg in diese Zukunft und befassen Sie sich mit ihnen.
3. Stellen Sie einen Aktionsplan auf, wie Sie diese Hindernisse überwinden können und diese Zukunft Wirklichkeit werden lassen.

Erster Schritt: Eine Zukunftsvision entwickeln

Wie Sie an Viktor Frankls Geschichte sehen, kann eine Zukunftsvision von unschätzbarem Wert sein, wenn es darum geht, die Lösung der aktuellen Probleme zu erleichtern und Schritte zu unternehmen, um eine bessere Zukunft zu gestalten. Die folgenden Fragen könnten Ihnen dabei helfen, eine klare Vision für die Zukunft und Ihre Zielrichtung im Leben zu entwickeln. Beantworten Sie jede Frage, die Ihnen bei der Suche nach Chancen und Zukunftsperspektiven nützlich erscheint:

- Worin besteht Ihr Lebenszweck?
- Welche Dinge würden Sie in Ihrer Zukunft gern erreichen oder geschehen sehen?
- Welche Lebensträume hatten oder haben Sie?
- Wozu sind Sie auf der Welt?
- Warum gibt es Ihrer Meinung nach Menschen auf der Erde?
- In welchem Bereich glauben Sie, einen Beitrag leisten zu können?
- Welchen Dingen können Sie sich nicht entziehen?
- In welchen Situationen geht Ihnen das Herz auf?
- Welche Dinge werden Sie tun, wenn das Problem aus dem Weg geräumt ist?
- In welcher Hinsicht würden Sie sich anderen Menschen gegenüber anders verhalten, wenn das Problem nicht mehr bestünde?

- Woran können andere Menschen erkennen, dass Sie das Problem nicht mehr haben, ohne dass Sie ihnen davon erzählt haben?

Zu mir kam eine Familie in Therapie, deren 15-jähriger Sohn in Kontakt mit Jugendbanden und Drogen gekommen war. Vorher war er ein guter Schüler gewesen, mit Einsen und Zweien im Zeugnis. Aber seit er Drogen nahm und mit den Gangs herumzog, hatten seine Leistungen rapide nachgelassen, bis er im letzten Schuljahr schließlich durch alle Prüfungen gefallen war.

Der Junge erzählte mir, dass er die Schule hasse. Ich fragte ihn, welches Fach er am meisten hassen würde und welches am wenigsten. Englisch sei das schlimmste Fach, sagte er, und Kunst das beste. Ich wollte wissen, was ihm am Kunstunterricht gefalle.

Er erwiderte: »Na ja, ich bin in unserer Gang der Mann für die Graffiti, und ich kann eben gut zeichnen. Ich habe für meine Zeichnungen in Kunst eine Eins bekommen, aber ich habe die anderen Sachen gehasst – Kunstgeschichte, ein Mobile basteln, Bildhauern und so'n Zeug. Also bin ich trotzdem durchgefallen.«

Ich fragte ihn, wie er sich seinen Lebensunterhalt verdienen wolle, wenn er von der Schule fliegen würde. Er habe keinen richtigen Plan, sagte er.

»Kann man mit Kunst Geld verdienen?«, fragte ich ihn.

»Klar«, sagte er, »man kann Wände bemalen.«

»Wie kommt man an so etwas heran?«, wollte ich wissen.

Er erzählte, dass letztes Jahr einmal ein Mann aus der Gemeinde, der selbst Fassadenmaler war, den Kunstunterricht besucht und den Schülern gesagt habe, dass er mehr Arbeit hätte, als er bewältigen könne, und dass er bereit sei, Lehrlinge anzunehmen und ihnen zu helfen, an bezahlte Aufträge für Fassadenmalerei zu kommen.

Ich fragte ihn: »Wie kann man sein Lehrling werden?«

»Man muss die Schule besuchen und darf nicht sitzen bleiben.«

»Hast du Lust, das zu probieren?«, fragte ich.

»Ja!«, sagte er. Seine Eltern fielen fast vom Stuhl, als er ausführte, was er alles tun müsse, um die Schule zu schaffen: Er müsse aus der Gang aussteigen und die Finger von den Drogen lassen. Die Eltern hatten ihm dieselben Dinge hundert Mal vorgehalten, und er hatte es immer weit von sich gewiesen. Aber als er erst einmal seine eigene Motivation entdeckt hatte, war er in der Lage, seine Schwierigkeiten in den Griff zu bekommen.

Zweiter Schritt: Stellen Sie sich den Hindernissen auf dem Weg in die erwünschte Zukunft und räumen Sie sie aus

Wenn Sie erst einmal eine klare Zukunftsvision vor Augen haben, könnten Sie es mit tatsächlichen oder scheinbaren Hindernissen auf dem Weg dorthin zu tun bekommen. Manche Leute wissen genau, was sie mit ihrem Leben anfangen oder was sie in Zukunft gern erleben würden, aber sie können nicht dorthin gelangen, weil sie das Gefühl haben, dass ihnen unüberwindbare Hindernisse im Weg liegen. Sie haben Angst vor Misserfolgen und Fehlschlägen. Sie glauben, dass sie für die Verwirklichung ihres Traums ungeeignet seien, oder sie glauben, dass erst bestimmte Dinge geschehen müssten, bevor sie an die Verwirklichung ihres Traums denken können. Manchmal liegen auf dem Weg zum Ziel oder zur Verwirklichung eines Traums in der Tat echte Hindernisse.

Während meiner Ausbildung ersuchte ich einen älteren, sehr erfolgreichen Therapeuten um Rat. Ich begann gerade erst, eine Vorstellung davon zu entwickeln, welchen Beitrag ich in meinem auserwählten Fach wohl liefern könnte. Ich erzählte ihm, dass ich mich dazu berufen fühlte, die Psychotherapie zu einem erfolgreicheren und dem Klienten gegenüber respektvolleren Unterfangen zu machen. Meine Vorstellung von der Durchführung dieser Mission war die, dass ich Bücher schreiben und Workshops abhalten müsste, um ein möglichst breites Publikum zu erreichen. Er gab zu bedenken, dass ich nur den Magister in einem Fach hatte, das von promovierten Psychologen und Ärzten dominiert war. Er sagte, dass ich ohne einen höheren Abschluss nie ein Buch veröffentlichen würde. Ich war nach diesem Gespräch ziemlich frustriert, denn ich hatte sofort durchstarten und nicht noch mehr Jahre an der Uni verbringen wollen.

Ich blieb bei meinem Plan, und nach zwei Jahren hatte ich einen Vertrag für mein erstes Buch in der Tasche. Das Buch, das vor Ihnen liegt, ist bereits mein siebzehntes, und ich bin immer noch »nur« Magister. Ich schätze also, mein Kollege hat sich geirrt. Manchmal sehen wir Hindernisse, wo gar keine sind. Es gibt schon genug echte Hindernisse, die noch zu Ihren Ängsten oder Vorstellungen oder denen anderer Leute hinzukommen.

Die folgenden Fragen könnten bei der Unterscheidung zwischen echten und scheinbaren Hindernissen und deren Überwindung hilfreich sein:

- Was hindert Sie Ihrer Meinung nach daran, Ihre Ziele oder Visionen zu realisieren?
- Wovor haben Sie Angst?
- Was muss Ihrer Einschätzung nach geschehen, damit Sie Ihre Ziele oder Visionen realisieren können? Trifft dies wirklich zu oder ist es nur Ihre Vorstellung oder die eines anderen?
- Welche zur Verwirklichung Ihrer Träume und Ziele notwendigen Dinge haben Sie noch nicht getan?
- Wo liegen die echten Hindernisse, die Sie überwinden müssen, um Ihre Ziele oder Visionen zu realisieren?
- Wie würden Ihre Vorbilder, Mentoren oder andere von Ihnen bewunderte Menschen an Ihrer Stelle handeln, um diese Ziele oder Visionen zu realisieren?
- Welche Handlungsweisen, Gefühle oder Denkweisen anderer decken sich nicht mit Ihren eigenen?
- Welche Ihrer eigenen Handlungsweisen, Gefühle oder Denkweisen würden andere Menschen nicht teilen?

Dritter Schritt: Stellen Sie einen Aktionsplan auf, um Ihre Ziele in der Zukunft zu erreichen

> *»Die beste Art, die Zukunft vorauszusagen, ist, sie zu gestalten.«*
> Peter Drucker

Es ist sehr hilfreich, ein klares Bild von der Zukunft zu haben – aber Klarheit allein reicht nicht aus, um das Eintreten dieser Zukunft zu garantieren. Sie brauchen auch einen Aktionsplan. Viktor Frankl durfte sich die besseren Zeiten nicht einfach nur vorstellen. Er musste an dem besagten Tag auch aufstehen und über die Felder marschieren. Dann, als er endlich aus dem Vernichtungslager befreit war, musste er beginnen, Bücher zu schreiben und Vorlesungen zu halten.

Eine Frau, die sich wegen ihrer Krebserkrankung einer Chemotherapie unterziehen musste, war fest davon überzeugt, dass sie sterben würde. Sie litt infolge der Chemotherapie unter ständiger Übelkeit und wurde depressiv. Sie war nicht in der Lage, ausreichend zu essen bzw. das Essen bei sich zu behalten – dabei war das Essen vorher ihre große Leidenschaft gewesen. Nachdem wir darüber gesprochen hatten, wie sie so tun könnte, als würde sie wieder gesund werden, fragte ich sie, was genau sie jetzt tun würde, wenn sie überzeugt wäre, wieder gesund zu werden. Sie sagte, sie würde ihre Kochbücher herausholen und all die herrlichen Gerichte planen, die sie kochen würde, wenn die Chemotherapie vorüber und sie auf dem Wege der Besserung wäre.

Nach unserem Gespräch ging sie nach Hause und begann, in ihren Kochbüchern zu lesen und ein paar fantastische Menüs zu planen. Sie stellte fest, dass sie dabei hoffnungsvoller und weniger depressiv wurde. Sie erzählte mir später, dass sie sich zum ersten Mal seit Monaten wirklich wieder vorstellen konnte, dass die Qual irgendwann ein Ende haben und sie den Krebs überleben würde.

Die folgenden Fragen erleichtern es Ihnen, Handlungsweisen, die Ihnen zu der erwünschten Zukunft verhelfen können, zu definieren und auch in die Tat umzusetzen:

- Was konkret würden Sie in der unmittelbaren Zukunft unternehmen, das Sie auf dem Weg zu Ihren Visionen und Träumen einen Schritt weiter bringen würde?
- Was würden Sie als Erstes tun, sobald Sie dieses Buch zugeklappt haben?
- Was würden Sie heute Abend tun?
- Welches Körpergefühl hätten Sie, wenn Sie diese Schritte unternähmen?
- Welche Gedanken würden Sie dazu motivieren, diese Schritte zu unternehmen?
- Welche Bilder oder Metaphern würden Ihnen dabei helfen, diese Schritte zu unternehmen?
- Was wäre das Erste, was Sie denken oder tun würden, wenn Sie auf dem richtigen Weg wären?
- Haben Sie schon irgendetwas unternommen, das Ihnen die Gewissheit gibt, dass Sie in die richtige Richtung steuern?

Zusammenfassung der zweiten Methode

· Erster Schritt: Eine Zukunftsvision entwickeln

Wenn Sie nicht wissen, wohin Sie gehen wollen, werden Sie wahrscheinlich irgendwo landen. Es ist wichtig, einen Traum bzw. eine Vorstellung davon zu haben, wo man gern wäre, auch wenn diese nur darin besteht, dass die gegenwärtigen Probleme in der Zukunft nicht mehr vorhanden wären.

· Zweiter Schritt: Stellen Sie sich den Hindernissen auf dem Weg zur erwünschten Zukunft und räumen Sie sie aus dem Weg

Machen Sie sich klar, welche inneren (imaginären) und welche tatsächlichen Hindernisse Ihnen im Weg stehen und Sie davon abhalten, eine bessere Zukunft zu erreichen, oder Sie sogar von dem Versuch abbringen, eine solche Zukunft zu erlangen. Umgehen Sie diese Hindernisse, indem Sie Ihre Handlungs- und Denkweise verändern.

· Dritter Schritt: Stellen Sie einen Aktionsplan auf, um Ihre Ziele in der Zukunft zu erreichen

Auch wenn Sie sich nicht sicher sind, ob Sie Ihr Ziel erreichen können, können Sie doch beginnen, so zu handeln, als würde die ausgemalte Zukunft wahr werden.

Natürlich können der Entwurf einer Zukunftsvision und die darauf abzielenden Handlungen nicht immer zu dem gewünschten Ergebnis führen; aber wenn Sie beschließen, dass die erhoffte Zukunft unerreichbar ist, und keine Schritte in diese Richtung unternehmen, ist es so gut wie sicher, dass diese bessere Zukunft niemals eintreten wird.

Fünfter Lösungsschlüssel: Stellen Sie sich eine Zukunft vor, aus der sich Lösungen für die Gegenwart ableiten lassen

· Erste Methode: Verwenden Sie die Möglichkeitssprache und die Sprache der positiven Erwartung

Hören Sie auf, in negativer, abschreckender Art und Weise zu sprechen und damit zu suggerieren, dass die erwünschte Zukunft unmöglich sei. Fangen Sie an, so zu sprechen, als sei die erwünschte Zukunft nicht nur möglich, sondern sogar wahrscheinlich.

· Zweite Methode: Leben, als ob – Beschwören Sie eine verlockende Zukunft herauf

Stellen Sie sich eine Zukunft vor, in der Ihr Problem gelöst ist oder in der Ihre Träume und Ihr Lebenszweck erfüllt sind, und handeln Sie dann so, als wäre das Eintreten dieser Zukunft möglich und wahrscheinlich. Stellen Sie sich den Hindernissen – egal ob echt oder eingebildet –, die Ihnen auf dem Weg in diese Zukunft begegnen.

Lebensgeschichten neu erzählen: Vom Problemdenken zum lösungsorientierten Denken

»Seit einigen Jahren setzt sich bei Sozialwissenschaftlern eine Erkenntnis durch, die Vertretern aus Politik, Religion und Militär seit langem bekannt ist: dass Geschichten (Erzählungen, Mythen, Märchen oder Fabeln) ein soziales Verkehrsmittel von einzigartiger Wirksamkeit sind … Die mächtigste Waffe im literarischen Arsenal des Führers – dies meine zweite These – sind vor allem die Identifikationsgeschichten, Erzählungen um Selbsterkenntnis und Selbstbestimmung, die dem Individuum dabei helfen, denkend und fühlend zu erkennen, wer es ist, woher es kommt und wohin es geht.«
Howard Gardner[6]

Als ich jung war, war ich furchtbar schüchtern, was mich lange Zeit sehr frustriert hat. Es fiel mir schwer, Freundschaften zu schließen, mich mit Mädchen zu verabreden oder vor einer Gruppe frei zu sprechen, wenn ich etwas sagen wollte. Die meiste Zeit war ich einsam. Schließlich kam ich eines Tages bei der Lektüre eines Buches auf die Idee, dass ich vielleicht gar nicht schüchtern *war*, sondern bloß gelernt hatte, mich schüchtern zu geben. Diese Vorstellung gefiel mir sehr, denn sie implizierte die Hoffnung, dass ich die Dinge zum Besseren verändern könnte. Wenn ich schüchterne Verhaltensweisen erlernt hatte, würde ich auch »nicht schüchterne« Verhaltensweisen erlernen können. Ich begann, in einer Art und Weise zu handeln, die sich nicht mit meiner alten Geschichte, wie ich und andere sie glaubten, deckte: nämlich dass ich ein schüchterner Mensch war. Ich hatte mein Leben lang gehört, dass ich schüchtern sei. Meine Familie beschrieb mich immer so. Schließlich identifizierte ich mich damit. Aber nun dämmerte mir, dass das vielleicht einfach nur ein Märchen war, frei erfundenes Gerede. Nachdem ich diese Geschichte einige Jahre lang in Frage gestellt hatte, begann ich mit der Zeit, Workshops zu geben, bei denen ich in einem Monat zu Hunderten, manchmal Tausenden von Menschen spreche. Was ist mit meiner Schüchternheit geschehen? Ich habe sie immer noch, aber ich habe jetzt auch die Fähigkeit, »nicht schüchtern« zu sein.

---

[6] *Die Zukunft der Vorbilder: Das Profil der innovativen Führungskraft,* S. 88.

In ähnlicher Weise haben Sie sicherlich, nicht zuletzt mit der Unterstützung anderer, auch schon Geschichten über sich selbst in die Welt gesetzt. Einige von ihnen sind in Ordnung, so zum Beispiel »Ich bin gut organisiert« oder »Ich kann sehr gut mit Kindern umgehen«; sie gefallen Ihnen, und Sie sind mit dem, was sich aus diesen Geschichten ergibt, zufrieden. Aber andere sind nicht so berauschend und helfen uns nicht dabei, unsere Probleme zu lösen oder ein glücklicheres Leben zu führen. Also besteht eine weitere Möglichkeit zur Veränderung der Sichtweise darin, das Bild, das Sie von sich selbst, von Ihrem Leben oder Ihrem Problem haben, in Frage zu stellen. Ich nenne dies das Entwickeln von lösungsorientierten Lebensgeschichten.

Es gibt ein Kinderspiel, das die Vorstellung von Blockaden durch nutzlose Geschichten veranschaulicht: In einem Zimmer werden mehrere Stühle aufgestellt. Ein Kind probiert, mit verbundenen Augen den Raum zu durchqueren, ohne gegen Stühle zu stoßen, nachdem es zuvor versucht hat, sich einen sicheren Weg durch das »Labyrinth« einzuprägen. Nachdem ihm die Augen verbunden worden sind, räumen die anderen Kinder heimlich und leise die Stühle weg und beobachten dann voller Freude, wie das Kind mit verbundenen Augen in Schlangenlinien durch den Raum läuft, um die nicht vorhandenen Hindernisse zu umgehen.[7]

Die meisten von uns leben mit Vorstellungen oder Überzeugungen, die diesen Stühlen ähneln. Wir fragen nicht nach einer Gehaltserhöhung, weil wir sicher sind, dass wir sie sowieso nicht bekommen. Wir haben Angst, nicht schlau genug für einen bestimmten Studienabschluss zu sein. Wir trauen uns nicht, uns mit jemandem, in den wir verschossen sind, zu verabreden. Wir verzichten darauf, unsere Kunstwerke, unsere Gedichte, Manuskripte oder Lieder jemandem zu präsentieren, der sie veröffentlichen oder kaufen könnte. Wir haben Angst davor, öffentlich zu sprechen, und meiden es wie die Pest – alles nur, weil wir voller Geschichten sind, die problemorientiert statt lösungsorientiert sind.

---

[7] PV Eckhart, *Reader's Digest*, Januar 1994, S. 16.

Problemgeschichten erkennen

Welche Geschichten und Vorstellungen über Ihre Person oder Ihre Probleme tragen Sie in sich, die Sie hemmen oder Sie dazu bringen, immer wieder dasselbe zu tun? Lassen Sie uns vier Typen solcher Geschichten oder Erklärungen betrachten, die etwaigen Veränderungen im Wege stehen:

1. Geschichten der Schuldzuweisung,
2. Geschichten der Unmöglichkeit,
3. Geschichten der Entwertung und
4. Geschichten mangelnder Verantwortlichkeit.

Typ 1: Geschichten der Schuldzuweisung

Bei dieser Art von Geschichten wird jemandem zugeschrieben, dass er falsche und schlechte Wesenszüge oder Absichten hat. Wir können diese Geschichten über uns selbst und andere glauben. Ich könnte für mich beschließen, dass Sie versuchen, mich zu kontrollieren oder dass Sie egoistisch sind. In der Regel hilft mir dies aber weder bei der Lösung meiner derzeitigen Schwierigkeiten noch dabei, Sie zur Mithilfe bei der Veränderung der Situation zu bewegen. Oder ich könnte beschließen, dass ich faul, krank oder verrückt bin. So etwas führt normalerweise nicht gerade zu einer gesteigerten Motivation und ist dem Versuch, etwas zu verändern, wenig zuträglich.

Geschichten der Schuldzuweisung helfen in der Regel weder Ihnen noch jemand anderem. Ich behaupte nicht, dass Sie nicht sich selbst oder andere Menschen für das, was Sie oder jene tun, verantwortlich machen können. Aber Menschen für etwas verantwortlich zu machen ist etwas anderes, als ihnen die Schuld zuzuweisen. Eine Schuldzuweisung beinhaltet das Urteil, dass jemand schlecht ist oder schlechte Absichten hat. Beschuldigungen unterstützen das Verharren in der Vergangenheit, das sich auf die Person oder die Ursache konzentriert, die bei Ihnen für das Durcheinander gesorgt oder Ihre derzeitigen Probleme erzeugt hat.

In *Ich bin k. o. – Du bist k. o.* (1992) erzählt Wendy Kaminer eine ergreifende Geschichte über etwas, das sie bei Trauma-Überlebenden entdeckt hat. Während sie an einem Buch über verschiedene Selbsthilfegruppen (wie zum Beispiel von Opfern kindlichen Missbrauchs) schrieb, besuchte sie Hunderte solcher Treffen. In ihren Augen waren die meisten dieser Zusammenkünfte von Selbstmitleid, Schuldzuweisungen an andere und endlosem Durchkauen von Kindheitstraumata geprägt. Im Rahmen ihrer Studie besuchte sie eine Gruppe von Frauen aus Kambodscha, Überlebende der Killing Fields[8], die in dieses neue, fremde Land geflohen waren. Die meisten von ihnen waren Zeugen unvorstellbaren Terrors gewesen. Kaminer war beeindruckt von dem Unterschied zwischen der kambodschanischen Frauengruppe und den Selbsthilfegruppen, die sie sonst erforschte. Die kambodschanischen Frauen sprachen wenig über Vergangenheit oder Schuld und verbrachten die meiste Zeit damit, sich gegenseitig dabei zu helfen, mehr praktische Fähigkeiten zu erwerben, um mit den Belangen des Alltags besser zurechtzukommen: zum Beispiel ihren englischen Wortschatz zu erweitern, mit dem Bus fahren zu können und so weiter.

Typ 2: Geschichten der Unmöglichkeit

Es gibt eine alte Weisheit, die diesen Typ von Problemgeschichten ganz gut beschreibt: »Wenn du beschließt, dass etwas unmöglich ist, dann hast du Recht. Wenn du beschlossen hast, dass es möglich ist, dann hast du auch Recht!« Die meisten Fortschritte in der Geschichte der Menschheit wurden von Leuten vollbracht, die nicht hinnehmen wollten, dass irgendetwas unmöglich ist. Der Raketeningenieur Wernher von Braun sagte einmal: »Ich habe gelernt, das Wort ›unmöglich‹ nur noch mit äußerster Vorsicht zu gebrauchen.« Sie stoßen in der Welt schon auf genügend Hindernisse, auch ohne sich Geschichten einzureden, die Sie noch weiter einschränken.

In den 1960er Jahren wurde eine Versuchsreihe an Hunden unternommen: Diese wurden in schwebende Zwinger gesperrt, die Böden aus Maschendraht hatten. Jeder Zwinger war in zwei Hälften un-

---

[8] Felder in der Nähe von Phnom Penh in Kambodscha, auf denen es Ende der 1970er Jahre zum Massenmord der Roten Khmer an der eigenen Bevölkerung kam.

terteilt, getrennt durch eine Wand, in die ein Loch gesägt war, gerade groß genug für den Hund. Das Experiment bestand zunächst darin, dem Hund auf der einen Seite des Zwingers einen leichten Elektroschock beizubringen. Der Hund lief erwartungsgemäß schnell auf die andere Seite, die nicht elektrisiert war. Dann verabreichten die Versuchsleiter Elektroschocks auf beiden Seiten. Eine Zeit lang versuchten die Hunde, den Schocks zu entkommen, indem sie zwischen den beiden Kammern hin- und herliefen. Als sie begriffen hatten, dass sie den Elektroschocks nicht entkommen konnten, legten sie sich hin und gaben es auf. Sie standen nicht mehr auf, um den Schocks zu entkommen. Dann stellten die Versuchsleiter den Strom auf der anderen Seite des Zwingers wieder aus. Die Frage war, wann die Hunde entdecken würden, dass sie diese Unannehmlichkeit doch vermeiden könnten. Die meisten Hunde bemerkten es nie. Sie hatten gelernt, dass es unmöglich war, den Schocks zu entkommen. Warum sollten sie sich also bemühen? Dies ist eine Geschichte der Unmöglichkeit.

Wenn Sie genau aufgepasst haben, ist Ihnen vielleicht aufgefallen, dass ich geschrieben habe: Die *meisten* Hunde bemerkten es nie, dass der Strom auf der anderen Seite des Zwingers abgeschaltet war. Ein paar entdeckten es aber doch. Trotz des gegenteiligen Beweises versuchten sie es weiter und konnten so den Elektroschocks entkommen. Die Versuchsleiter führten dann ähnliche Experimente am Menschen durch (nein, sie sperrten sie nicht in Maschendrahtkäfige, um sie mit Elektroschocks zu behandeln!). Sie führten Tests durch, anhand derer sie die Einstellungen und Erklärungsmuster der Leute messen wollten. Es kam heraus, dass bestimmte Menschen eine Mentalität des »Unmöglichkeitsdenkens« hatten. Sie dachten genauso wie die frustrierten Hunde in den Zwingern. Diese Menschen glaubten, dass sie nicht die Kraft hätten, irgendetwas zu verändern, und dass ihre Probleme hartnäckig, dauerhaft und unausweichlich seien. Diese Sichtweise bekam eine Eigendynamik und bestärkte sich selbst. Da diese Leute nichts unternahmen, was ihre unglückliche Situation hätte verbessern können, stießen sie im Lauf ihres Lebens auch auf weitere Schwierigkeiten.

Eine Frau Mitte fünfzig kam mit der Bitte zu mir, ihr bei ihren Eheproblemen zu helfen. Sie war mit ihrer Ehe unzufrieden und beklagte sich darüber, dass ihr Mann nicht besonders zärtlich sei. Ich fragte sie, welche Dinge ihr Mann beispielsweise ihrer Vorstellung nach tun sollte, um ihr mehr Zuneigung zu zeigen. Sie antwortete: »Na ja, mein Mann ist in einer Familie mit fünf Jungs auf einer Farm in Iowa aufgewachsen.« Es fiel mir schwer, diese Antwort zu der Frage in Beziehung zu setzen, bis sie erklärte, dass sie sich wünschte, ihr Mann würde ihr die Hand halten oder den Arm um sie legen, um ihr seine Zuneigung körperlich auszudrücken. Aber sie hatte gelesen, dass Jungs, die in Familien aufgewachsen sind, in denen wenig bis gar keine Zärtlichkeiten ausgetauscht wurden, auch als Erwachsene Schwierigkeiten hätten, ihre Zuneigung körperlich auszudrücken. Infolgedessen war sie zu dem Schluss gekommen, dass ihr Mann unfähig war, seine Zuneigung zu zeigen. Sie war auf der Denkschiene der Unmöglichkeit. Sie sah keinen Weg, wie sie das, was sie wollte, in ihrer Ehe erlangen könne, und erwog daher ernsthaft eine Scheidung, um einen Ehemann zu finden, der in einer anderen Art von Familie aufgewachsen war.

Ich sagte ihr, dass ihr Mann meiner Meinung nach vielleicht doch zu der Zuneigung fähig sein könnte, nach der sie sich sehnte. Hatte er jemals ihre Hand gehalten oder den Arm um sie gelegt? Ja, sie erinnerte sich, dass er in der Anfangszeit häufig den Arm um sie gelegt habe und sie dauernd Händchen gehalten hätten. Ich fragte sie, ob die Muskeln, die er benutzt habe, um sie zu berühren, in den letzten Jahren verkümmert seien. Sie lachte und sagte: »Wahrscheinlich nicht.« Ich pflichtete ihr bei und sagte, dass wir nun daran arbeiten würden, ihn dazu zu bringen, mehr physische Zuneigung zu zeigen.

Indem wir beschließen, dass Veränderung unmöglich ist, halten wir uns selbst und andere häufig davon ab, überhaupt Änderungsversuche zu unternehmen.

Typ 3: Geschichten der Entwertung

Manchmal beschließen wir, dass unsere eigenen Gefühle, Gedanken oder Wesensarten oder die anderer Menschen falsch sind. Es kommt vor, dass wir andere für überempfindlich halten, wenn ihre Gefühle durch eine unserer Äußerungen oder Handlungen verletzt sind. Oder wir halten ihre Interessen für unsinnig oder falsch.

Ich arbeitete mit einem Ehepaar, das ein hartnäckiges Problem hatte: Der Mann flog leidenschaftlich gern mit seinem Privatflugzeug. Die Frau hielt das Fliegen für ein dummes, gefährliches Hobby und reine Geldverschwendung. An jedem Wochenende, an dem gutes Wetter herrschte, kam es zu dem immer wiederkehrenden, völlig gleich bleibenden Spielchen. Manchmal stand der Ehemann an einem Sonntagnachmittag aus seinem Sessel auf, streckte sich und sagte, dass er noch mal rausgehen würde, um eine kleine Spazierfahrt zu machen. Dann schlich er sich zum Flugplatz. Seine Frau schöpfte Verdacht, fuhr zum Flugplatz und bereitete ihm bei der Landung einen wütenden Empfang – dafür, dass er sie angelogen hatte, und dafür, dass er mit seinem blödsinnigen Hobby ihrer beider Geld verschwendete. Sie hielt seine Interessen für wertlos, dumm und falsch. Ihr Bild von ihm war entwertend. Infolgedessen waren die beiden dazu verdammt, dieses schmerzliche Muster immer wieder zu erleben.

Der Ehemann in dem eben angeführten Beispiel tat seiner Frau sicherlich Unrecht, indem er sie hinterging. Aber wenn es um die Sehnsüchte und Herzenswünsche von Menschen geht, gibt es kein Richtig oder Falsch – schließlich heißt es: »Jedem Tierchen sein Pläsierchen.« Zum Problem wird es erst, wenn die eine Person behauptet, die »Pläsierchen« der anderen seien nicht in Ordnung.

In den Anfängen der Psychoanalyse waren die Analytiker der Überzeugung, dass Frauen, die für einen Orgasmus eine Klitoris-Stimulation benötigten, einen »minderwertigen« Orgasmus erlebten. Sie vermittelten diese Auffassung zahlreichen Frauen, die daraufhin das Gefühl bekamen, dass ihre Wünsche und Bedürfnisse falsch seien, und sich bemühten, nach »richtigen« Wünschen und »vollwertigen« Orgasmen zu streben (welche die vaginale Penetration durch den Penis erforderten). Bis zu der Zeit, als Masters und Johnson ihre erste Laborstudie veröffentlichten, die zeigte, dass der weibliche Orgasmus auch dann durch Stimulation der Klitoris erreicht wird, wenn es zum Einführen des Penis kommt, hatten schon unzählige Frauen die entwertende Geschichte über ihre Sexualität verinnerlicht.

Typ 4: Geschichten mangelnder Verantwortlichkeit

Heutzutage ist es nur zu einfach, sich einzureden, man hätte keine Verantwortung für das, was man tut. Die Medien haben uns alle denkbaren Ausreden geliefert. Wir können es auf die Gene schieben (man ist eben schon so auf die Welt gekommen und kann nichts dagegen tun). Oder wir können eine schlimme und schwierige Kindheit dafür verantwortlich machen (man bleibt auch als Erwachsener das Kind eines Alkoholikers). Oder wir können einer anderen Person die Schuld zuschieben (sie hat uns dazu gezwungen). Manchmal bekommen wir den Eindruck, dass wir gar keine Wahl haben oder für unsere Handlungen nicht zur Rechenschaft gezogen werden können.

Aber das sind nur Scheinwahrheiten. Menschen haben sehr wohl die Wahl – vielleicht nicht immer in Bezug auf das, was sie denken oder fühlen oder wie sie biochemisch »ticken«, aber doch in Bezug auf das, was sie tun. Als menschliche Wesen haben wir die Entscheidungshoheit über unsere Handlungen. Vielleicht steht Ihnen der Sinn danach, jemanden zu schlagen oder umzubringen, aber Sie sind nicht gezwungen, dieses Gefühl auszuleben. Es mag sein, dass Sie die genetische Veranlagung zu exzessivem Alkoholkonsum haben, aber es sind nicht Ihre Gene, die Sie dazu zwingen, das Glas zu ergreifen und zu trinken. Es ist nicht Ihre Einkaufssucht, die beim Versandhaus anruft und Waren im Wert von Tausenden von Euros bestellt – es sind Sie selbst.

Ich beriet einmal ein Ehepaar, das sich bereits getrennt hatte. Der Ehemann hatte seine Frau konsequent hintergangen, indem er sich auf Affären einließ, exzessiv trank und beide tief verschuldete. Als sie sich schließlich getrennt hatten, hatte sie unter ihrem eigenen Namen wieder eine gewisse Kreditwürdigkeit erlangt. Er hatte ihr dann ihre Kreditkarte gestohlen und während eines Trinkgelages die größtmögliche Geldsumme abgehoben. Sie bat mich um ein gemeinsames Treffen, damit sie Rückendeckung hätte, wenn sie ihm ihren Entschluss zur Scheidung mitteilte.

Da er schon wusste, was auf ihn zukommen würde, betrank er sich vor dem Treffen. Als seine Frau ihm von ihrem Vorhaben berichtete, begann er zu heulen und rechtfertigte sich, dass er keine Kontrolle über sein Verhalten habe – er sei ja Alkoholiker. Ich räumte ein, dass der Begriff »Kontrollverlust«, wie er von den Anonymen Alkoholikern definiert wird, damit überhaupt nichts zu tun habe. Die eigentliche Bedeutung sei diese: Da er eine gewisse genetische Prädisposition dazu hatte, Alkohol zu trinken und die Kontrolle zu verlieren, sobald er zu trinken begann, müsse er alles tun, um sich schon vom ersten Glas fernzuhalten – und außerdem trage er, auch wenn er trank, immer noch die Verantwortung für sein Handeln.

Vier Typen von Problemgeschichten

- **Typ 1: Geschichten der Schuldzuweisung**
  Dies sind Geschichten, in denen jemandem (Ihnen selbst oder jemand anderem) die Schuld zugewiesen wird – das bedeutet, er wird mit Etiketten behaftet, die für schlechte Eigenschaften (wie »selbstsüchtig«, »verrückt« oder »überempfindlich«) oder für schlechte Absichten (»Du willst mich nur kontrollieren« oder »Ich bin wohl zu sehr auf Aufmerksamkeit aus, deshalb habe ich diese Probleme«) stehen. Diese Geschichten sind für den Veränderungsprozess alles andere als nützlich, sie können ihn sogar aktiv behindern.
- **Typ 2: Geschichten der Unmöglichkeit**
  Diese Geschichten erhalten die Vorstellung aufrecht, dass eine Veränderung in der vorliegenden Situation unmöglich ist.
- **Typ 3: Geschichten der Entwertung**
  Diese Geschichten legen nahe, dass die Gefühle, Wünsche, Gedanken oder Persönlichkeitsmerkmale einer Person irgendwie falsch und inakzeptabel sind.
- **Typ 4: Geschichten der mangelnden Verantwortlichkeit**
  Durch diese Geschichten werden Personen der Verantwortung für ihre Taten enthoben, und zwar mit der Rechtfertigung, dass sie von ihren Genen, anderen Menschen oder weiteren Faktoren, auf die sie keinen Einfluss haben, kontrolliert werden.

Sechster Lösungsschlüssel: Übersetzen Sie Problemgeschichten in lösungsorientierte Geschichten

Glücklicherweise sind wir nicht mit unseren Problemgeschichten verheiratet. Wir können sie verändern, indem wir sie in Frage stellen. Ich habe einige effektive Methoden entwickelt, die den Menschen helfen, ihre Problemgeschichten zu überprüfen und damit zu beginnen, Geschichten zu entwickeln, die hilfreicher und lösungsorientierter sind.

Erste Methode: Zur Kenntnis nehmen und beschreiben

Eine Methode, die Geschichten neu zu erzählen, ist die Verlagerung von allgemeinen hin zu detaillierten Beschreibungen, wobei man seine eigenen Theorien, Prognosen und Erklärungen beiseite lässt. Zum Beispiel könnte man statt der Äußerung »Ich bin deprimiert, und es wird nie besser werden« einfach nur feststellen: »Ich spüre eine gewisse Müdigkeit in meinen Muskeln, ich fühle mich schlapp, und eine innere Stimme behauptet, dass es nie wieder besser wird.« Manchmal können wir uns durch das bloße Betrachten, Registrieren oder Aussprechen unserer Erlebnisse von alten Interpretationen und Geschichten befreien.

Wenn die Hunde aus dem oben beschriebenen Experiment einfach nur zur Kenntnis genommen hätten, dass es *in diesem Moment* kein Entkommen vor den Elektroschocks gab, wäre ihnen auch klar geworden, dass es vielleicht irgendwann in der Zukunft eine Zeit geben würde, in der die Schocks verschwunden wären. Ihre Erfahrung lehrte sie, dass sie den Schocks in diesem Augenblick nicht entkommen konnten, aber ihre Geschichte gab vor, dass sie den Schocks *niemals* entkommen konnten.

Analog kann man sagen: Wären die Frauen in dem oben genannten Beispiel aus der Psychoanalyse einfach bei ihrer Erfahrung und Wahrnehmung geblieben, dass sie die Stimulation der Klitoris wünschten und genossen und dass diese zum Orgasmus führte, so hätten sie auch ohne die Entwertung und Scham leben können, die sie dafür empfanden, dass sie eine »falsche« Art von Verlangen oder Orgasmus hatten.

Zusammenfassung der ersten Methode

Beschreiben Sie eine Situation einfach nur, aber bewerten Sie sie nicht.

Übung: Problemsituationen zur Kenntnis nehmen und beschreiben

1. Stellen Sie sich eine für Sie problematische Situation oder Person vor und machen Sie sich Notizen dazu.

2. Nehmen Sie Ihre Gefühle zu dieser Situation zur Kenntnis und schreiben Sie sie auf.

3. Beschreiben Sie, was in dieser unangenehmen Situation geschehen ist oder gerade geschieht, als würden Sie die Szene in einem Film sehen oder auf einem Band hören. Wenn es sich um eine Person handelt, beschreiben Sie, *was* (nicht *warum*) diese Person tut oder getan hat. Verkneifen Sie sich Interpretationen oder Etikettierungen.

Zweite Methode: Beweisen Sie das Gegenteil

Problemgeschichten beginnen zu wackeln, wenn Sie Gegenbeweise finden, die nicht zu der Geschichte passen – wenn Sie zum Beispiel ein Verhalten an den Tag legen, das die Geschichte in Frage stellt. Als ich angefangen hatte, mich so zu benehmen, dass es nicht mehr in die Geschichte von mir als »schüchternem« Menschen passte, stellte ich fest, dass ich ihr auch immer weniger Glauben schenkte.

Eine Frau entschloss sich ein paar Wochen vor einem gemeinsamen Eheberatungstermin mit ihrem Mann, den Therapeuten allein aufzusuchen und ihm ihre Seite der Geschichte darzulegen. Sie erzählte ihm, dass sie sich scheiden lassen wolle und der Beratung nur zugestimmt habe, um ihren Mann zu beruhigen. Sie wusste, dass die Ehe nicht zu retten war, da sie ihn als »Schwächling« betrachtete. Er hatte nicht einmal den »Mumm«, ihr Kontra zu geben oder während eines Streits im Raum zu bleiben. Er hatte panische Angst davor, dass sie ihn verlassen würde. Wenn sie sich aufregte, war er zu allem bereit, nur um sie zu besänftigen. Zum Beispiel putzte er das Haus von oben bis unten, während sie bei der Arbeit war. Er brachte die Kinder dazu, ihre Zimmer aufzuräumen. Oft versuchte er, einen Streit zu beenden, indem er seiner Frau eine kleine süße Überraschung brachte, die er heimlich für sie gebacken hatte, während sie weg war (ich könnte mir vorstellen, dass einige Leserinnen an dieser Stelle gern die Telefonnummer dieses Mannes hätten). Sie sehnte sich nach einem Mann, der sich ihr gegenüber behaupten konnte, der bereit war, um etwas zu kämpfen, und der nicht so ein »Waschlappen« war. Sie war sich sicher, dass er niemals ein solcher Mann werden würde, und wollte dem Therapeuten eigentlich nur mitteilen, dass sie die Scheidung wünschte.

Sie ging nach Hause und erzählte ihrem Ehemann von ihren Plänen. Wie nicht anders zu erwarten war, flehte er sie an, es sich noch einmal zu überlegen. Er bekam Angst, rief den Therapeuten an und fragte ihn, was er tun könne, um seine Frau umzustimmen.

»Sie hat Sie als Waschlappen bezeichnet«, sagte der Therapeut.

»Ich weiß«, erwiderte er mit schwacher Stimme.

Der Therapeut schlug vor: »Der einzige Rat, den ich Ihnen geben kann, ist dieser: Benehmen Sie sich von jetzt an bis zu dem gemeinsamen Beratungstermin so, dass es das Bild, das Ihre Frau von Ihnen hat, komplett über den Haufen wirft.«

Der Mann erklärte sich bereit, es zu versuchen.

Als sie ein paar Wochen später zum nächsten Termin kamen, erzählten sie folgende Geschichte: Eines Abends war wieder ein Streit ausgebrochen. Wie üblich versuchte der Mann, dem Konflikt aus dem Weg zu gehen und seine Frau zu besänftigen. Schließlich bat er sie, einfach nur für eine Minute ruhig zu sein und ihre Augen zu schließen. Er habe eine Überraschung für sie. Wie sie es erwartet hatte, kam er kurz darauf mit einer Bananencremetorte aus der Küche zurück. Allerdings warf er sie ihr mitten ins Gesicht.

Sie saß eine Weile völlig sprachlos da, konnte sich dann aber das Lachen nicht mehr verbeißen, und auch er fing an zu lachen. Sie erzählte dem Therapeuten, sie habe es nie für möglich gehalten, dass er den Mumm aufbringen würde, etwas zu tun, das sie derart aufregen könnte – nun habe sie doch wieder Hoffnung geschöpft, dass sich die Ehe vielleicht noch retten ließe. Früher habe sie ihn als Schwächling angesehen – als Schwächling geboren, genetisch darauf programmiert, als Schwächling zu leben und als Schwächling zu sterben. Nun begann sie zu erkennen, dass er zwar das Verhalten eines Schwächlings an den Tag legte, dies aber auch ändern konnte. Offensichtlich hatte sie keine besonders große Lust, Torten ins Gesicht geworfen zu bekommen, und der Therapeut begann, mit dem Paar daran zu arbeiten, welches Verhalten sich die Frau denn eigentlich wünsche und was sie dazu bewegen könne, der Ehe noch eine Chance zu geben. In der kommenden Woche hatten sie einen Streit, bei dem der Mann auf Wunsch seiner Frau nicht versuchen durfte, sie zu beruhigen oder eine Versöhnung anzustreben. Er versprach auch, ihr während des Streits Auge in Auge gegenüberzustehen, was für ihn sehr schwer, aber möglich war.

Eine Freundin von mir wuchs in dem Wissen auf, dass sie adoptiert worden war, nachdem ihre biologische Mutter sie als Baby weggegeben hatte. Ihr war erzählt worden, dass sie die entscheidenden ersten Lebensmonate, in denen sich Zuneigung und Bindung entwickeln, in fünf verschiedenen Pflegeheimen verbracht hatte. Als sie als Erwachsene Beziehungsprobleme hatte, war ihr klar, dass es wohl die »Folgen der Vernachlässigung« sein mussten, die sie daran hinderten, erfüllte Beziehungen einzugehen. Viele Jahre später nahm sie Kontakt zu ihrer biologischen Mutter auf, die ihr eine ganz andere Version ihrer ersten Lebensmonate erzählte. Demnach hatte sie ihre Tochter häufig besucht, während sie in Pflegeheimen war, hatte sie gefüttert und mit ihr gesprochen. Sie hatte versucht, einen Weg zu finden, sie wieder zu sich zu nehmen. Am Ende gab die noch sehr junge Mutter dem Druck ihrer Eltern und der Adoptionsstelle nach und stimmte der Adoption nur widerstrebend zu.

Als die Tochter diese neue Version gehört hatte, sagte sie, sie habe das Gefühl, als würde ihr der Kopf platzen, nachdem sich nun ihre Geschichte vom ungewollten, vernachlässigten Waisenkind ohne frühkindliche Bindungen in Luft aufgelöst hatte.

Zusammenfassung der zweiten Methode

Machen Sie Beweise ausfindig, die sich nicht mit der Geschichte decken oder die die Geschichte direkt in Frage stellen.

Übung: Hinterfragen Sie Ihre Problemgeschichten

Schreiben Sie alle Geschichten über sich oder das derzeitige Problem auf, die Sie glauben. Vielleicht müssen Sie sich mit einem Freund darüber austauschen – jemandem, der Ihnen helfen kann, diese Geschichten aufzuspüren. Manchmal ist es schwierig, sich selbst ein klares Bild davon zu machen, da man ja lange mit diesen Erklärungen gelebt und sie so lange Zeit geglaubt hat.

Zum Beispiel könnte Ihre Geschichte lauten, dass Sie dumm sind und unfähig, etwas Neues zu lernen. Oder dass Sie minderwertig sind, weil Sie sexuell missbraucht wurden oder geschieden sind.

Dann machen Sie eine Liste von Punkten, die die Richtigkeit dieser Geschichten anzweifeln oder in direktem Widerspruch dazu stehen.

Um die oben genannten Geschichten zu hinterfragen, könnten Sie sich zum Beispiel selbst daran erinnern, dass Sie letztes Jahr doch gelernt haben, Rollschuh zu laufen, und dass Sie die Namen aller europäischen Hauptstädte aufsagen können – oder dass Sie Freunde haben, die auch sexuell missbraucht wurden oder geschieden sind, die aber in Ihren Augen ganz in Ordnung sind.

Dritte Methode: Machen Sie sich klar, dass es einen Unterschied zwischen Ihrer Person und Ihrer Geschichte gibt

Viele Menschen identifizieren sich so sehr mit ihren Problemen, dass sie beginnen, sich selbst mit dem Problem gleichzusetzen. Andere Leute können das Ihre dazu beitragen, diesen Mechanismus noch zu verstärken. Ärzte und Therapeuten neigen zu Verkürzungen, wenn sie von ihren Patienten oder Klienten sprechen: »Ich habe eine Reihe von Depressiven in meiner Praxis« oder »Ich bin auf die Behandlung von Diabetikern spezialisiert«. Manchmal können solche Verkürzungen die Geschichten in ein zäh anhaftendes Etikett verwandeln. Menschen sind ja schließlich nicht einfach nur Depressive oder Diabetiker; sie können ebenso Lehrer, Väter, Mütter, Brüder, Automechaniker, Ärzte oder Fischer sein, nett und lustig – und so weiter und so fort.

Am Anfang dieses Kapitels habe ich beschrieben, wie ich die Geschichte über mich als »schüchterne« Person anzuzweifeln begann. Mir wurde klar, dass Schüchternheit kein unveränderlicher Zustand ist, in dem ich für den Rest meiner Tage verharren müsste. Im weiteren Verlauf meines Lebens behandelte ich meine Depression auf dieselbe Art und Weise. Ich begann umzudenken: Vielleicht *war* ich gar nicht depressiv, sondern *benahm mich* nur wie ein Depressiver. Das gab mir den Mut und die Freiheit, damit zu beginnen, »nicht depressive« Dinge zu tun, und ich sah, dass ich mich durch diese Aktivitäten weniger deprimiert fühlte.

Zusammenfassung der dritten Methode

Überprüfen Sie Ihre Aussagen über sich selbst und arbeiten Sie daran. Rufen Sie sich ins Bewusstsein, dass Sie mehr als nur Ihre Geschichte sind.

Übung: Überprüfen Sie Ihre Aussagen über sich selbst und arbeiten Sie daran

Notieren Sie sich einige störende Etiketten, die Sie sich selbst oder die andere Ihnen angeheftet haben. Zum Beispiel könnten Sie in dem Ruf stehen, sehr aufbrausend zu sein.

Schreiben Sie nun all Ihre Eigenschaften auf, die Sie daran erinnern, dass Sie nicht nur aus wenig schmeichelhaften oder wenig hilfreichen Etiketten bestehen. Um Ihr »aufbrausendes Wesen« in Frage zu stellen, könnten Sie zum Beispiel aufschreiben, dass Sie eine loyale Person sind und mit anderen Menschen durch Dick und Dünn gehen. Sie könnten auch festhalten, dass Sie sich vor einer größeren Anschaffung sehr genau informieren.

Vierte Methode: Entwickeln Sie mitfühlende und hilfreiche Geschichten

In diesem Abschnitt lesen Sie eine Sammlung von hilfreichen Geschichten, die Sie sich über Ihre Person, Ihre Problemsituation oder über andere Leute erzählen können – Geschichten, die von Mitgefühl und Möglichkeiten geprägt sind.

Eines der am häufigsten verwendeten Wörter in Geschichten der Entwertung und der Selbstvorwürfe über uns oder unsere Situation ist das Wörtchen »sollte«. Der Psychologe Albert Ellis hat gesagt: »Schluss mit der ›Sollerei‹!« Wenn Sie sich einreden, dass Sie anders denken oder sein *sollten*, bekommen Sie höchstwahrscheinlich ein schlechtes Gewissen.

Alternativ könnten Sie doch einmal versuchen, sich selbst zu sagen, dass es in Ordnung ist, so zu denken oder so zu sein, wie Sie sind, auch wenn Sie irgendwie das Gefühl haben, dass Sie anders denken oder sein sollten.

Ein befreundeter Therapeut hatte eine Klientin, die in der ersten Sitzung überhaupt nicht aufhören wollte zu weinen. Schließlich konnte er aus den Brocken, die sie unter all den Schluchzern herausbrachte, ansatzweise heraushören, worin das Problem bestand. Sie sagte: »Es ist mein Pferd.« – »Was ist mit Ihrem Pferd?«, fragte er sie. »Es ist gestorben«, schluchzte sie. »Oh, das tut mir Leid«, antwortete er. »Ja, aber es ist schon vor zwei Jahren gestorben, und ich kann einfach nicht aufhören zu trauern. Ich vermisse es so. Mein Mann sagt, ich müsste schon längst darüber hinweg sein. Meine Freunde finden es albern, so lange um ein Pferd zu trauern. Mein Arzt hat versucht, mir Beruhigungsmittel zu geben, damit ich aufhöre, mich so fertig zu machen. Aber ich kann einfach nicht aufhören.«

Der Therapeut fragte sie: »Nun, wer hat eigentlich die Regel aufgestellt, dass Sie nach zwei Jahren aufhören müssen zu trauern? Es ist in Ordnung, so lange zu trauern, wie Sie trauern, egal ob es um ein Pferd oder um einen Menschen geht. Jeder hat eine andere Art, mit Trauer umzugehen, und einen eigenen Zeitplan dafür. Keiner weiß, was für den anderen das Richtige ist.«

Die Frau hörte auf zu weinen und guckte ihn erstaunt an: »Sie meinen, es ist in Ordnung, dass ich um mein Pferd trauere?«

»Ja, genau das meine ich«, erwiderte mein Freund.

»Vielen Dank. Möchten Sie vielleicht Fotos von dem Pferd sehen?«

»Gern«, sagte er.

Daraufhin verbrachten sie den Rest der Zeit damit, die Fotos anzuschauen, während die Frau in Erinnerungen an ihr Pferd und ihre besondere Beziehung zu ihm schwelgte. Ein paar Tränchen flossen noch, was aber nichts gegen die Sturzbäche war, die sie zu Hause und zu Beginn der Sitzung vergossen hatte. Beim nächsten Termin berichtete sie, sie habe ihrem Mann und ihren Freunden mitgeteilt, dass sie alles Recht der Welt habe zu trauern und dies so lange wie nötig weiter tun werde. Sie erzählte auch, dass sie viel weniger geweint und dass es Momente gegeben habe, in denen sie sich mit dem Verlust abfinden konnte. Es war nicht etwa so, dass sie vorher nichts an ihrer Trauer hätte verändern können, sondern dass sie sich wegen ihrer Trauer entwertet gefühlt hatte. Und nun lag es an ihr, wann sie das Verhalten einer Nicht-Trauernden annehmen und ihren Blick wieder nach vorn richten würde.

Es ist sehr wichtig, behutsam mit sich selbst umzugehen, wenn es um die eigenen Gefühle und die eigene Identität geht. Wenn Sie sich selbst Vorwürfe machen, weil Sie Diabetes oder eine Neigung zu Depressionen haben, wird Ihnen das nicht gerade helfen, besser mit der Situation zurechtzukommen, sondern die Lage wahrscheinlich nur noch verschlimmern. Dasselbe gilt für Ihre Einschätzung anderer Menschen.

Als ich ein Junge war, steckte mein Vater mir des Öfteren einen Fünf-Dollar-Schein zu und sagte:»Hier hast du fünf Dollar – aber sag's deiner Mutter nicht.« Meine Mutter fand, dass mein Vater zu großzügig mit Geld umging. Als ich später darüber nachdachte, wurde mir bewusst, dass das seine Art gewesen war zu sagen:»Ich liebe dich.« Ich zog es wie die meisten Menschen vor, dass man mir Zuneigung direkt durch die Worte »Ich liebe dich« und eine Umarmung signalisierte. Aber mir wurde auch klar, dass mein Vater seine Liebe eben auf diese Art ausdrückte. Nach dieser Erkenntnis habe ich mir jedes Mal, wenn er mir mit den Worten »Sag's deiner Mutter nicht« Geld zusteckte (und diese Gewohnheit behielt er bis zuletzt bei), diese Worte für mich übersetzt in »Ich liebe dich, mein Sohn«.

Als mein Vater an Krebs erkrankte, sagte ich am Ende eines Telefongesprächs:»Ich möchte einfach, dass du weißt, wie dankbar ich dir für alles bin, was du als Vater für mich getan hast. Ich liebe dich, Vater.« Mein Vater erwiderte rasch:»Ja, ich habe euch Kinder auch alle lieb.« Mit einem Achselzucken nahm ich wieder mal zur Kenntnis, wie unwohl meinem Vater bei jeglicher direkten Äußerung von Zuneigung war.

Im dritten und letzten Jahr seines Kampfes gegen den Krebs besuchte mein Vater mich in Arizona, wo ich aufs College ging. Aber nach kurzer Zeit wurde er so krank, dass er nach Nebraska zurückkehren musste. Als ich mit ihm in der Abflughalle des Flughafens saß, wussten wir beide, dass wir uns wahrscheinlich zum letzten Mal sahen. Ich wandte mich ihm zu und sagte:»Ich liebe dich, Vater.« Mein Vater schaute weg und sagte:»Ja, ich habe euch Kinder auch alle lieb.« Ich sah ihm in die Augen und wiederholte ganz langsam:»Nein, Vater. Ich möchte, dass du wirklich hörst, was ich sage: Ich liebe dich.« Mein Vater begann zu weinen, wir umarmten uns, und er flüsterte:»Ich liebe dich auch.«

Endlich hatte mein Vater im Einklang mit meiner Art, Liebe zu empfinden, gehandelt. Dennoch hätte ich, auch wenn er niemals »Ich liebe dich« gesagt hätte, gewusst, dass er mich liebte. Ich hatte verstanden, dass die Geste »Hier hast du fünf Dollar – aber sag's deiner Mutter nicht« auch ein Ausdruck von Liebe war. Anstatt diese Schwäche an ihm zu kritisieren, empfand ich Mitgefühl mit seiner Art, sich auszudrücken, und damit, wie ungewohnt für ihn das direkte Äußern von Liebe und Zuneigung war – ein Verhaltensmuster, das er in seiner Familie und seiner Kultur erlernt hatte. Um Mitgefühl zu haben und meinen Vater so zu akzeptieren, musste ich aufhören, mir die negative Geschichte zu erzählen, dass er doch eigentlich in der Lage sein *müsse*, mir zu sagen, dass er mich liebt, oder dass er zu kalt oder gefühlsarm sei, es mir zu sagen.

Wenn Sie mitten in einem Streit dazu übergehen können, sich vorzustellen, wie Ihr Gegenüber die Situation wirklich einschätzt und wie dieser Mensch sich in diesem Moment fühlt, und wenn Sie dann mit ihm fühlen, werden Sie höchstwahrscheinlich etwas milder werden und freundlichere Worte für ihn finden.

> **Zusammenfassung der vierten Methode**
> Erzählen Sie sich selbst Geschichten über Ihre Person, Ihre Probleme usw., die von Mitgefühl und Möglichkeiten zeugen.

Übung: Erzählen Sie eine Geschichte des Mitgefühls

Wenn Sie sich das nächste Mal darüber ärgern oder unzufrieden sind, wer Sie sind oder was Sie fühlen, stellen Sie sich vor, wie ein lieber und mitfühlender Freund mit Ihnen darüber sprechen würde, was Sie fühlen oder wer Sie sind. Was würde dieser Freund in den Momenten größten Mitgefühls sagen?

Wenn Sie ein religiöser oder spiritueller Mensch sind, könnten Sie sich auch vorstellen, dass eine spirituelle Figur oder Kraft (wie zum Beispiel Jesus, Allah, Buddha, der Heilige Geist, das kosmische Bewusstsein oder das Universum) Sie besucht. Stellen Sie sich vor, welche Botschaft diese Figur Ihnen überbringen würde. Welche Geschichte oder Sichtweise hätte diese Figur von Ihnen oder Ihrer

Situation? Welche tröstliche oder mitfühlende Nachricht würde sie Ihnen zukommen lassen?

Dieser Vorschlag ist eine schöne Überleitung zu dem Lösungsschlüssel, den wir im folgenden Kapitel behandeln werden: lösungsorientierte Spiritualität.

Sechster Lösungsschlüssel: Übersetzen Sie Problemgeschichten in lösungsorientierte Geschichten

- **Erste Methode: Zur Kenntnis nehmen und beschreiben**
  Statt die Situation zu bewerten, zu beurteilen oder zu erklären, nehmen Sie Ihr Erleben und die Faktenlage einfach nur zur Kenntnis und beschreiben sie, ohne sie zu charakterisieren.

- **Zweite Methode: Beweisen Sie das Gegenteil**
  Machen Sie Beweise ausfindig, die gegen die wenig hilfreiche Version der Geschichte sprechen.

- **Dritte Methode: Machen Sie sich klar, dass es einen Unterschied zwischen Ihrer Person und Ihrer Geschichte gibt**
  Führen Sie sich vor Augen, dass Sie mehr sind als Ihre Geschichte, egal, was für eine Geschichte es ist.

- **Vierte Methode: Entwickeln Sie mitfühlende und hilfreiche Geschichten**
  Bemühen Sie sich um einen freundlicheren und milderen Zugang zu sich selbst, zu jemand anderem oder zu Ihrer Situation.

Über sich selbst hinauswachsen: Lösungsorientierte Spiritualität

»Manchmal gehe ich voller Selbstmitleid durchs Leben.
Doch immer werde ich durch starke Winde von Horizont zu Horizont getragen.«
Sprichwort der Ojibway-Indianer

Ich las einmal eine Geschichte über einen Mann, der sagte, er habe anlässlich des Todes seines Vaters seine Spiritualität entdeckt. Bis zu diesem Punkt in seinem Leben war er in der Lage gewesen, mit allem zurechtzukommen, was ihm zugestoßen war. Aber aus irgendeinem Grund hatte ihn der Umgang mit dem Tod seines Vaters überfordert. Er kam mit dem Verlust, der Trauer und dem überwältigenden Gefühl, dass es ihm nie wieder gut gehen würde, einfach nicht zurecht. Da er damit nicht umgehen konnte, wurde ihm nach einiger Zeit klar, dass es nur einen Weg gab, der ihn weiterbringen könnte, nämlich sich mit etwas zu beschäftigen, was jenseits seiner Vorstellungskraft lag: Spiritualität.

Spiritualität geht über die individuelle Persönlichkeit hinaus. Man gibt ihr vielfältige Namen und nähert sich ihr auf zahlreichen unterschiedlichen Wegen. Manche nennen sie die Seele, manche Gott, Allah oder Jehova, manche das höhere Selbst, das Universum oder die Natur; aber all diese Namen meinen etwas, das jenseits unseres kleinen isolierten Egos liegt, über das wir uns definieren.

Es war einmal eine Frau, die in Texas aufgewachsen war. Immer wenn sie in Schwierigkeiten war, besuchte sie ihre Großmutter, die in der Nähe lebte und stets einen weisen Rat und ein aufmunterndes Wort für sie übrig hatte.

Einmal beklagte sie sich bei ihrer Großmutter über irgendeinen Vorfall; da wandte sich die Großmutter ihr zu, lächelte traurig und sagte: »Mein Schatz, manchmal musst du in diesem Leben eben über dich selbst hinauswachsen.«

Ich habe mich schon oft in meinem Leben an diesen Ratschlag erinnert, wenn ich vor Problemen stand. Spiritualität ist eine andere Art zu sagen: »Wachse über dich selbst hinaus!«

In diesem Kapitel werden wir einen Ansatz kennen lernen, wie man sich der Spiritualität annähern und sie zur Problembewältigung nutzen kann: die lösungsorientierte Spiritualität.

Siebter Lösungsschlüssel: Machen Sie sich die Spiritualität zunutze, um Probleme zu überwinden oder zu lösen

Erste Methode: Suchen Sie sich Ihren Weg zur Spiritualität

Spiritualität bezieht sich auf etwas jenseits unseres kleinen Ichs bzw. unserer Persönlichkeit. Alles, was uns einen Eindruck von unserem höheren Selbst vermittelt oder was jenseits unserer begrenzten Persönlichkeit liegt, kann Ausdruck von Spiritualität sein. Wenn Ihnen der Begriff Spiritualität nicht gefällt oder einen negativen Beigeschmack für Sie hat, sehen Sie Spiritualität einfach nur als etwas an, das Ihren eingeschränkten alltäglichen Blickwinkel erweitert und Ihnen ein Gefühl der Verbundenheit mit etwas Größerem jenseits Ihrer selbst gibt.

Die sieben nachfolgend aufgeführten Wege sind mögliche Pfade, die wir beschreiten können, um zu diesem »Etwas« jenseits unserer selbst zu gelangen. Jeder Weg kann der richtige sein. Der eine oder andere Weg mag für Sie nicht zum Ziel führen oder Ihnen nicht gefallen. Vielleicht sind Sie manche der Wege auch schon einmal gegangen. Wenn Sie noch nie einen dieser Zugänge zur Spiritualität genutzt haben, suchen Sie sich einen oder mehrere heraus, die Ihnen am ehesten zusagen, und probieren Sie es einfach aus.

Erster Weg: Nehmen Sie Verbindung zu Ihrer Seele, Ihrem höheren Selbst, auf

Für diesen Weg muss man ins eigene tiefste Innere hinabsteigen, das Seele, innere Weisheit, das Unbewusste oder Intuition genannt wird.

Dies ist die Ebene der Beziehung zu sich selbst. Man kann diese Ebene durch Meditation, ein kontemplatives Leben oder eine andere geeignete Methode erreichen. Bei all dem Durcheinander und der Geräuschkulisse des Alltags kann kaum einer seiner Seele lauschen. Die meisten Menschen brauchen Stille und Muße, um Verbindung zu ihrer Seele aufzunehmen.

Zweiter Weg: Finden Sie über Ihren Körper zur Spiritualität
Verschiedene spirituelle und religiöse Traditionen bedienen sich der Körperarbeit, um einen Zugang zur Spiritualität zu finden.

> Als ich einmal in der Karibik war, ging ich in einen Supermarkt. Die Frau, die meine Waren abkassierte, unterhielt sich währenddessen weiter mit der Kollegin nebenan. »In welche Kirche gehst du?«, fragte sie ihre Kollegin.
> »In die Presbyterianische Kirche«, erwiderte die andere.
> »Oh, das wäre nichts für mich«, sagte meine Kassiererin, wobei sie ihren Oberkörper hin und her wiegte und mit den Armen umherwedelte. »Ich gehe zu den Baptisten. Ich muss mich bewegen, um Gott zu finden.«

Manche Menschen meinen, dass sie durch Tanzen, Leichtathletik, genussvolles Essen, Singen, Sex, Yoga oder andere körperliche Aktivitäten ihre Sinne für etwas öffnen können, das jenseits ihrer selbst liegt. Eines meiner Lieblingsgedichte – *Wildgänse* von Mary Oliver – zeigt diesen Weg auf: »Du musst nicht gut sein … Du musst nur das sanfte Tier deines Körpers lieben lassen, was es liebt.« Ich mag dieses Bild sehr: das sanfte Tier deines Körpers. Man braucht nur das sanfte Tier seines Körpers lieben zu lassen, was es liebt. Hier wird veranschaulicht, wie man durch seinen Körper zur Spiritualität gelangen kann.

Dritter Weg: Nehmen Sie Verbindung zueinander auf
Manchmal bietet sich uns in der Verbindung zu einem anderen Menschen – einem Kind, einem Freund, dem Ehepartner oder sogar einem zufällig getroffenen Fremden – die Möglichkeit, uns über un-

sere Alltagssorgen zu erheben und eine Verbindung zu etwas jenseits unseres Selbst herzustellen. Ich rede hier von engen Beziehungen zwischen zwei Menschen. Der Theologe und Philosoph Martin Buber nannte sie »Ich-Du-Beziehungen«. Anders als bei den üblichen Begegnungen mit anderen Menschen erfahren wir in diesen Ich-Du-Beziehungen die andere Person in ihrem ganzen Wesen – nicht nur als Karikatur dessen, wer diese Person unserer Meinung nach ist, und nicht nur als Objekt, das unsere Bedürfnisse befriedigt.

Ich erinnere mich daran, was ich spürte, als unser Sohn Patrick geboren wurde. Ich hatte das Gefühl, als ob in meinem Herzen ein Wasserschlauch voll von Liebe geöffnet würde und die Liebe zu ihm strömen ließ. In dem Moment wusste ich, dass ich, wenn es je so weit kommen sollte, bereit wäre, für ihn zu sterben. Durch diese Beziehung hatte ich meine eigenen Sorgen mühelos überwunden.

Ich hatte eine Zeit lang eine Klientin, die als kleines Kind schwer sexuell missbraucht worden war. Ich bewunderte ihren Mut und ihr Durchhaltevermögen, mit dieser schwierigen Vergangenheit zurechtzukommen, und mochte sie sehr. Sie war jedoch überaus selbstkritisch und tadelte sich selbst sehr streng für jeden kleinsten Fehler. Sie hatte das Gefühl, eine schlechte und völlig inakzeptable Person zu sein.

Während sie dasaß und mir erzählte, was für eine schreckliche Person sie sei, stiegen mir Tränen in die Augen, da ich sah, was sie in Wirklichkeit für ein wunderbarer Mensch war, dies aber selbst nicht erkannte.

Als sie meine Tränen entdeckte, unterbrach sie sich und fragte: »Was ist denn?«, offensichtlich um mich besorgt.

Ich sagte ihr, wenn sie sich selbst nur einmal kurz durch meine Augen sehen könnte, würde sie niemals so schreckliche Dinge über sich sagen, wie sie es getan hatte. Sie war etwas irritiert, und wir saßen eine Weile schweigend da, während meine Tränen endlich von ihren Tränen erwidert wurden.

Einige Wochen später erzählte sie mir, dass sie sich damals in jenem Moment durch meine Augen betrachtet habe. Und sie hatte einen winzigen Hoffnungsschimmer erblickt, dass sie vielleicht doch kein ganz so schlechter Mensch sei – sondern vielleicht sogar eine gute und liebenswerte Person. Danach glaubte sie tief im Inneren nicht mehr daran, so schrecklich zu sein – wie sehr auch ihre alte Selbstkritik versuchte, sich immer wieder in den Vordergrund zu drängen.

Vierter Weg: Schließen Sie sich einer Gemeinde oder einer Hilfsorganisation an

Die meisten Menschen finden durch eine Form von Verehrung oder Gottesdienst in einer Gruppe oder Gemeinde gleichgesinnter Menschen zur Spiritualität. Wenn man sich einer Gruppe zugehörig fühlt, kann dies einem das Gefühl geben, mit etwas verbunden zu sein, das größer ist als man selbst.

Eine junge Frau wurde wegen ihrer Depressionen und Selbstmordabsichten mehrmals in psychiatrischen Kliniken behandelt. Jedes Mal, wenn sie im Krankenhaus war, ging es ihr deutlich besser, und die Selbstmordgedanken ließen nach. Nach ihrem dritten Krankenhausaufenthalt erkannte einer der Krankenpfleger dieses Muster und fragte die junge Frau, warum es ihr ihrer Ansicht nach im Krankenhaus so viel besser gehe.

»Weil ich hier nicht so einsam bin. Wenn ich allein bin, geben meine depressiven Gedanken den Ton an, und ich habe dann das Gefühl, dass sich niemand darum schert, ob ich lebendig oder tot bin. Wenn ich hier bin, weiß ich, dass sich die Leute um mich kümmern, und ich fühle mich nicht so einsam.«

Der Pfleger arrangierte, dass der Krankenhauspfarrer der Frau einen Besuch abstattete und sie einlud, seine Gemeinde zu besuchen, eine lebendige Gemeinde, die viel für junge Leute tat. Sie wurde Mitglied dieser Gemeinde und musste nie wieder ins Krankenhaus eingewiesen werden.

Vielen Menschen verschafft es ähnliche Hochgefühle und Befriedigung, wenn sie sich für einen guten Zweck engagieren, der der Gemeinde oder dem Allgemeinwohl zugute kommt. Der Dichter Rainer Maria Rilke sagte: »Flieg ich nicht aus, so fliegt ein anderer, der liebe Gott will nur, dass geflogen wird, *wer's* gerade besorgt, dafür hat er nur ein ganz vorübergehendes Interesse.«[9] Manche Menschen,

---

[9] In einem Brief an Gräfin Marie von Thurn und Taxis vom 27. Dezember 1913.

wie zum Beispiel Mutter Teresa, fühlen sich zu einer höheren Mission berufen, um anderen zu helfen. Sie haben das Gefühl, dass Gott sie auserwählt hat »zu fliegen«.

Fünfter Weg: Nehmen Sie Verbindung zur Erde oder zur Natur auf

Manche Menschen fühlen sich beim Aufenthalt in der Natur mit einem Geist der Erhabenheit und Erneuerung verbunden. Studien haben ergeben, dass, wer von seinem Arbeitsplatz aus in die Natur blicken kann, in der Regel produktiver ist als andere. Verbinden auch Sie sich über die Natur mit Ihrer Spiritualität oder gewinnen aus ihr einen Sinn für Ihr Leben?

Ein Mann brannte im Laufe seiner Karriere völlig aus. Er absolvierte – neben seinem Vollzeitjob und der Erziehung der beiden Kinder gemeinsam mit seiner Frau – eine zusätzliche Ausbildung, um eine höhere Qualifikation zu erlangen. Als ihm klar wurde, dass er auch noch zugesagt hatte, beim zweiwöchigen Campingausflug seines Sohnes in die Wildnis den Aufpasser zu spielen, stöhnte er bei dem Gedanken an noch mehr Aktivität und Verantwortung. Aber er sagte sich, dass er immerhin eine Weile nicht arbeiten müsste.

Der erste Tag war schwierig. Seine Gedanken waren ganz bei seiner Arbeit und all seinen Verantwortlichkeiten. Aber am Ende der ersten Woche fühlte er sich erfrischt und voller Energie, obwohl die Tage voll anstrengender körperlicher Aktivitäten gewesen waren und er sich überhaupt nicht in Form gefühlt hatte. In der Natur zu sein und seinen Körper zu spüren, erfüllte ihn mit Kraft.

Als die zwei Wochen vorüber waren, schwor er sich, es so einzurichten, mindestens einen Tag im Monat zu wandern. Er hielt diesen Plan durch und konnte seinen zusätzlichen Abschluss machen, ohne sich überfordert und ausgebrannt zu fühlen.

Sechster Weg: Beschäftigen Sie sich mit Kunst

Haben Sie jemals erlebt, wie überwältigend Kunst auf Menschen wirken kann? Es kommen ihnen die Tränen, während sie in einer Kunstausstellung ein Bild betrachten. Oder sie hören sich voller Entzücken eine Oper an. Literatur, Malerei, Bildhauerei, Theater, Film,

Fotografie, Tanz und Musik haben uns schon immer die Möglichkeit geboten, über den Tellerrand unseres Alltagslebens hinauszublicken und uns wegtragen und verzaubern zu lassen. Man kann sich entweder durch das künstlerische Produkt selbst bzw. eine künstlerische Performance begeistern lassen oder indem man selbst künstlerisch tätig wird.

Eine Reihe von Filmen haben gezeigt, wie Gefangene unter schrecklichsten, grausamen Umständen ihre Situation überlebt und überwunden haben, indem sie an einem Gefangenenchor oder Lagerorchester mitwirkten. Kunst kann uns aus unserer gegenwärtigen Situation heraus in eine andere Sphäre erheben.

Siebter Weg: Nehmen Sie Verbindung zu Gott oder einer höheren Macht auf

Ich habe eine Geschichte über die Ursprünge der Anonymen Alkoholiker gelesen. Bevor es die Anonymen Alkoholiker gab, war ein Bekannter von einem ihrer Gründer in Behandlung bei dem berühmten Psychiater C. G. Jung. Dieser Mann, ein chronischer Komatrinker, bewunderte C. G. Jungs erfahrene und kluge Beratung sehr. Nach einer erneuten Trinkphase machte er wieder einen Termin bei Jung und fragte ihn voller Verzweiflung, ob es denn nicht irgendeinen Weg gäbe, wie Jung ihm helfen könne, dieses furchtbare Verhaltensmuster zu durchbrechen. Es zerstöre sein Leben, und obwohl er damit aufhören wolle, könne er es einfach nicht. Aber Jung schüttelte den Kopf und sagte, dass er es noch nie geschafft habe, jemanden zu heilen, der so schwer alkoholabhängig sei. Er sagte sogar, dass er keinen Fall kenne, bei dem die Psychotherapie jemals in einem so fortgeschrittenen Fall Heilung gebracht habe.

Wie man sich vorstellen kann, war der Mann am Boden zerstört, als er hörte, dass der große C. G. Jung ihm weder Mut noch Hoffnung machen konnte. Er bat: »Gibt es denn nicht irgendetwas, das helfen könnte?« – »Na ja«, antwortete Jung, »das Einzige, was meiner Erfahrung nach jemals Leuten in Ihrer Lage geholfen hat, ist die Hinwendung zu einem tiefen Glauben an Gott.« Toll, dachte sich der Mann, was soll ich denn bitte damit anfangen? Er fragte Jung, was er an seiner Stelle tun würde. Jung empfahl: »Ich würde zu jeder religiösen Erweckungsveranstaltung gehen, die ich ausfindig machen kann, und hoffen, dass mich eine davon mitreißt.« Genau das tat der Mann. Schließlich wurde er während eines Treffens der Oxford-Gruppe bekehrt – einer christlichen Erweckungsbewegung, die zu Beginn des 20. Jahrhunderts verbreitet war. Aus dieser Erfahrung erwuchs die berühmte Entwicklung des Zwölf-Schritte-Programms der Anonymen Alkoholiker, das die Unterwerfung unter eine »höhere Macht« als entscheidenden Schritt auf dem Weg in die Abstinenz fordert.

Dieser Weg beinhaltet also eine Verbindung zum Universum, zu einer höheren Macht oder zu Gott in einer wirksamen, auf praktischer Erfahrung beruhenden, also nicht nur intellektuellen Art und Weise. Es gibt viele unterschiedliche Wege, so eine Verbindung herzustellen; und wenn Sie sich erst einmal auf diesen Weg konzentrieren, werden Sie um sich herum lauter Menschen sehen, die dasselbe auf ihre ganz eigene Art bewerkstelligen.

> **Zusammenfassung der ersten Methode**
> Bemühen Sie sich um eine Verbindung zu Körper und Seele zu einer anderen Person, zur Gemeinde, Natur, Kunst oder zu einer höheren Macht.

Zweite Methode: Erschließen Sie sich über Vergangenheit, Gegenwart oder Zukunft den Zugang zu Ihrer Spiritualität

Sie können in der Vergangenheit, Gegenwart oder Zukunft nach spirituellen Quellen und Lösungen suchen, die Ihnen bei Ihrem derzeitigen Problem weiterhelfen.

Zugang über die Vergangenheit: Erinnern Sie sich an vergangene spirituelle Erlebnisse und Kontakte

Im zweiten Kapitel haben wir uns mit der Vorstellung beschäftigt, dass es eine der effektivsten Methoden der Problemlösung ist, sich an frühere Zeiten zu erinnern, als alles in Ordnung war oder als man bestimmte Probleme gelöst hatte, und diese Fähigkeiten erneut einzusetzen. Dasselbe Prinzip können Sie auch auf die Frage übertragen, wie Sie Ihren Sinn für Spiritualität wiedererlangen. Hier sind einige Fragen, die Ihnen die Suche nach Lösungen aus der Vergangenheit erleichtern könnten:

- Hingen Sie jemals einem religiösen oder spirituellen Glauben an oder übten Sie religiöse oder spirituelle Praktiken aus?
- Waren diese in irgendeiner Weise hilfreich?
- Haben Sie jemals eine Verbindung zu etwas empfunden, das weit über Ihrer Person steht – wie zum Beispiel zur Natur, zum Universum, zur Menschheit oder zu Gott?
- Wie sah Ihre intensivste spirituelle Erfahrung aus (wenn Sie jemals eine hatten)?

Zugang über die Gegenwart: Erkennen Sie gegenwärtige spirituelle Quellen und Lösungen

Suchen Sie nun in Ihrem jetzigen Leben nach möglichen Wegen zur Spiritualität. Hier sind einige Fragen, die Ihre Suche einengen könnten:

- Was tun Sie oder wohin gehen Sie, um aufzutanken – vorausgesetzt, Sie haben dazu Gelegenheit?
- Nehmen Sie an religiösen Veranstaltungen oder Gottesdiensten teil? Wenn ja: Welches ist das beste Gefühl, das Sie aus einem solchen Gottesdienst mitnehmen können?
- Welche Art von künstlerischer Beschäftigung mögen Sie gern?
- Auf welche Weise knüpfen Sie Verbindungen zu anderen Menschen?
- Glauben Sie, dass Ihr Leben einen Zweck erfüllt? Wenn ja, welchen?
- Gibt es eine religiöse oder spirituelle Instanz oder eine entsprechende Aktivität, die Ihnen Ihrer Meinung nach in der jetzigen Situation weiterhelfen könnte?

Zugang über die Zukunft: Formulieren Sie künftige spirituelle Hoffnungen und Vorsätze

Wenn Sie in der Vergangenheit oder Gegenwart keinen Zugang zur Spiritualität gefunden haben, können Sie immer noch die Zukunft nutzen, um neue Gelegenheiten für die Gegenwart zu schaffen. Stellen Sie sich diese und ähnliche Fragen, um eine verlockende Vision von der Zukunft zu entwerfen, in der Sie sich in spiritueller Hinsicht gern sehen würden:

- In welcher Richtung, wenn überhaupt, möchten Sie in Zukunft in religiöser oder spiritueller Hinsicht gern tätig werden?
- Gibt es einen Bereich in Ihrem inneren bzw. spirituellen Erleben, den Sie gern ausbauen würden?
- Gibt es eine religiöse oder spirituelle Instanz, die Sie gern als Vorbild betrachten würden? In welcher Hinsicht?

Zusammenfassung der zweiten Methode

Suchen Sie in der Vergangenheit, Gegenwart oder Zukunft nach spirituellen Quellen und Lösungen, die Ihnen bei Ihrem derzeitigen Problem weiterhelfen können.

Dritte Methode: Entwickeln Sie Mitgefühl, Hilfsbereitschaft und Glauben

Lassen Sie sich auf das Mitgefühl mit anderen und sich selbst ein
Die Ideale von Mitgefühl und Hilfsbereitschaft sind wichtige Pfeiler der meisten religiösen und spirituellen Traditionen. In meinem Wörterbuch wird Mitgefühl definiert als »das tiefe Gefühl, das Leiden eines anderen zu teilen, verbunden mit dem Drang, zu helfen und Barmherzigkeit zu zeigen«. Wir verbringen viel Zeit damit, andere zu beurteilen oder zu bewerten; aber die großen spirituellen Figuren, die die meisten von uns bewundern – wie zum Beispiel Jesus, Buddha, Martin Luther King oder Mahatma Gandhi – haben die Menschen akzeptiert und nicht bewertet: So nahm sich etwa Jesus der Aussätzigen und Huren an, und Gandhi berührte die »Unberührbaren«.

Nachdem wir eigene Probleme oder Tragödien durchgestanden haben, entwickeln wir in der Regel ein gewisses Mitgefühl und Erbarmen mit anderen Leidenden. Die Kunst besteht darin, uns dieses Mitgefühl auch im täglichen Leben zu erhalten, wenn wir gerade wieder Gefahr laufen, in automatische Verhaltensweisen zurückzufallen, und beginnen, andere zu bewerten – besonders in schwierigen Zeiten.

- **Erste Übung: Mitgefühl zeigen**
Ich habe natürlich auch eine lösungsorientierte Übung für Sie parat. Denken Sie an eine Situation, in der Sie Verständnis und Mit-

gefühl bitter nötig gehabt hätten. Wie hätten die anderen Ihren Wünschen gemäß mit Ihnen sprechen sollen? Wie hätten sie sich Ihnen gegenüber verhalten sollen? Welche Worte oder welcher Tonfall wären für Sie zu der Zeit am ehesten tröstlich und hilfreich gewesen? Welche Handlungen hätten die Situation verändert? Vielleicht hat Ihnen damals jemand Freundlichkeit, Verständnis oder Mitgefühl entgegengebracht. Was genau hat diese Person getan?

Denken Sie nun darüber nach, wie Sie das, woran Sie sich erinnert haben, auf jemanden aus Ihrem Umfeld übertragen könnten – auf jemanden, der jetzt gerade Mitgefühl nötig hätte. Es könnte Ihr Chef sein, Ihr Kind, Ihr Ehepartner, ein Freund oder jemand, den Sie noch gar nicht kennen.

Wie ich schon im vorigen Kapitel geschrieben habe, können Sie diesen Sinn für Mitgefühl natürlich auch auf sich selbst übertragen. Wie lässt sich dieses Mitgefühl im Hinblick auf das, worunter Sie jetzt gerade leiden (falls es so ist), in Ihr Leben integrieren? Welche barmherzigen, anerkennenden, urteilsfreien Wörter, Sätze oder Handlungen könnten Sie auf sich selbst anwenden, anstatt sich der altgewohnten Sprache der Selbstkritik und strengen Urteile zu bedienen?

Dienst an der Menschheit

>*Die wahre Freude am Leben besteht darin, zu wissen, dass man für einen bestimmten Zweck, den man selbst als einen mächtigen anerkennt, gebraucht wird … Zu wissen, dass man eine Naturkraft sein kann, statt eines fieberkranken, selbstsüchtigen kleinen Bündels von Schmerzen und Nöten, das jammert, weil die Welt sich nicht der Aufgabe widmet, einen glücklich zu machen … Ich bin der Meinung, dass mein Leben der gesamten Menschheit gehört und dass es mein Privileg ist, solange ich lebe, für sie zu tun, was immer ich kann. Ich will mich vollständig verausgabt haben, wenn ich sterbe, denn je mehr ich eingebe, desto lebendiger bin ich. Ich freue mich des Lebens um seiner selbst willen. Das Leben ist keine ›spärliche Flamme‹ für mich. Es ist eine Art leuchtende Fackel, die ich für diesen Moment ergriffen habe, und ich will sie so hell wie möglich brennen lassen, bis ich sie an zukünftige Generationen weiterreiche.«*

George Bernard Shaw, Mensch und Übermensch

Während ich an diesem Buch schrieb, erkrankte meine Frau schwer und lebensbedrohlich. Ich war in einer Familie aufgewachsen, in der das ungeschriebene Gesetz herrschte: Werde bloß nicht krank! Meine Mutter war eine robuste Bauerntochter mit einer für den Mittleren Westen typischen unverwüstlichen Arbeitsmoral. Wenn es irgendwie ging, stand man jeden Morgen auf und ging zur Arbeit oder Schule, auch mit Fieber oder Halsschmerzen. Wenn wir Kinder krank wurden, ließ sie uns nur dann zu Hause bleiben, wenn wir wirklich nicht in der Lage waren aufzustehen. Und wenn wir krank zu Hause blieben, mussten wir im Bett liegen bleiben – kein Fernsehen, kein Buch oder sonst etwas, das Spaß machen könnte. Um diese Langeweile zu ertragen, musste man schon richtig krank sein. Zur besseren Genesung ließ sie uns allein und schaute nur alle paar Stunden in unser Zimmer, um zu sehen, ob wir etwas zu essen oder zu trinken bräuchten. Aber es war unsere Aufgabe, gesund zu werden, also überließ sie es auch uns.

In meiner Kindheit und Jugend war ich selten krank; und wenn doch, wollte ich auch in Ruhe gelassen werden, bis es mir besser ging. Ich behandelte meine Partnerinnen genauso. Einige von ihnen waren in ganz anderen Familienverhältnissen aufgewachsen und waren darüber empört, dass ich sie ganz allein ließ, wenn sie krank waren. Ich zeigte ziemlich wenig Mitgefühl. Meine Haltung, so unfreundlich sie auch scheinen mochte, war durch meine Kindheitserfahrungen geprägt: »Es ist deine Aufgabe, gesund zu werden. Sei kein Waschlappen. Du solltest für dein Kranksein nicht belohnt werden, sonst gewöhnst du dir das noch an.«

Als meine Frau so schwer krank wurde, dass ich ihr das Essen kochen und den ganzen Haushalt erledigen musste, die Rechnungen bezahlen und neben der Sorge für unseren Lebensunterhalt noch viele andere Pflichten erfüllen musste, fragte ich mich, wie ich das angesichts der Prägung durch meine Familie schaffen sollte. Ich wurde immer wieder mitten in der Nacht aus dem Tiefschlaf gerissen und musste sie zur Toilette begleiten, wenn sie zu schwach war, allein zu gehen. Wenn sie sich übergeben hatte oder ihr Essen oder Trinken verschüttet hatte, machte ich hinterher alles wieder sauber. Ich musste sie beruhigen, wenn sie Angst hatte, dass es niemals besser werden würde, und sie trösten, wenn die körperlichen Schmerzen sie quälten.

Ich stellte fest, dass ich all das freiwillig und liebevoll tun konnte, wenn ich mit einer inneren Einstellung der Hilfsbereitschaft daran heranging. Es wurde zu einer Übung von Liebe und Freundlichkeit, die mir selbst, glaube ich, genauso viel gegeben hat wie ihr. Es war in gewisser Hinsicht demütigend, die alltäglichen Pflichten in der Pflege meiner Ehefrau und im Haushalt zu erledigen. Aber ich war dankbar für die Gelegenheit, jemandem zu Diensten zu sein und etwas für einen Menschen zu tun, der so sehr litt und den ich liebte. Ich wuchs über mich selbst und über meine Kindheitsprägung hinaus.

Dies ist der paradoxe Effekt des Helfens: Die, die helfen, bekommen oft genauso viel (oder sogar noch mehr) zurück als die, denen geholfen wird. Genauso paradox ist allerdings, dass man sich nicht mit der Erwartung einer persönlichen Belohnung ans Helfen machen darf; man muss es aus rein altruistischen Gründen angehen. Nur dann kann man die Früchte des Helfens ernten.

- **Zweite Übung: Hilfe leisten**
  Jedes Mal, wenn Sie in Ihrem Leben vor einem immer wiederkehrenden Problem stehen, sollten Sie beginnen, sich zu überlegen, wie Sie jemandem aus Ihrem Umfeld oder Ihrer Gemeinde einen Dienst erweisen können – jemandem, der Hilfe oder Gesellschaft braucht. Wenn das Problem das nächste Mal auftritt, widmen Sie sich genauso lange diesem »Dienst«, wie Sie sich sonst Ihrem Problem gewidmet hätten.

Glauben und Zuversicht

> *»Mut ist keine hoch gewachsene Eiche, die Stürme kommen*
> *und gehen sieht; er ist die zarte Blüte, die sich im Schnee entfaltet.«*
> Alice Mackenzie Swain

Der Dichter David Whyte vergleicht das Vertrauen in schweren Zeiten unseres Lebens mit dem Vertrauen auf die Vorstellung, dass die Dunkelheit vorübergehen und das Licht zurückkehren wird. Scherzhaft kommentiert er, dass es ja albern wäre, wenn wir beschließen würden, unser Leben ruhen zu lassen, wenn der Mond abnimmt und die Nächte immer dunkler werden. Wenn uns jemand anrufen würde, müssten wir sagen: »Tut mir Leid, aber ich kann nichts machen, solange der Mond abnimmt. Wir müssen wohl warten, bis er wieder zunimmt.« Zuversicht ist das Vertrauen darauf, dass die Dinge nicht hoffnungslos und für immer verloren sind, wenn alles dunkel ist. Zuversichtlich zu bleiben bedeutet, sich zu verpflichten, auch in schwierigen Zeiten weiterzumachen.

In dem Film *Indiana Jones und der letzte Kreuzzug* folgt Indiana Jones der Wegbeschreibung zum heiligen Gral aus einem alten Buch. Die Route ist voller Rätsel und Gefahren, aber wie üblich entgeht Indy knapp dem Tod und umgeht alle Fallen – bis er zur letzten Aufgabe kommt. Er weiß, dass der Gral jenseits einer Felsspalte liegt, über die er nicht springen kann. Die Felsspalte ist Tausende von Metern tief, aber die Anweisungen geben ihm vor, Vertrauen zu haben und auf den Gral zuzulaufen, dann würde sich Gott seiner annehmen. Indy will das auf gar keinen Fall tun, aber er kann auch unmöglich ohne den Gral zurückkehren. Er schließt die Augen und tut den ersten Schritt, fällt ein kleines Stück und wird dann aufgefangen; er ist total überrascht, dass er nicht in die Felsspalte gestürzt ist. Nachdem er sie überquert hat, hebt er ein paar Kieselsteine auf und wirft sie in den offenen Abgrund hinter sich. Indem sie auftreffen, enthüllen sie eine verborgene Brücke, die so getarnt ist, dass sie sich mit der Erscheinung der Schlucht deckt. Indy geht weiter, um den Gral zu erobern.

Zuversicht bedeutet, einen Schritt auf die Felsspalte zuzutun, wenn es keine Hoffnung mehr gibt. Sie bedeutet, darauf zu vertrauen, dass man entkommen kann – egal, worin man gerade gefangen ist. »Alles geht vorüber«, lautet eine alte Weisheit. Gladys Taber schreibt in ihrem Buch *Stillmeadow Road*: »Menschen haben, glaube ich, auch Jahreszeiten. Es gibt so etwas Unerschütterliches an Menschen, die den kalten Winden der Mühseligkeiten standhalten, den Stürmen, die das Herz aufwühlen, und die die Ausdauer und den Charakter haben, in aller Ruhe auf den nächsten Frühling zu warten.«

- **Dritte Übung: Zuversicht entwickeln**

  Denken Sie an eine Zeit, als alles hoffnungslos erschien oder als Sie aufgrund von schlechten Nachrichten oder Schicksalsschlägen in Panik gerieten, die Dinge sich am Ende aber besser als erwartet entwickelten. Sie haben es durchgestanden; oder das, was Sie für schrecklich hielten, war gar nicht ganz so schrecklich, wie Sie zunächst angenommen hatten; oder die Dinge waren schrecklich, aber Sie lernten dazu oder entwickelten sich in die Richtung, die für Sie letztlich die bessere war.

  Führen Sie sich dieses vergangene Erlebnis noch einmal vor Augen und arbeiten Sie daran, Zuversicht für das anstehende Problem zu entwickeln.

Zusammenfassung der dritten Methode

Lassen Sie sich auf Mitgefühl mit anderen und sich selbst ein, zeigen Sie vollkommen selbstlose Hilfsbereitschaft und erhalten Sie sich Ihre Zuversicht, indem Sie sich verpflichten, auch in schwierigen Zeiten weiterzumachen.

Siebter Lösungsschlüssel: Machen Sie sich die Spiritualität zunutze, um Probleme zu überwinden oder lösen

- **Erste Methode: Suchen Sie sich Ihren Weg zur Spiritualität**

  Erster Weg: Nehmen Sie Verbindung zu Ihrer Seele, Ihrem höheren Selbst, auf

  Zweiter Weg: Finden Sie über Ihren Körper zur Spiritualität

  Dritter Weg: Nehmen Sie Verbindung zueinander auf

  Vierter Weg: Schließen Sie sich einer Gemeinde oder einer Hilfsorganisation an

  Fünfter Weg: Nehmen Sie Verbindung zur Erde oder zur Natur auf

  Sechster Weg: Beschäftigen Sie sich mit Kunst

  Siebter Weg: Nehmen Sie Verbindung zu Gott oder einer höheren Macht auf

- **Zweite Methode: Erschließen Sie sich über Vergangenheit, Gegenwart oder Zukunft den Zugang zu Ihrer Spiritualität**

  Erinnern Sie sich an vergangene spirituelle Erlebnisse und Kontakte. Erkennen Sie gegenwärtige spirituelle Quellen und Lösungen. Formulieren Sie künftige spirituelle Hoffnungen und Vorsätze.

- **Dritte Methode: Entwickeln Sie Mitgefühl, Hilfsbereitschaft und Glauben**

Teil III

Die Anwendung des lösungsorientierten Ansatzes auf bestimmte Lebensbereiche

In den folgenden Kapiteln werden Sie einige Anregungen erhalten, wie sich der lösungsorientierte Ansatz auf bestimmte Lebensbereiche anwenden lässt: auf die Beziehung zu Ihrem Partner, auf Ihre Sexualität oder andere Themen, die für Sie gerade aktuell sind.

Das koabhängige Aschenputtel, das einen Frauenhasser liebt: Lösungsorientierte Beziehungen

»Wir haben jeder nur einen, den wir beschuldigen können, und das ist der andere.«
Barry Beck, New York Ranger, auf die Frage, wer während des Eröffnungsspiels
um den NHL Stanley Cup[9] mit der Schlägerei angefangen hat

Als eine Frau bei einem Familientreffen herausbekam, dass sich unter den Gästen eine Therapeutin befand, stürzte sie sich auf sie und fing an, ihr von ihren Eheproblemen zu erzählen. »Er ist Alkoholiker und ein Frauenhasser. Ich bin die Tochter eines Alkoholikers und von meinem Mann abhängig. Wir streiten die ganze Zeit. Was könnte uns Ihrer Meinung nach helfen?«

Die Therapeutin war etwas erschlagen von diesem Register an Problemen, das so klang, als sei es der Selbsthilfeecke eines Buchladens entnommen, und antwortete lächelnd: »Ich habe schon mal daran gedacht, ein Buch zu schreiben mit dem Titel *Frauen, die zu viel lesen.*«

Die Frau lachte und erwiderte: »Das würde ich dann wahrscheinlich auch lesen!«

Quellen von Beziehungsproblemen: Problemanalysen, Schuldzuweisungen und Geplapper

Die meisten von uns haben bei Beziehungsproblemen das Bedürfnis, zu analysieren, was falsch läuft. Leider führen diese Analysen in der Regel zu dem Ergebnis, dass das Problem beim anderen liegt. Dies löst typischerweise einen Teufelskreis von gegenseitigen Beschuldigungen und Missverständnissen aus.

Ich bin in Ehe- und Familieberatung ausgebildet und berate viele Paare. Ich kann mich noch daran erinnern, wie das Buch *Liebe als Leid – Warum Männer ihre Frauen hassen und Frauen gerade diese Männer lieben* herauskam. Ein Ehepaar kam zu mir in die Beratung. Die Frau erzählte mir, dass sie das Buch gelesen und es sehr wertvoll

---

[9] Trophäe der US-Eishockey-Profiliga.

und erhellend gefunden habe. Es spiegele genau ihre Beziehung wider. Dann hatte sie ihrem Mann das Buch gezeigt und ihm nahegelegt, es zu lesen, um sich mit ihrem Problem (das heißt *seinem* Problem) auseinanderzusetzen. Es war vorherzusehen, dass das Buch ihn nicht unbedingt positiv beeinflussen würde. Er würde entweder ärgerlich werden, sich über das Buch lustig machen oder es einfach ignorieren. Dann konnte sie sicher sein, dass ihre Diagnose korrekt war: Er *war* also ein Mann, der Frauen hasste. Inzwischen hatte sich die Beziehung nicht einen Deut verbessert, sondern eher noch weiter verschlechtert.

Wie wir schon in den vorhergehenden Kapiteln gesehen haben, ist das Problem mit dem Analysieren als Lösungsansatz für Beziehungsprobleme, dass es in den meisten Fällen keine echten Lösungen liefert. Es führt zu Erklärungen und Geschichten darüber, was falsch ist. Aber es erzeugt weder Liebe, noch bringt es die verloren gegangene Intimität zurück oder verhindert ständiges Streiten. Herauszufinden, von welchem Planeten Sie und Ihr Partner jeweils stammen, hilft Ihnen nicht immer hier unten auf der Erde weiter.

Bei der lösungsorientierten Therapie nähern wir uns dem Problem anders. Diese Prinzipien können Sie auf Ihre romantischen und sexuellen Beziehungen, auf Ihr Familienleben, Ihr Arbeitsleben, Ihre Geschäfte oder Ihre Freunde übertragen.

Nachtrag zum Thema Anerkennung

Nachdem ich nun schon seit über 24 Jahren Eheberatung mache, kann ich Ihnen versichern, dass viele Ehe- oder Beziehungsstreitigkeiten, die ich miterlebt habe, hätten vermieden werden können, wenn einer der beiden oder beide Partner einmal innegehalten und die Gefühle und Ansichten des anderen gewürdigt hätten. Das muss nicht bedeuten, dass Sie der anderen Person zustimmen oder ihr Recht geben müssen. Es heißt bloß, dass Sie in der Lage sein sollten, die Wahrnehmung des anderen zu verstehen, anstatt sie abzulehnen.

Ein Paar ersuchte mich telefonisch um Hilfe. Den Mann kannte ich schon von einer Einzeltherapie und einer Paarberatung mit einer anderen Frau. Das Paar war verlobt, aber der Mann bekam es immer wieder mit der Angst zu tun und drückte sich davor, einen Heiratstermin festzulegen. Immer wenn er seine Zweifel äußerte, reagierte seine Verlobte entsprechend, und dann war der Streit vorprogrammiert.

Ich hatte dieses Muster schon bei seiner vorigen Beziehung beobachtet. Nachdem ich mich versichert hatte, dass er seine Verlobte wirklich liebte und er es im Grunde seines Herzens mit der Heirat wirklich ernst meinte, bat ich um ein Gespräch mit der Frau allein. Ich sagte ihr, dass ihr Partner von Zweifeln geplagt und dass es in dieser Lage am hilfreichsten sei, wenn sie angesichts seiner Zweifel und Ängste Ruhe und Zuversicht bewahrte. Das Einzige, was sie tun müsse, sei zuzuhören und die Ängste ihres Verlobten anzuerkennen. Sie brauche nicht darauf zu reagieren.

Sie antwortete, dass es ihr leichter falle, Ruhe zu bewahren, wenn sie wüsste, dass er nicht ernsthaft beabsichtige, sich von ihr zu trennen. Nach dieser kurzen Beratung war sie im Gegensatz zu ihrem Partner in der Lage, das große Ganze im Auge zu behalten, und es gelang ihr, ihre anfängliche Wut in etwas umzumünzen, das der Beziehung dienlich war. Nach einigen weiteren Vorfällen, bei denen der Mann Angst bekam und die Frau einfach nur ruhig blieb und seine Bedenken und Zweifel anhörte, wurden die Ängste schwächer, und sie konnten einen Heiratstermin festlegen. Jetzt, sechs Jahre später, sind sie immer noch glücklich verheiratet.

Wenn man innehält und unvoreingenommen zuhört, ohne zu urteilen oder zu widersprechen, merkt man manchmal, dass man eigentlich gar kein Problem mit der Äußerung oder Wahrnehmung der anderen Person hat. Vorher hatten Sie in die Äußerung oder Handlungsweise Ihres Gegenübers eine andere Bedeutung hineinprojiziert und auf diese subjektive Interpretation reagiert.

Tom und Eric waren befreundet und sahen sich oft gemeinsam Baseballspiele an. Eines Tages fragte Tom: »Warum müssen wir eigentlich immer zu Baseballspielen gehen? Mir wird es allmählich langweilig.«

Eric regte sich sofort auf und sagte, dass er mit Sicherheit jemand anderen finden könne, der mit ihm gehen würde, wenn Tom keine Lust mehr dazu hätte. Tom war verblüfft, dass Eric so ärgerlich reagierte, und sagte zu ihm: »Natürlich könntest du jemand anderen finden, der dich begleitet, aber mir ging es darum, dass wir bei den Spielen zu wenig Gelegenheit haben, uns zu unterhalten. Ich habe ein paar private Probleme, und während der Spiele komme ich nicht dazu, mit dir darüber zu sprechen, weil dort so viele Menschen sind, die zuhören könnten; außerdem wirkst du immer so ins Spiel vertieft, dass ich dich nicht ablenken möchte.«

Eric hatte an eine Geschichte geglaubt – nämlich dass Tom keine Zeit mehr mit ihm verbringen wollte –, aber als er erst einmal begriffen hatte, dass Tom gern mehr Zeit zum Reden gehabt hätte, wurde er weniger abweisend. Er hatte vorher nicht richtig gehört bzw. verstanden, was sein Freund wirklich meinte.

Nachdem Sie etwas anerkannt haben – indem Sie dem anderen zu verstehen geben, dass Sie ihn angehört haben und dass er nicht wegen seiner Gefühle oder Denkweisen verrückt, schlecht oder falsch ist –, kann es manchmal sein, dass Sie dennoch ein Problem mit dem haben, was der andere Ihnen mitteilt. Aber in diesem Falle weiß der andere wenigstens, dass Sie ihn angehört haben und dass sich der Konflikt um das Eigentliche dreht und nicht darum, dass er nicht angehört und verstanden wird.

In jedem Falle ist es wichtig, den anderen nicht abzuwerten. Das heißt, man soll anderen nicht das Gefühl geben, dass ihre Sichtweise der Dinge oder ihre Gefühle schlecht, falsch oder in irgendeiner Form irrelevant sind. Wenn Sie sich abwertend verhalten, ist Ihnen eine problematische Reaktion der anderen Person sicher.

Patricia entwickelte Software für eine Hightech-Firma. Eines Tages stellte sie bei einem Meeting ihre Idee für ein neues Produkt vor, das die Firma produzieren sollte. Ihr Vorgesetzter lachte und sagte: »Soso, und wer soll diesen Kassenschlager finanzieren? Sie?« Da Patricia es leid war, nicht für voll genommen und abschätzig behandelt zu werden, rief sie noch am selben Tag bei einem Headhunter an, der sie umworben hatte, und fand bald einen neuen Job. Sie hielt an ihrer Idee fest, entwickelte das Produkt bei der neuen Firma, und es verkaufte sich ziemlich gut.

Wenn Sie einmal darüber nachdenken, werden Sie sehen, dass diese Prinzipien auch auf viele andere Situationen zwischenmenschlicher

Beziehungen erfolgreich angewandt werden können. Das Wesen guter Kundenbetreuung liegt darin, die Bedürfnisse der Kunden anzuerkennen. Gute Freundschaft beruht auf der Fähigkeit zuzuhören, ohne zu bewerten. Familienleben funktioniert am besten, wenn die Gefühle und Sichtweisen aller angehört und zugelassen werden. Häufig wendet man diese Prinzipien auf einen Bereich seines Lebens an, auf andere aber nicht. Es könnte zum Beispiel sein, dass Sie sie bei der Arbeit erfolgreich umsetzen, zu Hause dagegen weniger effektiv.

Eine andere Person anzuerkennen und ihr respektvoll zuzuhören ist nur der erste Teil des Rezepts erfolgreicher zwischenmenschlicher Beziehungen. Als Nächstes müssen wir lernen, uns einander anzupassen und den Umgang miteinander zu verändern. Dieser Beziehungsaspekt ist für die meisten Menschen mit Schwierigkeiten behaftet. Im nächsten Abschnitt seien Ihnen nun ein paar einfache Strategien an die Hand gegeben, wie Sie mit anderen darüber reden, welche Veränderungen Sie sich wünschen – ganz ohne Anschuldigungen und Missverständnisse.

Handlungssprache gegen Beziehungsprobleme

Stellen Sie sich vor, Sie kommen eines Tages zur Arbeit und werden von Ihrem Chef mit den Worten empfangen: »Sie bringen hier aber auch alles durcheinander. Mir gefällt Ihre Einstellung nicht, und wenn Sie sie nicht ändern, sind Sie den Job los!«

Sie wären wohl schockiert, aber was noch wichtiger ist: Wüssten Sie denn, was Sie tun müssten, um Ihre »Einstellung« zu ändern? Wahrscheinlich nicht – insbesondere wenn Sie bisher der Ansicht waren, dass Ihre Einstellung ganz in Ordnung war. Sie würden wahrscheinlich bei Ihren Kollegen Dampf ablassen, oder Sie würden Ihre Freunde oder Ihre Familie anrufen und erzählen, wie gemein Ihr Chef sei und wie schrecklich Sie diesen Arbeitsplatz finden.

Eine völlig andere Situation wäre es gewesen, wenn Ihr Chef zu Ihnen gekommen wäre und gesagt hätte: »Die Arbeit beginnt hier um neun Uhr. Sie sind an den letzten Tagen immer um halb zehn gekommen. Wenn Sie im kommenden Monat nur einmal später als fünf nach neun erscheinen, sind Sie gefeuert.« Das hätte Ihnen bestimmt nicht gefallen, aber immerhin hätten Sie genau gewusst, was Sie tun müssten, um Ihren Job zu behalten.

Um es noch einmal auf den Punkt zu bringen: Es ist nicht nur einfacher zu verstehen, was einem anderen missfällt, sondern auch leichter, es zu verändern, wenn Sie die Handlungssprache verwenden – wenn Sie also einfach beschreiben, was jemand tut oder getan hat oder welche Handlung Sie sich von ihm in Zukunft wünschen. Dadurch umgeht man zwei Kommunikationsprobleme, die für Beziehungen typisch sind: Schuldzuweisung und verallgemeinernde Formulierungen.

Schuldzuweisungen konzentrieren sich immer auf die schlechten Eigenschaften oder schlechten Absichten der anderen Person. Bedauerlicherweise ist es sehr schwierig, Eigenschaften oder Absichten zu ändern. Soll man sie sich etwa wegoperieren lassen? Oder wie wollen Sie sonst Ihre Vorsätze verändern?

Wenn Sie Ihrem Mann oder Freund mitteilen, dass er ein Frauenhasser ist, wie genau soll er das dann ändern (vorausgesetzt, dass er Ihre Einschätzung überhaupt teilt)? Für ihn wäre es viel einfacher, konkret etwas am Umgang mit Ihnen zu verändern. Sie könnten ihn bitten, Ihnen gegenüber bestimmte Bezeichnungen zu vermeiden oder damit aufzuhören, anderen Frauen lüstern hinterzugucken, wenn Sie dabei sind. Das sind Handlungen, die er beeinflussen kann.

Wenn Sie der festen Meinung sind, dass Ihre Tochter eine falsche Lebenseinstellung hat, was soll sie dann mit dieser Einstellung machen (wiederum vorausgesetzt, dass sie Ihre Meinung teilt)? Einstellungen sind schwer zu verändern. Stattdessen könnte sie, wenn sie willens ist, ihre Verhaltensweise zu ändern, zum Beispiel die Tür nicht mehr zuknallen, wenn Sie ihr etwas sagen, was sie nicht gern hört; oder sie könnte sich bemühen, abends rechtzeitig zur vereinbarten Zeit zu Hause zu sein. Dies sind Handlungen, die sie beeinflussen kann, wenn sie will.

Ungenaue Formulierungen können auch Probleme bereiten, wenn Sie und Ihr Partner eine unterschiedliche Auffassung oder Definition von ein und demselben Wort haben – wenn Sie sich in einem Konflikt befinden, haben Sie in der Regel durchaus solche unterschiedlichen Auffassungen. Im Übrigen tendiert jeder von beiden in solch angespannten Situationen dazu, die Formulierungen des anderen so kritisch, böswillig und kontraproduktiv wie nur möglich zu interpretieren. Wenn man sagt »Du hast Angst vor Intimität« oder »Du bist genau wie deine Mutter« oder »Du bist überempfindlich«, teilt man dem anderen damit nichts mit, was zur Problemlösung beitragen könnte. Der Satz »Wir reden aneinander vorbei« führt in den seltensten Fällen zu besserer Kommunikation.

Wenn Sie aber in der Handlungssprache beschreiben, was der andere tut, ist die Gefahr von Anschuldigungen und Missverständnissen geringer (da Sie ja keine Eigenschaften oder inneren Absichten kritisieren). Dies führt uns zum achten Lösungsschlüssel.

Achter Lösungsschlüssel:
Bedienen Sie sich der Handlungssprache, um Ihre Beziehungsprobleme zu lösen

Ich werde diesen Lösungsschlüssel in ein paar Elemente zerlegen, die Sie für Ihre Beziehungen nutzen können – sei es mit Ihrem Ehepartner, den anderen Familienmitgliedern, Ihren Freunden oder Kollegen.

Erste Methode: Handlungsbeschwerde

Die erste Möglichkeit, die Handlungssprache zu verwenden, besteht darin, der anderen Person ganz genau mitzuteilen, womit Sie unzufrieden sind – was sie also ganz konkret tut. Ich nenne diese Art der Kommunikation Handlungsbeschwerde. Anstatt sich auf die Eigenschaften oder Absichten des anderen zu konzentrieren oder auf eigene Erklärungen, warum er etwas tut, sagen Sie einfach nur, über welche Verhaltensweise Sie sich geärgert haben.

Zweite Methode: Handlungsbitte

Eine Handlungsbitte ist der nächste Schritt zur Lösung von Beziehungsproblemen. Hierbei beschweren Sie sich nicht darüber, was der andere tut oder getan hat, sondern Sie werden ihm sagen, was er

Ihrer Vorstellung nach in Zukunft tun sollte. Statt zu Ihrem Partner zu sagen: »Ich kann es nicht leiden, dass du so dominant bist«, dürfte es besser ankommen, wenn Sie sagen: »Ich würde auch gern manchmal am Steuer sitzen« oder »Es wäre schön, wenn du mich erst ausreden lassen würdest, bevor du auf das, was ich sagen will, reagierst«. Statt zu Ihrem Kind zu sagen: »Du bist so schlampig! Glaubst du, dass ich dir immer hinterherräume?«, könnten Sie sagen: »Ich möchte, dass du das benutzte Geschirr in die Spüle stellst, wenn du das Wohnzimmer verlässt.« Wenn Sie zu einem Extraeinsatz in Ihre Arbeitsstelle gerufen werden, sollten Sie vermeiden zu sagen: »In diesem Laden geht alles drunter und drüber, ich hab' es satt.« Sie könnten stattdessen versuchen, eine Bitte zu formulieren: »Wenn ich für eine Zusatzschicht zur Arbeit kommen soll, möchte ich bitte mindestens 24 Stunden im Voraus benachrichtigt werden, damit ich mich darauf einrichten kann.«

Ein Ehepaar, das zur Eheberatung zu mir kam, stand eigentlich kurz vor der Scheidung. Julian war trockener Alkoholiker und hatte ungefähr ein Jahr zuvor aufgehört zu trinken. Jessica hatte erwartet, dass er sich ändern würde, sobald er trocken war. Jetzt war sie zu dem Schluss gekommen, dass der Alkohol nicht das eigentliche Problem gewesen war; vielmehr war Julian als Mensch kaltherzig und egoistisch. Er kümmerte sich um niemanden als sich selbst.

Mit verächtlicher Stimme sagte Jessica: »Statt die ganze Zeit zu trinken, arbeitet er jetzt ununterbrochen oder geht jeden Abend in der Woche zu den Treffen der Anonymen Alkoholiker. Er verbringt überhaupt keine Zeit mit mir und unserem Sohn.«

Schließlich war sie so verzweifelt, dass sie ihm am Abend vor der Sitzung mitteilte, sie werde sich scheiden lassen. Julian gab zu, dass er ziemlich mit sich selbst beschäftigt gewesen war, sowohl während der Jahre, in denen er getrunken hatte, als auch, seitdem er trocken war. Aber er behauptete, dass er sich sehr wohl ändern könne. Er versprach, sich zu bessern, wenn sie das Scheidungsverfahren aufschieben würde. Sie willigte ein, ihm noch eine Chance zu geben.

Aber als sie zwei Wochen später zum nächsten Termin kamen, waren beide völlig entmutigt. Er fand, dass er sich wirklich ins Zeug gelegt hatte, für seine Frau und die Familie sein Verhalten zu verändern, aber sie konnte keine Veränderung feststellen. Ich fragte Julian, was er unternommen habe, um Jessica zu zeigen, dass er nicht kaltherzig und egoistisch sei.

»Eine Menge«, sagte er, »aber sie hat es nicht bemerkt.«

Ich bat ihn: »Nennen Sie mir ein Beispiel.«

»Na ja, gestern zum Beispiel kam sie mit einer Tasche voller Einkäufe nach Hause. Ich hab meine Zeitung beiseite gelegt und sie an der Eingangstür empfangen. Ich habe ihr die Einkäufe abgenommen, sie ausgepackt und die Sachen in die Regale und den Kühlschrank geräumt. Außerdem habe ich gestern das Gemüse fürs Abendessen gekocht.«

Ich fand, dass diese Bemühungen Anerkennung verdienten, aber Jessica fiel mir schnell ins Wort: »Ich könnte mir eine Haushaltshilfe besorgen, wenn ich Hilfe beim Einkaufen und Kochen bräuchte. Ich möchte einen Ehemann! Ich möchte jemanden, dem ich etwas bedeute, der mit mir spricht und der mir zuhört.«

Nach einigem Hin und Her bat ich Jessica, mir und ihrem Mann beizubringen, was er gestern hätte tun können, damit es für sie wie liebevolles und fürsorgliches Verhalten ausgesehen hätte. Sie antwortete, dass sie eigentlich gar nicht mehr verlange, als dass Julian sie abends nach der Arbeit frage, wie ihr Tag verlaufen sei, und ihr 15 Minuten lang aufmerksam zuhöre. Sie erzählte, dass er sich jeden Abend ungefähr eine Stunde lang über seine Erlebnisse ausließ und über irgendwelche Schwierigkeiten aufregte, dass er sie aber nie fragte, wie *ihr* Tag gewesen sei. Sie sagte, er habe das einmal getan, und das sei vor mehreren Jahren gewesen. Sie hatte damals einen schrecklichen Tag gehabt und ihm eine halbe Stunde lang davon erzählt. Nach ihrer Darstellung habe er sie nie wieder gefragt.

Julian hatte nicht den Eindruck, dass er sie *nie* danach fragte, aber er willigte ein, ihr in den kommenden zwei Wochen jeden Abend unter der Woche eine Viertelstunde zuzuhören, wenn sie von ihren Erlebnissen erzählte (das Wochenende gab sie ihm frei). Jessica bezweifelte, dass er das schaffen würde, aber er hielt durch. Das löste natürlich nicht all ihre Eheprobleme. Aber es vermittelte Jessica den Eindruck, dass er sich ändern konnte, sodass sie doch noch blieb, um auch die übrigen Eheprobleme in Angriff zu nehmen.

Damit Handlungsbitten erfolgreicher sind, sollte man folgende Aspekte berücksichtigen: Es ist wichtig, nicht nur über eine konkrete Handlung zu sprechen, sondern dem anderen auch zu verstehen zu geben, wann oder wie oft er danach handeln soll. Statt zu sagen: »Ich hätte gern, dass du öfter mit mir essen gehst«, dürften Sie den gewünschten Erfolg eher erreichen, wenn Sie sagen: »Ich hätte gern, dass du mindestens dreimal im Monat mit mir essen gehst.«

Manchmal ist es auch wichtig, genaue Angaben darüber zu machen, wer in einer bestimmten Situation was tun sollte. In der gerade geschilderten Situation könnte Ihr Partner zum Beispiel zustimmen, mit Ihnen dreimal im Monat essen zu gehen; aber wer soll die Initiative ergreifen und im Restaurant einen Tisch bestellen? Wer organisiert einen Babysitter für die Kinder? Wenn Sie sich noch nicht lange kennen: Wer bezahlt die Rechnung? Wer entscheidet über die Wahl des Restaurants?

Ein Paar kam zu mir in die Eheberatung. Die Hauptbeschwerde der Ehefrau war, dass ihr Mann sie »nicht respektiere«. Er widersprach und behauptete, sie sehr wohl zu respektieren. Im Sinne von Handlungsbeschwerde und Handlungsbitte forderte ich sie auf, mir eine aktuelle Begebenheit zu nennen, bei der ihr Mann mangelnden Respekt gezeigt hatte.

Die Frau erzählte von einer Party, auf der die beiden vor einigen Wochen gewesen waren. Während sie sich mit einer Gruppe von Leuten unterhielten und die Frau ihre Meinung über ein politisches Thema äußerte, hatte er sich die Nase geputzt. Offensichtlich wünschte sie sich, dass er sich nicht schnäuzte, wenn sie sprach; aber was konnte er sonst noch tun, um ihr in einer ähnlichen Situation in der Zukunft Respekt zu erweisen? (Hier begann die Handlungsbitte.) Sie sagte, er könnte zu ihr herüberkommen und sich neben sie stellen, wenn sie ihre Meinung geäußert hatte. Er könnte ihre Hand halten, seinen Arm um sie legen oder sie vielleicht mit anderen Leuten auf der Party bekannt machen – Leuten, die sie noch nicht kannte, die aber ihre Äußerung gehört hatten. All dies würde ihr das Gefühl geben, dass er sie, auch wenn er anderer Meinung war, respektierte, indem er den anderen zeigte, dass sie seine Frau war.

Dritte Methode: Handlungslob

Dies wäre ja kein lösungsorientiertes Kapitel, wenn ich nicht auch ausführen würde, wie wichtig es ist, als einen Ansatz zur Problemlösung diejenigen Aspekte einer Beziehung zu beleuchten, bei denen es bisher gut funktioniert oder zumindest funktioniert hat. Dies ist die dritte Methode der Handlungssprache, das so genannte Handlungslob: dem anderen mitzuteilen, was Sie an dem, was er in der Vergangenheit getan hat, schätzten.

Das Handlungslob besteht darin, aktuelle oder schon weiter zurückliegende Handlungen zu beschreiben, die Ihnen gefallen haben. Zum Beispiel: »Ich mag es, wenn du mich in der Mittagspause anrufst. Es gibt mir das Gefühl, geliebt zu werden, wenn ich sehe, dass du ganz spontan so an mich gedacht hast.« Der wichtigste Punkt hierbei ist, ganz konkret zu sein. Das erhöht die Wahrscheinlichkeit, dass der andere verstehen kann, für was er diese Anerkennung bekommt und was er in Zukunft verstärkt tun sollte.

Der einzige Unterschied zwischen einer Furche und einem Grab ist die Größe: Die Veränderung von Beziehungsmustern

Vor Jahren las ich ein Buch mit dem Titel *Ehe als Lernprozess* von William J. Lederer und Don D. Jackson, das die Quintessenz einer neuen Betrachtungsweise von zwischenmenschlichen Beziehungen einfängt. Die Autoren beziehen sich auf ein Beziehungsmuster, das sie *ten-foot pole* (eine etwa 3 Meter lange Stange) nennen. Die eine Person signalisiert der anderen (durch Worte oder Taten): »Ich wünsche mir von dir mehr Zeit und mehr Anteilnahme.« Der andere zieht sich zurück und drückt dabei (wiederum durch Worte oder Taten) aus: »Ich will mehr Raum. Ich fühle mich eingeengt und bedrängt.« Wenn man jede Person einzeln befragt, wird sie einem interessanterweise sagen, dass das Problem beim anderen liegt. Derjenige, der auf mehr Nähe aus ist, weiß, dass der andere ein Problem mit Anteilnahme und Intimität hat. Derjenige, der sich zurückzieht, denkt, dass der andere unsicher, vielleicht sogar abhängig ist und Angst hat, allein zu sein.

Aber wenn Sie diese Interaktionen objektiv betrachten, sehen Sie, dass beide wechselseitig ihre Reaktionen triggern. Es ist, als hätten sie eine unsichtbare Stange zwischen sich. Je mehr der eine nachfolgt, umso weiter wird der andere weggeschoben. Je weiter sich einer zurückzieht, umso mehr wird der andere hinterhergezogen, um ihn zu verfolgen. Und dieses Muster wiederholt sich immer wieder.

Dies ist das Wesen der systemischen Betrachtung von Beziehungen. Niemand ist völlig unabhängig. Wir stehen in Verbindung und im Austausch mit unserer Umwelt und miteinander. Das Gute daran ist, dass bei Beziehungsproblemen kein Einzelner die ganze Schuld trägt; jeder von beiden kann etwas verändern, um ein neues »System« oder Muster zu erzeugen. Am Beispiel des *ten-foot pole* ausgedrückt: Wenn derjenige mit dem Vorsprung es zulassen kann, dass der Vorsprung zum »Verfolger« kleiner wird und er aufhört, sich zurückzuziehen, wird der »Verfolger« wahrscheinlich aufhören, ihn so verzweifelt zu verfolgen. Wenn Sie üblicherweise während eines Streits laut werden, versuchen Sie nun einmal, dabei leise zu bleiben, und sehen dann, was geschieht. Reagiert Ihr Partner in einer Art und Weise, die sich von der üblichen unterscheidet?

Ich möchte Ihnen einen Rat geben: Wenn in Ihrer Beziehung etwas geschieht, das Ihnen nicht gefällt, versuchen Sie, etwas anders zu machen, anstatt Ihren Partner, Freund, Arbeitskollegen, Mutter, Vater etc. zu analysieren. Verändern Sie Ihren Anteil an dem Muster und finden Sie heraus, ob das die Reaktion des anderen verändert. Wenn es Ihnen beiden ein Anliegen ist, Veränderungen herbeizuführen, können Sie gemeinsam an den Mustern arbeiten, die Sie aufbrechen wollen. Wenn nicht, können Sie immer noch Ihren Anteil daran verändern und dadurch in der Regel eine Veränderung im Beziehungsmuster erreichen.

Wenn Sie sich normalerweise im Schlafzimmer streiten, gehen Sie zum Beispiel in die Stadtbücherei und führen Sie die Diskussion stumm weiter, indem Sie Ihre Bemerkungen auf Zettel schreiben und sie sich gegenseitig zuschieben. Wenn Sie meistens bei den Abendnachrichten einschlafen, gehen Sie abends einfach mal zum Bowling oder Tanzen. Unterbrechen Sie Ihren Trott, indem Sie einmal etwas für Sie völlig Untypisches tun. Wenn Sie weiterhin das Gleiche wie bisher tun, werden Sie aller Voraussicht nach auch dieselben Reaktionen und Resultate erhalten.

Die lösungsorientierte Beziehung

1. Akzeptieren Sie die Gefühle und Standpunkte des anderen und lassen Sie sie gelten.
2. Nach dem Anerkennen und Geltenlassen kommt die Verständigung über die Handlungen. Teilen Sie sich gegenseitig mit, welche Handlungen Sie als liebevoll empfinden und welche Handlungen bei Ihnen nicht gut ankommen.
3. Lernen Sie als Nächstes, das problematische Handlungsmuster zu erkennen und es zu ändern. Wenn Sie merken, dass Sie immer und immer wieder dasselbe tun, es aber nicht funktioniert: Ziehen Sie daraus Ihre Konsequenzen! Machen Sie etwas anders. Wenn Sie früher einmal Dinge getan haben, die besser funktionierten, tun Sie diese wieder. Dies mag ganz banal klingen, aber wenn man in der Tretmühle steckt, sieht man manchmal das Naheliegende nicht mehr.

Rettungsaktion für zwischenmenschliche Beziehungen: Neun Methoden zur Überwindung von Beziehungskrisen

Vor einiger Zeit stieß ich auf eine Bach-Blüte mit dem Namen »Rescue-Tropfen«, die in der alternativen Medizin Verwendung findet. Die Anwender glauben, dass diese Essenz bei seelischen oder gesundheitlichen Krisen hilft, zur Ruhe zu kommen oder geheilt zu werden. Ich dachte mir, dass es schön wäre, für Krisen und Sackgassen in einer Beziehung ein ähnliches Notfallmittel zu haben. Die folgenden Ausführungen sollen Ihnen als »Beziehungsnotfallmittel« dienen und Ihnen helfen, aus Sackgassen schnell wieder herauszukommen und Krisen zu überwinden. Benutzen Sie jeweils die Methode, die Ihnen sinnvoll erscheint und die funktioniert.

Verändern Sie das typische Muster eines Konfliktes

Wenn Sie bei einem Streit normalerweise laut werden, dämpfen Sie Ihre Stimme. Wenn Sie üblicherweise davonrennen oder sich zurückziehen, bleiben Sie beim nächsten Mal einfach da. Wenn Sie dazu neigen, Ihren Standpunkt mit der Spitzfindigkeit eines Winkeladvokaten zu vertreten, legen Sie Ihre Gefühle zur Angelegenheit diesmal einfach nur dar und belassen Sie es dabei. Wenn Sie normalerweise den anderen unterbrechen, um ihm zu widersprechen, hören Sie einfach nur zu, bis er ausgeredet hat, wiederholen Sie ihm gegenüber dann, was er gesagt hat, und fragen Sie ihn, ob Sie seinen Standpunkt oder seine Gefühle richtig verstanden haben. Wenn Sie üblicherweise während eines Streits mit dem Finger auf jemanden zeigen, setzen Sie sich auf Ihre Hände. Versuchen Sie, die für Sie typischen Ausdrucksmöglichkeiten und Kommunikationsmittel abzuwandeln. Wenn Sie in der Regel reden, gehen Sie dazu über, Ihr Anliegen auf ein Stück Papier zu schreiben. Oder nehmen Sie Ihre Bemerkungen auf Band auf und bitten Sie Ihren Partner, es in einem anderen Raum anzuhören.

Verändern Sie die räumliche oder zeitliche Dimension Ihres Konfliktmusters. Anstatt im Wohnzimmer zu streiten, setzen Sie sich ins Auto oder gehen Sie in ein Restaurant. Wenn Sie normalerweise spätabends streiten, verabreden Sie sich für den nächsten Nachmittag und führen Sie Ihren Streit dann weiter. Oder setzen Sie sich zum Streiten ein Limit von zehn Minuten, indem Sie einen Küchenwecker stellen und dann eine Pause von zehn Minuten einlegen, in denen Sie physisch etwas auf Distanz gehen und still bleiben. Dann streiten Sie wiederum zehn Minuten, gefolgt von zehn Minuten Schweigen. Wiederholen Sie dieses Muster, bis die Angelegenheit erledigt ist oder bis Sie sich auf die Beendigung des Streits einigen.

Machen Sie eine Kehrtwende: Tauschen Sie die Rollen

Dies ist eine Variante der ersten Methode, sie ist nur etwas spezieller. Die meisten Paare folgen einem bestimmten Muster darin, wer offensiv vorgeht und wer defensiv ist – sowohl im Beziehungsalltag als auch bei Konflikten. Finden Sie heraus, welchen Part Sie üblicherweise übernehmen, und wechseln Sie die Rolle (von der Person, die sich zurückzieht, zu der, die »angreift« bzw. umgekehrt). Sie können entweder beide solche Veränderungen vornehmen oder eben nur einer von Ihnen.

Ertappen Sie Ihren Partner auf »richtiger« Tat

Rekapitulieren Sie alles aus der letzten Zeit, wofür Sie ihrem Partner Anerkennung zollen, und teilen Sie es ihm mit. Sprechen Sie über

Gelegenheiten, bei denen Sie das Gefühl hatten, dass er sich um Sie kümmerte, Ihnen half oder Sie sich von ihm verstanden fühlten. Sprechen Sie auch darüber, was er konkret dazu beigetragen hat, dass Sie sich so fühlten. Erwähnen Sie Aktionen, die Sie bewunderten oder von denen Sie angenehm überrascht waren. Ertappen Sie Ihren Partner dabei, wie er etwas anders macht, so oder fast so, wie Sie es haben wollten – und loben Sie ihn dafür. Nehmen Sie Notiz davon, wenn Ihr Partner während eines Streits etwas tut, das fairer, mitfühlender oder freundlicher ist oder das Ihnen hilft, die Situation zu klären.

Hier noch ein kleiner Hinweis: Sie können auch sich selbst dabei ertappen, wie Sie etwas richtig tun, und sich selbst dafür Respekt zollen. Aber achten Sie darauf, dass Sie nicht in Versuchung kommen, selbstgerecht zu werden – dass Sie also nicht die Haltung annehmen, Sie seien immer im Recht und Ihr Partner im Unrecht. Achten Sie lieber darauf, wann Sie sich flexibel, mitfühlend und verständnisvoll verhalten.

Ersetzen Sie ungenaue, abwertende und belastete Formulierungen durch Handlungssprache

Finden Sie heraus, welche Ihrer Formulierungen Ihren Partner auf die Palme bringen, und versuchen Sie, weniger negativ besetzte oder provokative Wörter oder Formulierungen zu benutzen. Zum Beispiel könnte Ihnen auffallen, dass Ihr Partner böse wird, wenn Sie Dinge sagen wie »Du bist egoistisch« oder »Du bist genau wie dein Vater«. Die einfachste Art, solche Worte und Sätze zu entschärfen, ist, sie in eine sachliche Handlungssprache zu übersetzen. Statt zu sagen: »Na ja, als du mich abgekanzelt hast, habe ich mich einfach verteidigt«, könnten Sie versuchen zu sagen: »Als du mit dem Finger auf mich gezeigt und gesagt hast, ich sei unreif, habe ich mich eben verteidigt.«

Verwandeln Sie Ihre Beschwerden in Handlungsbitten

Wahrscheinlich der wichtigste Anwendungsbereich der Handlungssprache ist, Ihrem Partner mitzuteilen, was Sie an der Beziehung stört. Anstatt die andere Person der Charakterschwäche oder falscher Gefühle zu bezichtigen, beschreiben Sie ihr Verhalten in der Handlungssprache und formulieren Sie Handlungsbitten. Das wirkt in der Regel weniger anklagend und erhöht die Wahrscheinlichkeit, dass Ihr Partner den Hinweis versteht, was er ändern könnte, um die Situation zu verbessern. Versuchen Sie, statt »Du bist zu empfindlich« zu sagen: »Ich hätte gern, dass du es mir sagst, wenn du dich ärgerst, statt den Raum zu verlassen, ohne dich zu äußern.« Statt »Wir gehen nie mehr zusammen aus, weil du nichts unternehmen willst«, versuchen Sie es einmal mit: »Ich würde gern mit dir wenigstens einmal alle zwei Wochen ins Kino gehen.«

Stellen Sie einen genauen Änderungsplan auf

Häufig können wir Veränderungen erfolgreicher durchsetzen, wenn wir eine Handlungsstrategie entwerfen, sie aufschreiben und das Aufgeschriebene regelmäßig überprüfen. Dies kann mit oder ohne Ihren Partner geschehen. Für den Entwurf eines solchen Plans ist es wichtig, erstens konkrete Handlungen zu benennen, die Sie, Ihr Partner oder beide umsetzen werden, zweitens einen Zeitplan für diese Handlungen aufzustellen bzw. ein Versprechen abzugeben, wie häufig diese Handlungen stattzufinden haben, und drittens eine Vereinbarung darüber zu treffen, wie und wann der Plan auf seine Brauchbarkeit hin überprüft und gegebenenfalls modifiziert werden soll. Wenn Sie sich zum Beispiel beide einig sind, dass Sie gern gemeinsam mehr Zeit ohne die Kinder verbringen würden, vereinbaren Sie, wer von Ihnen sich darum kümmert, einen Babysitter zu organisieren, wer im Restaurant einen Tisch bestellt, Kinokarten besorgt und so weiter. Oder wenn Sie beschließen, wieder mehr Nähe und Intimität zuzulassen, planen Sie, welche entsprechenden Aktivitäten Sie anstreben (wie zum Beispiel sich gegenseitig laut vorzulesen oder dem anderen den Rücken zu massieren), wie oft diese durchgeführt werden sollen und zu welchem Zeitpunkt Sie gemeinsam Manöverkritik halten, um sicherzustellen, dass Sie dem Aktionsplan auch folgen – oder andere Handlungen zu vereinbaren, wenn diese nicht funktioniert haben.

Konzentrieren Sie sich darauf, wie Sie
(nicht Ihr Partner) sich verändern können,
und übernehmen Sie die Verantwortung dafür,
diese Veränderung durchzuführen

Auch wenn der Kern des Problems bei Ihrem Partner liegen sollte, erfordert es diese Methode, dass Sie selbst die Verantwortung für durchzuführende Änderungen übernehmen. Dies basiert auf der systemischen Vorstellung, dass wir für die Veränderung in unserem Umfeld verantwortlich sind. Wenn Sie aufhören, Tango zu tanzen, und stattdessen zum Foxtrott übergehen, dürfte es Ihrem Partner schwer fallen, an den Tangoschritten festzuhalten. Machen Sie also im üblichen Ablauf der Dinge Gelegenheiten ausfindig, bei denen etwas falsch läuft, bei denen Sie aber die Wahl haben, irgendetwas anderes oder Neues zu tun, das weder abträglich noch destruktiv ist.

Werfen Sie das stereotype Bild, das Ihr Partner
von Ihnen hat, über den Haufen

Manchmal entwickeln die Menschen, mit denen Sie zusammenleben, eine stereotype Vorstellung davon, wer Sie sind, und Sie verstärken sie noch, indem Sie die typische Rolle immer weiter spielen. Finden Sie heraus, worin das stereotype Bild Ihres Partners von Ihnen besteht (Sie tun keinen Handschlag im Haushalt; Sie meckern immer, wenn Ihr Partner Fußball gucken will), und unternehmen Sie konkrete Anstrengungen, seine Erwartungen über den Haufen zu werfen. Überraschen Sie sich selbst und Ihren Partner damit, dass Sie etwas für Sie völlig Untypisches tun. (Achten Sie aber wiederum darauf, dass dies weder destruktiv noch böswillig ist.)

Mitfühlendes Zuhören

Manchmal besteht die simpelste Lösung einfach darin, innezuhalten, sich anzuhören, was Ihr Partner sagt, und sich dabei vorzustellen, wie er sich dabei fühlen mag oder wie er die Dinge sehen könnte. Versuchen Sie nicht, sich selbst zu verteidigen. Versuchen Sie nicht, die Wahrnehmung Ihres Partners zu korrigieren. Versuchen Sie nicht, Ihrem Partner seine Gefühle auszureden. Versetzen Sie sich einfach nur in die Rolle Ihres Partners und versuchen Sie zu hören, wie er die Situation versteht, interpretiert und empfindet. Bringen Sie dieses Verständnis zum Ausdruck und sagen Sie ihm, wie schwer es für ihn in Anbetracht seiner Gefühle sein muss.

Wenn Sie Beziehungsprobleme haben, sehen die Dinge mitunter ganz hoffnungslos aus. In diesem Abschnitt habe ich Ihnen ein paar Ideen und Methoden an die Hand gegeben, die Sie nutzen können, um aus der Sackgasse herauszukommen. Wenn die Probleme allerdings weiter bestehen oder Sie nicht den Mut haben, die Anwendung dieser Methoden auch nur in Erwägung zu ziehen, ist es klug, Hilfe bei einem Ehe- oder Paartherapeuten zu suchen.

Frischer Wind für die Beziehung: Vier Beziehungsverstärker

Mit Hilfe der folgenden Vorschläge können Sie Ihre Beziehung stabilisieren oder Beziehungsprobleme lösen, auch ohne sich gerade in einer Krise zu befinden.

Wenn die Beziehung noch intakt ist

Zunächst sollten Sie das Kind nicht mit dem Bade ausschütten. Wenn es in einigen Bereichen gut läuft, sollten Sie diese Bereiche unverändert lassen und nicht Ihre Person oder die Beziehung in Frage stellen. Finden Sie heraus, was gut funktioniert, und tun Sie das verstärkt.

Hören Sie nicht auf Experten

Wenn Sie für Ihren Partner etwas Nettes oder Mitfühlendes tun, kann man heutzutage schon in den Verdacht der »Abhängigkeit« geraten. Oder Sie lesen zum Beispiel einen Zeitschriftenartikel und stellen plötzlich fest, dass Ihre Beziehung in keinster Weise in das Schema passt, das der Artikel vorgibt. Ratschläge wie »Zehn Starthilfetipps für Ihren Mann« können genauso gut nach hinten losgehen, wie ihn zu animieren. Sie sind Ihr eigener Beziehungsexperte. Vertrauen Sie auf Ihre Intuition und Ihren gesunden Menschenverstand. Lassen Sie sich nicht von irgendwelchen Experten etwas ausreden, das für Sie in Ordnung ist, oder etwas einreden, von dem Sie wissen, dass es nicht das Richtige für Sie ist – und ich meine damit nicht nur die Experten in Illustrierten oder Fernsehshows, sondern auch Ihre wohlwollenden Freunde, Kollegen oder Verwandten.

Ändern Sie eine Verhaltensweise

Ich habe schon erwähnt, dass der einzige Unterschied zwischen einer Furche und einem Grab in der Größe liegt – und manche Paare stecken in ziemlich tiefen Furchen. Versuchen Sie, in Ihrer Beziehung irgendetwas, das Sie tun, zu verändern (dabei müssen Sie natürlich die moralischen Spielregeln einhalten). Wenn Sie normalerweise derjenige sind, der knapp bei Kasse ist, schlagen Sie Ihrem Partner vor, dass er sich selbst ein ganz besonderes Geschenk kauft. Wenn Sie in der Regel keinen Blick dafür haben, welche Aufgaben im Haushalt erledigt werden müssen, überraschen Sie Ihren Partner damit, dass Sie eine lästige Pflicht übernehmen. Brechen Sie aus Ihrem üblichen Trott aus, indem Sie etwas für Sie völlig Untypisches tun. Wenn Sie mit Ihren bisherigen Handlungsweisen fortfahren, werden Sie voraussichtlich auch weiterhin die gleichen Reaktionen und Resultate erhalten.

Betrachten Sie die Situation aus einer anderen Perspektive

Sie wissen ja: Nichts ist gefährlicher als eine Idee, wenn es Ihre einzige ist. Wir sind alle Gefangene unseres beschränkten Blickfelds, und wir neigen dazu, unsere Betrachtungsweise für die einzig richtige zu halten, insbesondere, wenn wir verärgert sind. Wenn Sie also in einer Sackgasse stecken oder unglücklich sind, schauen Sie aus einer anderen Perspektive auf die Situation. Betrachten Sie sie aus einem anderen Blickwinkel. Wie würden Sie zum Beispiel die Situation beurteilen, wenn Ihr Gegenüber nicht Ihr Ehe- oder Lebenspartner, sondern Ihr Kind oder Ihr bester Freund wäre?

Achter Lösungsschlüssel: Bedienen Sie sich der Handlungssprache, um Ihre Beziehungsprobleme zu lösen

Eine einfache Methode, Beziehungsprobleme zu lösen, besteht darin, die Handlungssprache zu verwenden, das heißt Worte und Sätze zu wählen, die beschreiben, anstatt zu erklären, zu analysieren oder zu tadeln. Es gibt drei Methoden, die Handlungssprache anzuwenden.

- **Erste Methode: Handlungsbeschwerde**
  Beschreiben Sie konkret, was genau Ihnen an dem, was jemand anders tut oder getan hat, missfällt. Hüten Sie sich vor Anschuldigungen und Erklärungen.
- **Zweite Methode: Handlungsbitte**
  Beschreiben Sie konkret, was genau der andere Ihren Wünschen gemäß in der Gegenwart oder Zukunft tun sollte.
- **Dritte Methode: Handlungslob**
  Teilen Sie dem anderen mit, welche konkreten Verhaltensweisen Ihnen gefallen haben, und sagen Sie es ihm, falls er sie nach Ihrem Wunsch auch in Zukunft beibehalten soll.

Lösungsorientierte Sexualität

»Sex ist einer von neun Gründen für eine Wiedergeburt …
die anderen acht sind unwichtig.«
Henry Miller

Die Sexualität ist einer der problematischsten Lebensbereiche. Den meisten Menschen ist es peinlich, offen darüber zu sprechen. Manche leiden unter der Befürchtung, nicht »normal« zu sein oder nicht den allgemeinen Erwartungen zu entsprechen. Andere leiden unter einem Schamgefühl, das ihrer Kindheit und Erziehung entstammt, sei es, dass ihnen Sex als etwas Unanständiges vermittelt wurde, oder seien es die Nachwirkungen von sexuellem Missbrauch. In diesem Kapitel werde ich versuchen, das Thema ganz offen und direkt anzugehen. Ich möchte Sie für eine lösungsorientierte Beschäftigung mit sexuellen Themen und Problemen sensibilisieren.

Vier Schritte zur lösungsorientierten Sexualität

Im Folgenden seien die wichtigsten Schritte zur lösungsorientierten Behandlung der Sexualität aufgelistet:

- Erster Schritt: Vermeiden Sie es, sich selbst oder andere in negativer Art und Weise zu analysieren, zu etikettieren oder zu verurteilen, wenn es um sexuelle Gefühle oder Bedürfnisse geht. Nehmen Sie Ihre sexuellen Fantasien, Wünsche und Empfindungen und die anderer Menschen einfach zur Kenntnis. Außenstehende Experten (etwa Psychologen, Psychiater, Freunde, Familienmitglieder, religiöse Leitfiguren, Selbsthilfebücher, Zeitschriftenartikel oder Fernsehshows) haben keinerlei Recht, erwachsenen Menschen vorzuschreiben, was für sie in sexueller Hinsicht richtig ist. Wenn es um das innere Erleben der Sexualität geht, gibt es kein absolutes Richtig oder Falsch.

  Fernsehmagazine zu intimen Fragen, Studien über die menschliche Sexualität wie der Kinsey-Report, das zunehmende Internetangebot zu allen Spielarten der Sexualität, die Verfügbarkeit von erotischen Videos und immer offenere Diskussionen über sexuelle

Themen in den Medien haben gezeigt, wie tabuisiert und mystifiziert dieser Bereich über Jahre war. Unser privates Verhalten hat sich nie mit unseren Moralvorstellungen oder dem scheinbaren gesellschaftlichen Konsens über sexuelle Verhaltensweisen und Vorlieben gedeckt, die wir in unserer Gesellschaft für vorherrschend hielten. Die Bandbreite von »normalem« Verhalten ist größer, als man uns immer weismachen wollte.

- Zweiter Schritt: Wenn es allerdings ans Handeln geht, gibt es Dinge, die funktionieren, und solche, die eben nicht funktionieren. Sprechen Sie also zuerst aus, was Sie möchten, ohne es einzufordern oder dem anderen aufzuzwingen. Anschließend sollten Sie unter Verwendung der Handlungssprache Ihrem Partner deutlich vermitteln, was Ihnen an seinem sexuellen Verhalten gefällt oder nicht gefällt (Handlungsbeschwerden); sprechen Sie aus, welche sexuellen Aktivitäten Sie sich in Zukunft wünschen würden (Handlungsbitten) und was Ihnen an den zurückliegenden sexuellen Handlungen Ihres Partners gefallen hat (Handlungslob).

- Dritter Schritt: Erinnern Sie sich an das, was für Sie und Ihren Partner in der Vergangenheit in sexueller Hinsicht gut geklappt hat, und beleben Sie dies wieder, um Ihre gegenwärtige sexuelle Beziehung zu verbessern oder aktuelle sexuelle Probleme zu lösen.

- Vierter Schritt: Nutzen Sie die Erkenntnisse aus dem zweiten und dritten Schritt, um in gegenseitigem Einverständnis zu einer erfüllteren Sexualität zu finden. Suchen Sie Bereiche, in denen Sie sich einig sind, und versuchen Sie, soweit möglich, bei mangelnder Übereinstimmung Kompromisslösungen auszuhandeln. Vergessen Sie nicht, dass Sie hier über konkrete Aktionen verhandeln, nicht über Sehnsüchte oder das innere Erleben der Sexualität. Werten Sie die Gefühle oder Wünsche des anderen nicht ab und versuchen Sie auch nicht, sie zu ändern. Konzentrieren Sie sich stattdessen darauf, Handlungen zu verändern. Wenn Sie nicht weiterkommen, versuchen Sie, Beziehungsmuster im Allgemeinen und sexuelle Muster im Besonderen zu ändern. Gehen Sie übers Wochenende in ein Hotel oder ziehen Sie sich besonders aufreizende Kleidung an. Oder lesen Sie sich gegenseitig ein erotisches Buch vor.

Prinzipien einer lösungsorientierten Sexualität

Wenn Sie Lust haben, haben Sie Lust – wenn nicht, dann nicht

Zum Thema Sexualität hat es der Komiker Flip Wilson vor Jahren auf den Punkt gebracht: Wenn Sie Lust haben, haben Sie Lust – wenn nicht, dann nicht! Versuchen Sie nicht, sich sexuelle Erregung abzuringen, wenn Sie sie nicht empfinden. Wenn Männer Erektionsprobleme haben, werden sie häufig ganz unsicher und versuchen, das, was vorher ein normaler Vorgang bei sexueller Erregung war, zu erzwingen. Dies hat natürlich in der Regel den gegenteiligen Effekt. Dasselbe gilt für Frauen und die vaginale Schleimbildung bei sexueller Erregung.

Manchmal ist der Mangel an sexueller Erregbarkeit nur temporär oder auch situativ bedingt. Sie könnten zum Beispiel durch Probleme am Arbeitsplatz erschöpft oder abgelenkt sein; und je mehr Sie versuchen, sie zu vergessen, desto unmöglicher wird es Ihnen, sich zu entspannen. In einem solchen Fall kann es ausreichen, diesen Mangel an Erregung einfach zu akzeptieren und die Sache dabei bewenden zu lassen, anstatt sie zu einem Problem hochzustilisieren. Beim nächsten Mal wird dann wahrscheinlich alles wieder wunderbar klappen.

Oder der Mangel an sexueller Erregbarkeit hängt mit längerfristigen Faktoren zusammen, wie zum Beispiel mit medizinischen Problemen oder Medikamenten, die die sexuelle Erregbarkeit oder Leistungskraft beeinträchtigen können (in solchen Fällen ist es immer empfehlenswert, sich von einem Arzt beraten zu lassen). Sie könnte aber auch ein Hinweis auf Langeweile oder Probleme in Ihrer sexuellen Beziehung oder in Ihrer Beziehung im Allgemeinen sein. Egal, wo der Grund für die ausbleibende Erregung liegt, der Rat bleibt immer der gleiche: Versuchen Sie nicht, sich zur Erregung zu zwingen.

Tun Sie es einfach

Auf der anderen Seite gibt es manchmal Dinge, die Sie gezielt tun können, um eine Erregung hervorzurufen. Wir waren früher immer der Meinung, dass wir das entsprechende Gefühl haben müssten, bevor wir in Aktion treten können, aber moderne Ansätze in der Therapie und Psychologie haben erwiesen, dass Handlungen manchmal Gefühle nach sich ziehen können. Zum Beispiel bei dieser Situation: Es ist spätabends, Sie haben einen langen Tag gehabt, und Sie und Ihr Partner sind müde. Sie drehen sich zueinander, wissend, dass es lange her ist, seit Sie das letzte Mal miteinander geschlafen haben. »Hast du Lust?«, fragt einer von Ihnen. Der andere sagt: »Ich bin müde, aber wenn du Lust hast, bin ich dabei.« Wenn Sie dann mit Zärtlichkeiten beginnen, kommt die Erregung in der Regel von allein, und die Müdigkeit schwindet.

Wenn Sie sexuelle Probleme haben, können Sie auch einfach nach Handlungen und Ideen Ausschau halten, die in der Vergangenheit gut funktioniert haben, und diese bewusst wiederbeleben.

Eine junge Frau kam zu mir in die Beratung. »Ich bin mir nicht sicher, ob ich eine Therapie brauche«, sagte sie, »aber mein Verlobter meint, ich hätte ein Problem, und er befürchtet, dass ich in unserer Ehe unglücklich werde, wenn ich mich nicht vor der Hochzeit darum kümmere.«

»Was für ein Problem ist das?«, fragte ich.

Es war ihr sichtlich peinlich, aber nach einigen Minuten bedrückenden Schweigens platzte sie schließlich damit heraus: »Es ist ein sexuelles Problem.«

Ich fragte: »Was für ein sexuelles Problem?«

»Ich habe keinen Orgasmus, wenn wir miteinander schlafen«, sagte sie. »Und wenn ich nie einen Orgasmus habe, hat mein Verlobter Angst, dass ich in der Ehe unzufrieden werde oder irgendwann eine Affäre anfange.«

»Ist dies Ihre erste sexuelle Beziehung?«, fragte ich sie, und sie sagte: »Nein, es ist meine dritte ernsthafte Beziehung. Ich hatte in der Highschool ein paar Jahre lang einen Freund. Er war der erste Junge, mit dem ich geschlafen habe. Dann, nachdem wir Schluss gemacht hatten, ging ich ungefähr sechs Monate lang mit einem anderen. Wir hatten auch Sex, aber mit ihm hatte ich nie einen Orgasmus.«

»Moment mal«, sagte ich, »heißt das, dass Sie mit Ihrem ersten Freund Orgasmen hatten?«

»Ja, ein paar Mal«, erwiderte sie.

»Nun«, sagte ich, »wenn Sie einmal auf diese Beziehung zurückblicken: Gab es da irgendetwas, das Ihnen Ihrer Meinung nach geholfen hat, beim Sex mit Ihrem Freund einen Orgasmus zu haben? Haben Sie ihm mehr vertraut als Ihrem Verlobten, oder haben Sie offener darüber gesprochen, was Sie möchten, oder haben Sie verhütet und waren dadurch entspannter, oder hat er Sie manuell oder oral stimuliert oder eine andere Stellung eingenommen, die Ihnen geholfen hat?«

»Na ja«, antwortete sie, »wenn ich jetzt so darüber nachdenke, war es meistens, wenn wir oralen Sex hatten.«

»Wenn er oralen Sex mit Ihnen hatte, bekamen Sie also häufiger Orgasmen?«

»Ja.«

»Hatten Sie jemals einen Orgasmus mit Ihrem Verlobten? Und wenn ja, was hat geholfen?«

»Ja, einmal, als er oralen Verkehr mit mir hatte.«

»Hatten Sie noch öfter mit ihm oralen Sex, ohne dass Sie einen Orgasmus bekamen?«

»Nein, er hat es nur einmal gemacht.«

»Und dabei waren Sie in der Lage, einen Orgasmus zu bekommen. Warum, glauben Sie, hat er es nie wieder gemacht? Fühlen Sie oder er sich unwohl damit?«

»Nein, ich glaube nicht. Er hat es bloß einfach nie wieder gemacht.«

»Haben Sie ihm jemals gesagt, dass oraler Sex Ihnen hilft, einen Orgasmus zu bekommen?«

»Nein. Glauben Sie, ich sollte das tun?«

»Ja«, sagte ich trocken, »ich glaube, das wäre eine gute Idee.«

»Gut!«, sagte sie und sprang auf. »Ich werde es versuchen!«

Zwei Wochen später kam sie wieder und sagte strahlend: »Es hat funktioniert!« – »Großartig!«, sagte ich. Aber ich war nicht sonderlich überrascht. Ihr war einfach nicht klar geworden, dass sie schon eine Lösung für etwas an der Hand hatte, das sie und ihr Verlobter als ernsthaftes Problem betrachtet hatten.

Es geht mir hier darum herauszustellen, dass Sex eine Kombination aus Gefühlen, Vorstellungen und Handlungen ist. Wie ich in den vorigen Kapiteln dieses Buches schon erläutert habe, können Sie Ihre Handlungen, Standpunkte und Überzeugungen und Ihren Fokus verändern, um Ihr Liebesleben zu verbessern und sexuelle Probleme zu lösen. Ich erzähle noch eine Geschichte, um dies zu illustrieren.

Ich hatte ein Paar in der Beratung, das behauptete, dass ihm die Leidenschaft nach 30-jähriger Beziehung abhanden gekommen sei. Sie berichteten, dass sie in den ersten Jahren ihrer Partnerschaft eine wunderbare und abwechslungsreiche sexuelle Beziehung gehabt hätten, dass diese aber über die Jahre nach und nach verkümmert sei. Es sei nun bereits Jahre her, seit sie zum letzten Mal überhaupt sexuell miteinander verkehrt hätten. Die Frau machte für den Verlust der Intimität die Tatsache verantwortlich, dass ihr Mann ihr vor einigen Jahren einfach so als Überraschung einen »Traumurlaub« geschenkt hatte – eine Rucksacktour durch Nepal. Die Frau war in der Tat überrascht gewesen und hatte ihm mitgeteilt, dass diese von ihm arrangierte Reise nicht unbedingt die von ihr bevorzugte Urlaubsform war. Der Mann stornierte die Reservierungen.

Die Frau spürte, dass er es ihr übel nahm und dass dies ein gewisses Maß an Entfremdung in ihre Beziehung brachte; sie sprachen jedoch nie darüber, weil der Vorfall für beide so schmerzlich war. Sie nahm an, dies sei der Grund dafür, dass sie seit jener Zeit kaum noch Sex hatten. Als der Mann die Erklärungen seiner Frau hörte, sagte er, dass dies keineswegs der Grund sei, warum er nicht mehr die Initiative zum Sex ergriffen hatte. Als er nach dem Grund gefragt wurde, gab er verlegen zu, dass es in Wirklichkeit ihre deutliche Gewichtszunahme gewesen sei. Er habe ihre Gefühle nicht verletzen wollen und es ihr gegenüber nicht geäußert, und im Übrigen sei er sich der Tatsache wohl bewusst, dass auch er ganz schön zugenommen habe; es wäre also nicht fair gewesen, sie zu kritisieren. Nichtsdestotrotz hatte dies sein sexuelles Interesse vermindert.

Beide hatten kürzlich damit begonnen, Sport zu treiben und Diät zu halten, um abzunehmen. Natürlich führen solche Abnehmprogramme nicht von heute auf morgen zum Erfolg. Daher lenkte ich die Aufmerksamkeit des Paares auf sofort umsetzbare Aktivitäten, mit deren Hilfe sie ihre sexuelle Beziehung verbessern konnten. Ich bat sie, mir zu erzählen, was sie früher getan hatten, als sie eine »heiße« (so drückten sie es aus) sexuelle Beziehung führten. Sie beschrieben sich selbst als sexuelle Abenteurer, die in der Wahl von Ort und Praktiken sehr experimentierfreudig gewesen seien. Ich schlug ihnen vor, sich so zu verhalten, wie sie es getan hatten, als sie noch ein »leidenschaftliches Liebespaar« waren.

Beim nächsten Termin berichteten sie, dass sie nach der letzten Sitzung nach Hause gegangen seien und sofort miteinander geschlafen hätten; seitdem hätten sie eine Menge »heißen« Sex gehabt. Sie waren angenehm überrascht zu sehen, dass Handlungen Gefühle hervorgerufen hatten.

Was Sex und Rückenkraulen gemeinsam haben

Sex ist insofern mit Rückenkraulen vergleichbar, als man bei beidem dem anderen mitteilen muss, was man will und was sich gut anfühlt. Wenn man jemanden bittet, einem den Rücken zu kraulen, gibt man dabei Anweisungen wie: »Nein, bitte ein bisschen tiefer und dann nach links – ja, genau da, und ein bisschen doller – oh, das hat gut getan, vielen Dank.« Sie erwarten von dem anderen nicht, dass er weiß, was genau er tun soll und was nicht, ohne dass Sie es ihm sagen. Beim Sex erwarten wir allerdings, dass der andere weiß, was funktioniert, ohne es gesagt zu bekommen oder angeleitet zu werden.

Ich kenne dieses Problem sehr wohl, denn ich war als junger Mensch sehr schüchtern, und ich wurde in der religiösen Vorstellung erzogen, dass Sex etwas ist, worüber man nicht spricht. Ich hatte also zwei Kräfte gegen mich, wenn es darum ging, mich mit meiner Partnerin darüber auszutauschen, was ich oder sie wollte, was sich gut und was sich nicht gut anfühlte.

Meine ersten sexuellen Kontakte gestalteten sich für mich denn auch eher ein bisschen mysteriös und verunsichernd. Hatte ich alles richtig gemacht? Konnte meine Partnerin das Erlebnis genießen? Hatte sie einen Orgasmus? Wollte sie, dass ich irgendetwas anders machte? Wollte sie weitermachen und würde sie wieder mit mir schlafen wollen? Da ich wenig Erfahrung hatte, besorgte ich mir Literatur über das Thema. Aber die Realität war so anders als die

Beschreibungen in den Büchern, dass meine akademische Herangehensweise kaum hilfreich war. Es stand für mich auch nicht zur Debatte, die entsprechenden Fragen zu stellen, denn ich war zu schüchtern und hatte viel zu viel Angst, als Anfänger dazustehen. Leider taten meine Partnerinnen es mir gleich, und wir sprachen nie darüber, was gut funktionierte und was nicht. Wir redeten nie darüber, welche neuen Praktiken wir gern ausprobieren würden.

Nach einigen Beziehungen lernte ich eine Frau kennen, die ziemlich ungehemmt war und offen über Sex sprach. Als unsere sexuelle Beziehung begann, sagte sie mir, was ich tun sollte: »Oh, saug an meiner Brustwarze, ein bisschen doller – oh, ja, so ist es gut«, und: »Reibe meinen Kitzler zwischen deinen Fingern – nein, das ist zu doll – ja, so ist es in Ordnung«. Ich war schockiert! Ich dachte bei mir: Man kann dabei auch sprechen? Aber das war noch nichts gegen das, was nun kam. Sie fragte mich nach meinen Wünschen, was *sie* also tun sollte. Und sie begann, mich auf unterschiedlichste Weise sexuell zu stimulieren, und fragte mich, ob es mir so gefiele oder nicht. Musste ich also dabei sprechen?

Nachdem ich das anfängliche Unbehagen überwunden hatte, stellte ich fest, dass mir diese Art von sexuellem Austausch eigentlich lieber war. Es erinnerte mich ans Rückenkraulen. Warum sollten wir unseren Partnern nicht mitteilen, was sich gut anfühlt und was nicht? Diese Art von Kommunikation kann eine ganze Menge Angst und Scham in Ihrem Liebesleben ausräumen.

Ihnen ist vielleicht aufgefallen, dass dies wieder zu unserer Handlungssprache aus dem vorigen Kapitel zurückführt: Handlungsbeschwerden, Handlungsbitten und Handlungslob. Aber diesmal bitte ich Sie, diese Methoden ganz dezidiert auf Ihre Sexualität anzuwenden.

Ein Paar, mit dem ich arbeitete, fand, dass beide zu gehemmt waren, um wirklich über ihre sexuellen Vorlieben und Abneigungen zu sprechen. Also schlug ich vor, dass sie zunächst versuchten, sich nach jedem sexuellen Kontakt gegenseitig Briefe zu schreiben, in denen sie äußerten, was gut funktioniert und was ihnen besonders gefallen hatte – und ebenso auch, was sie bei künftigen sexuellen Kontakten gern anders hätten.

Als ein anderes Paar, das Schwierigkeiten hatte, über Sex zu sprechen, zu mir in die Beratung kam, schrieb ich zwei Listen auf die Tafel in meinem Büro. »Okay«, sagte ich, »wählen Sie aus jeder Liste einen Punkt aus. Nehmen Sie einen aus Spalte A und einen aus Spalte B und verbinden Sie die beiden.« Sie konnten mit diesen Listen etwas anfangen und mit ihrer Hilfe anfangen zu kommunizieren, um gemeinsam ihre sexuellen Vorlieben herauszufinden.

Hier sehen Sie die Liste. Wenn Sie wollen, können Sie sie mit Ihrem Partner benutzen (oder ergänzen) und Ihr Liebesleben dadurch erweitern.

Buntes Sex-Allerlei			
	A	B	
_____	Finger	Mund	_____
_____	Zunge	Klitoris	_____
_____	Mund	Penis	_____
_____	Penis	Vagina	_____
_____	Vagina	Brust	_____
_____	Hand	Brustwarzen	_____
		Anus	_____
		Haut	_____

Unterschiedlichen Vorlieben gerecht werden

Häufig haben zwei Menschen unterschiedliche sexuelle Bedürfnisse oder Vorlieben. Wie gehen wir beim lösungsorientierten Ansatz mit diesen Unterschieden um? Zunächst sollten Sie klarstellen, dass Sie über Dinge verhandeln, die Sie gemeinsam tun möchten. Wie schon gesagt: Es ist bei diesem Ansatz völlig indiskutabel zu versuchen, das Innenleben eines anderen Menschen – also auch seine sexuellen Bedürfnisse oder Vorlieben – zu verändern. Sie sollten auch die andere Person nicht abstempeln oder analysieren, indem Sie sich Geschichten darüber zusammenreimen, was an ihr nicht stimmt (oder auch an Ihrer eigenen Person).

Stattdessen ist es am effektivsten, vor allen Dingen auszuhandeln, welche ganz konkreten Handlungsweisen zu verändern sind – das heißt also, was Sie selbst bzw. was Sie miteinander in sexueller Hinsicht tun.

Ich beriet einmal ein Paar, das über die Häufigkeit der sexuellen Kontakte stritt. Er fand es völlig inakzeptabel, dass sie nur ungefähr einmal pro Woche mit ihm schlafen wollte. Er wollte mindestens vier- oder fünfmal pro Woche Sex mit ihr haben – wenn möglich, am liebsten täglich. Sie fand, dass er eine »Sexbestie« sei und etwas gegen seine »Sexsucht« unternehmen müsse. Diese gegenseitige Abwertung war offenbar für die Lösung ihrer sexuellen Differenzen wenig hilfreich. Nachdem ich sie dazu gebracht hatte, sich nicht mehr gegenseitig zu entwerten, zu beschuldigen oder zu beleidigen, begannen wir zu »verhandeln«.

Den ersten Durchbruch erzielten wir durch Klärung eines Missverständnisses: Sie ging stets davon aus, dass er immer auf Geschlechtsverkehr aus sei, wenn er sich ihr sexuell näherte. Wir fanden aber heraus, dass er manchmal genauso zufrieden war, wenn sie ihm die Oberschenkel massierte, während er masturbierte, wozu sie durchaus gern bereit war. Außerdem hatte er heimlich spätnachts, wenn sie im Bett war, im Internet auf Pornoseiten gesurft, wofür er sich sehr schämte. Er hatte das Gefühl, dass er sie betrog, indem er das vor ihr geheimhielt. Sie nahm es ihm nicht allzu übel, obwohl es ihr natürlich lieber gewesen wäre, wenn er keine solchen beschämenden Geheimnisse vor ihr gehabt hätte. Sie vereinbarten, einmal im Monat gemeinsam ein erotisches Video anzusehen, und er versprach, nicht mehr zwanghaft und heimlich im Internet zu surfen. Er war überrascht, als sich herausstellte, dass einige Pornofilme sie durchaus erregten. Das stellte seine Theorie in Frage, dass ihr Interesse am Sex geringer als seines war und dass sie daher nie ein für beide befriedigendes Liebesleben haben würden.

Bitten Sie um das, was Sie sich wünschen, aber fordern Sie es nicht ein

Obwohl es wichtig ist, um das zu bitten, was man möchte, und offen auszusprechen, was einem gefällt, sollte man sich davor hüten, seinem Partner etwas aufzwingen zu wollen, das für ihn nicht richtig ist. Die meisten Menschen reagieren im sexuellen Kontext ablehnend, wenn sie sich unwohl fühlen oder gedrängt werden, etwas mitzumachen, was ihnen nicht gefällt. Achten Sie also darauf, dass Sie Ihren Partner weder nötigen noch zwingen.

Auf der anderen Seite kommt es vor, dass Leute nicht aussprechen, was sie sich wünschen oder gern ausprobieren würden, weil sie sich davor fürchten, dass ihr Partner es missbilligen oder ablehnen könnte. Sie können die Angelegenheit ihrem Partner gegenüber zumindest zur Sprache bringen und ihm vermitteln, dass es keinerlei Zwang gibt, aber dass zumindest das Interesse besteht, eine bestimmte sexuelle Praxis auszuprobieren.

Seien Sie kreativ

Brechen Sie aus ihrem Trott aus. Probieren Sie neue Stellungen, Orte und Accessoires aus, variieren Sie den Stil Ihrer Kleidung oder den Tonfall Ihrer Unterhaltung und so weiter. Wenn Sie Lust dazu haben, lesen Sie sich gegenseitig Fantasievorstellungen vor, die Sie in Büchern oder Zeitschriften gefunden oder selbst aufgeschrieben haben.

Verabreden Sie eine Zeit für das Zusammensein

Warten Sie mit dem Sex nicht immer bis spätabends oder darauf, dass er sich spontan ergibt. Es kann nötig sein, dass Sie für sexuelle Zusammenkünfte einen Termin außerhalb Ihres vollen Berufs- und Familienlebens sowie Ihrer gesellschaftlichen Verpflichtungen vereinbaren müssen. Auch hier liegt der Schlüssel zum Erfolg darin, den Druck wegzunehmen. Sie verabreden eine Zeit, um sexuelle Kontakte zu ermöglichen, aber wenn das Timing oder die Situation gerade nicht passen, nutzen Sie die Zeit einfach, um sich in anderer Form näher zu kommen. Sie könnten sich gegenseitig den Rücken kraulen, andere Zärtlichkeiten austauschen oder einfach nur miteinander sprechen. Wenn es dann sogar zum Sex kommt, wunderbar! Wenn nicht, entspannen Sie sich und genießen Sie diese kostbare gemeinsame Zeit.

Fantasien müssen nicht immer zu einer Person passen oder zum entsprechenden Verhalten führen

Nur weil Sie sich bestimmte Dinge in der Fantasie ausmalen, bedeutet das noch lange nicht, dass Sie diese Dinge auch ausleben und in der Realität erleben möchten. Es kann sein, dass Sie sich vorstellen, vergewaltigt zu werden oder gleichgeschlechtlichen Sex zu haben, dies aber niemals in Wirklichkeit erleben möchten.

Das kann auch für Ihre sexuelle Orientierung gelten. Viele Leute fühlen sich vom gleichen Geschlecht angezogen, definieren sich aber nicht als homosexuell. Ebenso fühlen sich manche Homosexuelle vom anderen Geschlecht angezogen, empfinden sich aber nach wie vor als schwul oder lesbisch.

Ihre sexuelle Orientierung leitet sich zum einen daraus ab, was Sie als angenehm empfinden und wodurch Sie sich angezogen fühlen; sie ist aber hauptsächlich ein Resultat dessen, wie Sie sich selbst definieren. Es mag sein, dass Sie sich nicht aussuchen können, von wem oder was Sie sich angezogen fühlen, während Ihre Identität sehr wohl ein Ergebnis von Vorlieben und Wahlmöglichkeiten ist. Manche Menschen fühlen sich ihr ganzes Leben lang von Menschen eines Geschlechts angezogen, definieren sich selbst aber völlig anders. Nennen Sie es Selbstverleugnung oder wie auch immer Sie wollen, aber mit der sexuellen Identität ist es wie mit der politischen Haltung – die muss jeder Mensch mit sich selbst ausmachen.

Hier geht es um die Tatsache, dass Sie die Freiheit haben, alle sexuellen Wünsche in Gefühle, Fantasien oder Gedanken umzusetzen. Das bedeutet nicht, dass Ihre Lebensentscheidungen oder Ihre Identität davon bestimmt werden.

Auf der Suche nach dem großen O

Klammern Sie sich nicht so sehr am Ziel fest, dass Sie den Weg dorthin nicht mehr wahrnehmen oder ihn nur in Eile hinter sich bringen. Mit aller Gewalt einen Orgasmus erreichen zu wollen, kann verhindern, dass Sie einen bekommen oder ihn ganz genießen können, wenn er kommt. Wenn Sie allerdings selten oder nie Orgasmen haben, kann man etwas dazu tun, dass Sie regelmäßiger in diesen Genuss kommen. Probieren Sie die Anregungen aus, die ich Ihnen bereits gegeben habe, um die Wahrscheinlichkeit eines sexuellen Höhepunktes zu erhöhen.

Und was ist bei vorzeitigem Samenerguss? Verlangsamen Sie das Tempo; reduzieren Sie die Bewegung; achten Sie darauf, wann sich der Orgasmus des Mannes ankündigt. Viele Männer haben das Gefühl, dass sie weitermachen und sich weiterbewegen müssen, um ihre Partnerin zu befriedigen. Den Samenerguss zu verzögern, ist eine Fähigkeit, die man lernen kann. Arbeiten Sie gemeinsam daran, ihm zu helfen, den Ablauf zu verlangsamen und ihn zu genießen.

Noch ein Wort zum simultanen Orgasmus: Er ist möglich, wiederum bei guter Kommunikation und wenn man der Sache den Druck nimmt. Manche Paare haben dieses Erlebnis ziemlich häufig, andere haben so ein unterschiedliches Timing, dass es unwahrscheinlich ist, dass sie ihren Orgasmus aufeinander abstimmen können.

Zusammenfassung der lösungsorientierten Sexualität

- **Wenn Sie Lust haben, haben Sie Lust – wenn nicht, dann nicht**
  Nehmen Sie Ihre sexuellen Gefühle (oder ihr Fehlen) einfach zur Kenntnis und akzeptieren Sie sie. Wenn Sie sich selbst oder anderen ein Gefühl aufzuzwingen versuchen, das nicht vorhanden ist, hat dies in der Regel den gegenteiligen Effekt. Es wird Ihre oder die Erregung des anderen eher dämpfen. Entspannen Sie sich und lassen Sie den Gefühlen freien Lauf. Wenn Ihr Mangel an Erregbarkeit längere Zeit andauert, könnten auch ein medizinisches Problem oder andere persönliche oder Beziehungsprobleme dahinterstecken.

- **Tun Sie es einfach**
  Denken Sie an Gelegenheiten in der Vergangenheit, bei denen in sexueller Hinsicht alles gut geklappt hat, und tun Sie bewusst alles Ihnen Mögliche, um solche Situationen wieder herbeizuführen oder wiederzubeleben. Wenn Sie sich nicht an solche Zeiten erinnern können oder wenn Sie nicht daran anknüpfen können, versuchen Sie, irgendetwas zu verändern (Gedanken, Intentionen, Handlungen, Interaktionen, die Umgebung usw.), um Ihr Liebesleben abwechslungsreicher zu gestalten.

- **Was Sex und Rückenkraulen gemeinsam haben**
  Verwenden Sie die Handlungssprache, um explizit zu beschreiben, was Ihnen an den sexuellen Aktivitäten Ihres Partners nicht gefällt, welche

Aktivitäten Sie sich von ihm in Zukunft wünschen würden und was Ihnen an dem, was er in der Vergangenheit getan hat, gefallen hat.

- **Unterschiedlichen Vorlieben gerecht werden**

Versteifen Sie sich nicht darauf, das Innenleben Ihres Partners, also seine sexuellen Bedürfnisse oder Vorlieben, verändern zu wollen, sondern konzentrieren Sie sich stattdessen darauf, Praktiken zu finden, die für beide Seiten akzeptabel sind und bei beiden funktionieren.

- **Bitten Sie um das, was Sie sich wünschen, aber fordern Sie es nicht ein**

Wenn Sie versuchen, Ihren Partner zu einer sexuellen Handlung zu zwingen, verliert dieser in der Regel vollends die Lust. Andere Menschen müssen sich nicht dafür schämen, dass es ihnen an Verlangen für etwas mangelt, das sie sich Ihrer Meinung nach wünschen oder das sie genießen sollten – und auch Sie müssen sich nicht schämen, wenn Sie das Verlangen eines anderen nicht teilen.

- **Seien Sie kreativ**

Sex kann zur Routine werden. Um das Interesse und die Kreativität neu zu erwecken, sollten Sie versuchen, Abwechslung in Ihre sexuellen Aktivitäten zu bringen.

- **Verabreden Sie eine Zeit für das Zusammensein**

In unserem hektischen Alltag ist es manchmal notwendig, eine Zeit zu verabreden, um sich sexuell näher zu kommen. Aber hüten Sie sich davor, etwas erzwingen zu wollen. Sie können diese vereinbarte Zeit auch einfach für intime Kontakte nutzen und dann sehen, ob Sie Lust haben oder nicht. Wenn nicht, genießen Sie diese Zeit eben auf andere Weise.

- **Fantasien müssen nicht immer zu einer Person passen oder zum entsprechenden Verhalten führen**

Nur weil Sie sich etwas in Ihrer Fantasie ausmalen, bedeutet das noch lange nicht, dass Sie es auch in die Tat umsetzen wollen. Lassen Sie Ihrer Fantasie freien Lauf. Dann entscheiden Sie, ob Sie über Ihre Fantasien sprechen oder sie ausleben möchten oder nicht.

Außerdem definiert sich Ihre Person schließlich nicht nur über Ihre Sehnsüchte. Sie können Fantasien über gleichgeschlechtlichen Sex haben, sind aber deswegen genauso wenig homosexuell, wie ein Homosexueller, der über Sex mit dem anderen Geschlecht fantasiert, seine sexuelle Orientierung in Abrede stellen würde.

- **Auf der Suche nach dem großen O**

Fixieren Sie sich nicht darauf, bei jeder sexuellen Begegnung einen Orgasmus bekommen zu müssen. Entspannen Sie sich und genießen Sie den Weg dorthin. Wenn allerdings einer oder beide nie einen Orgasmus haben, können Sie durchaus etwas dazu tun, damit Sie beide häufiger »kommen«.

Die Geister der Vergangenheit austreiben: Mit Ritualen die Vergangenheit bewältigen und Problemen vorbeugen

»Wir brauchen nicht zu lernen, wie wir Dinge loslassen können; wir müssen einfach nur lernen, es zu erkennen, wenn sie schon fort sind.«
Suzuki Roshi

Wenn Sie die bisher genannten Methoden angewendet haben und immer noch Rechnungen aus der Vergangenheit offen sind, gibt Ihnen dieses Kapitel eine lösungsorientierte Methode an die Hand, die Ihnen dabei helfen dürfte, erlittene Traumata rasch zu überwinden. Es geht um Rituale.

In der lösungsorientierten Therapie arbeiten wir mit zwei Arten von Ritualen. Da sind zunächst die, die man normalerweise nur einmal anwendet, um ein Trauma hinter sich zu lassen. Ich nenne sie *Lösungsrituale*. Der zweite Typus ist ein Ritual, das man wiederholt anwendet und es sich zur Gewohnheit macht. Diese Art von Ritualen dient sowohl der Vorbeugung von Problemen als auch der inneren Stabilisierung nach einer Krise oder einer einschneidenden Veränderung in Ihrem Leben. Ich nenne sie *stabilisierende und verbindende Rituale*.

Neunter Lösungsschlüssel: Lösungsrituale, mit denen Sie die Vergangenheit bewältigen können

In fast allen Kulturen helfen Rituale den Menschen, bestimmte Übergänge zu meistern und den Eintritt in neue Lebensphasen zu vollziehen. Die meisten Religionen bedienen sich solcher Rituale zu demselben Zweck. Im Judentum hält eine Familie nach dem Tod eines Familienmitglieds eine Shiva ab und vollzieht dabei innerhalb vorgeschriebener Zeiträume bestimmte rituelle Handlungen. In der ersten Woche werden zu Hause die Spiegel verhüllt, die Familie trägt zerrissene schwarze Kleider und verlässt das Haus nicht mehr. In den nächsten Monaten sind andere Rituale vorgeschrieben. Am Ende eines Jahres werden dann Gebete für den Verstorbenen gesprochen und Steine auf dem Grab niedergelegt. Im Katholizismus werden die Sterbenden mit dem Sterbesakrament versehen, was als Letzte Ölung oder Krankensalbung bezeichnet wird.

Das Hauptmerkmal dieser Rituale ist die Tatsache, dass es spezielle, zeitlich begrenzte Handlungen sind, die den Menschen helfen, mit ihrem Leben fortzufahren, indem sie ihnen etwas zu tun geben. Anstatt die Vergangenheit zu analysieren und in ihr stecken zu bleiben, kann man Lösungsrituale anwenden. Sie geben uns die Möglichkeit, uns auf konkrete Handlungen zu konzentrieren, durch die wir aktiv zur Problemlösung beitragen, und uns nicht mehr von den unerledigten Dingen umtreiben zu lassen.

Barbara war mit ihrem Leben ziemlich unzufrieden. Sie war Single, einsam und unglücklich mit ihrem Job. Sie hatte gesundheitliche Probleme und war übergewichtig. Als Kind war sie sexuell missbraucht worden und hatte noch nie das Gefühl gehabt, dass sie es wert sei, geliebt zu werden. Eines Tages wurde sie im Supermarkt von einem Mann angesprochen. Er fragte sie, wie man Squash (eine Kürbisart) zubereitet. Sie antwortete höflich auf seine Frage und ging weiter. Der Mann verfolgte sie durch das ganze Geschäft. Zunächst war sie etwas irritiert und verunsichert, aber er benahm sich so charmant, dass sie sich nach einer Weile auf ein Gespräch mit ihm einließ. Gegen Ende der Einkaufstour stellte er sich ihr als Tom vor und fragte sie, ob sie mit ihm ausgehen würde. Geschmeichelt sagte sie zu – immer noch etwas skeptisch, aber fasziniert und aufgeregt. Vielleicht würde ihr Leben sich ja zum Besseren wenden, dachte sie sich.

Die nächsten paar Monate waren traumhaft. Tom entpuppte sich als ziemlich romantisch – er brachte ihr Blumen, rief sie täglich an und schrieb ihr Liebesgedichte. Er erzählte ihr, er sei ein erfolgreicher Geschäftsmann und verdiene 100.000 Dollar im Jahr. Sie verliebten sich und hatten bald Sex miteinander.

Im Laufe der Zeit trübte sich das junge Glück ein wenig. Tom weigerte sich, Barbara seine private Telefonnummer und seine Adresse zu geben. Er sagte ihr, er würde sich gern seine Privatsphäre erhalten, und wenn sie ihn anrufen wolle, könne sie ihn ja auf seinem Handy im Wagen erreichen. Er begann, ihr von seinen Fantasien zu erzählen, mit ihr und einer anderen Frau gemeinsam Sex zu haben. Ab und zu log er ihr wegen Kleinigkeiten etwas vor. Aber abgesehen von diesen kleinen Unstimmigkeiten lief die Beziehung gut. Barbara war zum ersten Mal in ihrem Leben glücklich. Ihre Freunde und Kollegen sagten ihr, sie würde richtig aufblühen. Sie begann, mit Tom über eine Heirat zu sprechen, und er schien davon ganz begeistert zu sein.

Eines Tages erwähnte Barbara bei einem Gespräch mit einem Nachbarn Toms Namen. Der Nachbar fragte, ob Toms Frau immer noch bei der Telemarketingfirma arbeitete. Barbara war sprachlos und dachte, der Nachbar hätte Tom bestimmt mit jemand anderem verwechselt. Aber als sie dem nachging, fand sie heraus, dass Tom in der Tat verheiratet war und einen 15-jährigen Sohn hatte. Als sie Tom darauf ansprach, wurde er wütend darüber, dass sie ihm »hinterherschnüffelte«. Später kam er zu ihr nach Hause und stellte sie zur Rede. Als sie ihm Kontra gab, vergewaltigte er sie. Sie sah ihn nie wieder.

Als Barbara einen Therapeuten aufsuchte, war sie immer noch verstört und hatte das Gefühl, mit der Geschichte, in die sie mit Tom geraten war, noch nicht fertig zu sein. Sie vermied es, unter Leute zu gehen, und hatte Angst vor jedem Mann, der Interesse an ihr bekundete. Sie sagte, sie würde sich schmutzig fühlen, und es seien besonders ihre Haare. Tom hatte ihr rotes Haar bewundert und ihr ein besonders sinnlich riechendes Shampoo geschenkt. Als wir über die Sache sprachen, kam mir ein Lied aus dem Musical *South Pacific* in den Sinn: »I'm Gonna Wash that Man Right Outta My Hair«.[10] Dies brachte Barbara dazu, sich ein Ritual auszudenken. Sie schrieb Tom und ihrem Cousin (der sie in ihrer Kindheit missbraucht hatte) Briefe, in denen sie ausdrückte, wie betrogen, vergewaltigt und verlassen sie sich fühlte. Dann verbrannte sie die Briefe und wusch ihre Haare immer und immer wieder, während sie das Lied anhörte – bis sie das Gefühl hatte, Tom und ihren Cousin tatsächlich aus ihrem Leben herausgewaschen zu haben.

Um ein Lösungsritual zu vollziehen, müssen Sie ein Symbol ausfindig machen, das heißt ein greifbares Objekt, das einen Bezug zu Ihrem Trauma, Problem oder der ungeklärten Angelegenheit hat. Es könnte das Bild einer Person sein, die im Zusammenhang mit dem Trauma steht, oder ein Foto von Ihnen zu der Zeit, als das schmerz-

---

[10] »Ich werde diesen Mann einfach aus meinen Haaren herauswaschen.«

liche Ereignis geschah. Es könnte ein Gegenstand sein, der im Zusammenhang mit dem Ereignis steht, wie zum Beispiel ein Stück Blech von dem Auto, in dem Sie saßen, als Sie den Unfall hatten. Denken Sie sich anschließend als Symbol dafür, dass Sie nun Ihr Leben weiterführen und die unerledigte Angelegenheit hinter sich lassen wollen, eine Aktivität aus und setzen Sie sie in die Tat um. Sie könnte zum Beispiel darin bestehen, den Gegenstand in einem See oder im Meer zu versenken. Sie könnten ihn auch verbrennen oder begraben oder auf einem Grab niederlegen.

Symbole

Symbole sind konkrete Objekte, die für eine Person, einen Ort, eine innere Erfahrung oder eine Situation stehen und ungelöste Bereiche in Ihrem Leben oder Ihrer Beziehung verkörpern können.

Vielleicht besitzen Sie für ungelöste Lebensbereiche bereits Symbole (zum Beispiel ein Foto, einen Schlüsselanhänger oder ein Hemd) oder erschaffen sie selbst, indem Sie etwas schreiben, zeichnen, formen, nähen oder aus Naturmaterialien zusammenstellen.

Ein Mann hatte eine Affäre mit seiner Nachbarin. Seine Frau kam dahinter, als sie eines Tages im dunkelsten Winkel ihres Kleiderschranks einen Schlüsselanhänger mit dem Namen der Geliebten fand. Sie stellte ihn zur Rede, und er gab alles zu. Die beiden trennten sich zunächst, entschlossen sich aber dann doch zu einem Versuch, sich noch einmal zusammenzuraufen. Nach einigen Monaten therapeutischer Hilfe und nach viel Reden, Weinen und Schreien zogen sie wieder zusammen. Aber obwohl alles bereits gesagt war, fühlte sich die Frau immer noch von der Affäre umgetrieben. Sie schien ihren Ärger einfach nicht loslassen zu können. Es wurde ein Lösungsritual entwickelt, bei dem ein Schlüsselanhänger mit dem Namen der Geliebten als Symbol fungierte.

Die Frau sollte Mittel und Wege finden, ihre Wut physisch an dem Schlüsselanhänger auszulassen – anstatt an ihrem Ehemann oder ihrer Nachbarin, was sie am liebsten getan hätte! Am Anfang trug sie den Anhänger auf die Terrasse hinter dem Haus und schlug mit einem Hammer auf ihn ein, aber das verschaffte ihr keine Befriedigung. Nach einer Weile fiel ihr die perfekte Zeremonie ein. Sie nahm den Anhänger und warf ihn auf die Straße. Dann fuhr sie mit dem Auto vorwärts und rückwärts darüber. Schließlich verflog ihre Wut durch dieses Ritual so weit, dass sie nicht mehr von den Erinnerungen geplagt wurde, die ihren Alltag und die Beziehung zu ihrem Ehemann so sehr beeinträchtigt hatten.

Sie können solch ein Lösungsritual allein oder mit jemand anderem zusammen durchführen. Spielen Sie im Kopf genau durch, welcher Ort, welche Personen, Zeit und Umstände dafür geeignet wären. Es könnte an irgendeinem Jubiläum oder an einem anderen bedeutsamen Datum stattfinden; Sie könnten es auch an einem ganz bedeutungsvollen Ort abhalten.

Alicia war deprimiert, obwohl sie seit sechs Monaten eine liebevolle Beziehung zu einem Mann hatte. Sie merkte, dass sie immer wieder begann, über ihren Exmann und ihre Ehe nachzugrübeln, die vor einigen Jahren geschieden worden war. Ihr ehemaliger Mann hatte sie und die Kinder geschlagen, war oft betrunken gewesen und hatte sie häufig betrogen. Einmal hatte er in einem Wutanfall sogar versucht, sie und die Kinder mit dem Auto zu überfahren.

Ich schlug vor, dass sie ein Bild zeichnen solle, das ihre Ehe repräsentierte. Sie wandte ein, dass sie ja schließlich keine Künstlerin sei, aber ich versicherte ihr, dass ihr »Kunstwerk« nicht fürs Museum bestimmt sei. Die Zeichnung sollte ihr helfen, sich von der Vergangenheit zu lösen. Sie zeichnete eine Spirale, auf der ein negatives Erlebnis nach dem anderen abgebildet war, so als wäre die Beziehung wie ein Wasserwirbel gewesen, der sie und die Kinder in seinen gefährlichen Strudel gesogen hätte. Als sie zur nächsten Sitzung kam, trug ich ihr auf, das Bild zu verbrennen. Sie beschloss, ihren derzeitigen Freund in das Ritual einzubeziehen.

Als sie das nächste Mal kam, erzählte sie mir, dass sie sauer auf mich sei. Ich war perplex und fragte sie nach dem Grund. Sie sagte: »Wenn ich gewusst hätte, dass Sie mich bitten würden, es zu verbrennen, hätte ich es riesig groß gemacht, damit ich mich ganz lange daran freuen kann, es brennen zu sehen! Es war viel zu schnell verbrannt.« Ich fragte sie, ob sie das Bedürfnis habe, ein größeres Bild zu malen und das Ritual zu wiederholen, aber sie sagte, dass das nicht nötig sei, da sie mit dem Grübeln aufgehört habe.

Gehen Sie ganz sicher, dass Sie wirklich reif für das Lösungsritual sind – in emotionaler und psychologischer Hinsicht. Es kommt darauf an, die Sache nicht zu forcieren, sondern etwas tun zu können, das zur Lösung der Dinge beiträgt, sobald man bereit ist, nach vorn zu blicken – auch wenn man trotz aller Bemühungen noch nicht in der Lage ist loszulassen.

Im College hatte ich eine Freundin, die in schwierigen Verhältnissen groß geworden war. Die Ehe ihrer Eltern war ziemlich konfliktreich gewesen, und bei jedem Streit standen die Kinder zwischen beiden Elternteilen, die jeder für sich versuchten, sie auf die eigene Seite zu ziehen. Als meine Freundin auszog, um aufs College zu gehen, dachte sie, dass sie der Verwicklung in diese Konflikte nun entkommen sei, aber ab und zu bekam sie Briefe von ihrer Mutter, die sie augenblicklich wieder zurückholten: Darin standen Hasstiraden, wie schrecklich ihr Vater sei und dass sie sich immer auf seine Seite schlagen würde. Meine Freundin regte sich beim Lesen dieser Briefe fürchterlich auf, sodass sie mich schließlich bat, jeden Brief vorher durchzulesen und sie vorzuwarnen, wenn wieder etwas Schlimmes darin stand. Ich war einverstanden. Sie wollte die schlimmen Briefe nicht lesen, aber ich sagte, dass es sogar in diesen schlimmen Briefen auch Gutes zu lesen gebe. So beschlossen wir, dass ich die negativen Stellen herausschneiden und ihr den Rest zu lesen geben würde. Da ich mich nicht berechtigt fühlte, diese herausgeschnittenen Passagen wegzuwerfen, fing ich an, sie in einem Körbchen auf meinem Küchentisch zu sammeln (umgedreht, sodass sie sie nicht aus Versehen lesen konnte). Nach einer Weile wurde es mir allmählich unheimlich, all diese bösartigen Sätze in meiner Küche herumliegen zu haben, also bat ich meine Freundin, sie mit nach Hause zu nehmen.

»Auf gar keinen Fall!«, sagte sie. »Ich will diese negativen Einflüsse auch nicht in meiner Wohnung haben!« Nachdem wir eine Weile darüber diskutiert hatten, beschlossen wir, all diese Schnipsel in einen Umschlag zu stecken und an ihre Mutter zu adressieren, mit einem kleinen Zettel, auf dem stand: »Liebe Mama, dank Dir für all die Briefe. Diese Stellen wollte ich nicht behalten. Alles Liebe, Deine Tochter.« Danach hat sie nie wieder solch einen gehässigen Brief von ihrer Mutter bekommen.

Lösungsrituale können den Heilungsprozess bei Trauer- oder Verlusterlebnissen unterstützen. Aber denken Sie an das, was wir in einem der vorangehenden Kapitel behandelt haben: nämlich dass es sehr wichtig ist, die eigenen Gefühle oder die anderer anzuerkennen und sie nicht abzuwerten. Lösungsrituale sind nicht dazu da, den schmerzlichen, aber normalen Trauerprozess zu umgehen; diese Rituale bieten eine Möglichkeit, sich loszumachen, wenn man stecken geblieben ist, sofern man dazu bereit ist, die Vergangenheit hinter sich zu lassen.

Ein Paar hatte seine kleine Tochter durch Leukämie verloren. Caroline war ein sehr süßes Mädchen, und es war einfach schrecklich gewesen, hilflos mit anzusehen, wie die Chemotherapie sie quälte und ihr dann letztlich doch nicht das Leben rettete. Das Krankenhaus war dem Paar während Carolines letzter Lebensmonate zu einem zweiten Zuhause geworden und das medizinische Personal auf der Kinderkrebsstation zu einer Art Ersatzfamilie.

Nachdem Caroline gestorben war, klaffte im Leben ihrer Eltern eine Riesenlücke. Sie hatten nicht nur Caroline, sondern auch ihre zweite Familie verloren, da sie ja nun nicht mehr ins Krankenhaus mussten. Als sich der Jahrestag von Carolines Tod näherte, befürchtete das Paar, dass der ganze schmerzliche Trauerprozess von vorn anfangen würde – jetzt, da die Wunden gerade zu heilen begonnen hatten. Wir dachten uns ein Ritual aus: Die Eltern wollten einen Apfelbaum in ihrem Garten pflanzen (Caroline hatte Äpfel geliebt) und dem Stationsteam am ersten Jahrestag ein Foto von dem Baum schenken. In den folgenden Jahren brachten sie den Krankenhausmitarbeitern, die Caroline gekannt hatten, an jedem Todestag ein Foto und Äpfel von diesem Baum mit.

Neunter Lösungsschlüssel: Lösungsrituale, mit denen Sie die Vergangenheit bewältigen können

In den folgenden vier Schritten entwickeln Sie ein Lösungsritual, mit dem sich nicht verarbeitete Dinge klären oder zurückliegende Traumata überwinden lassen:

- Klären Sie, welchen Zweck Sie mit dem Ritual verfolgen und was Sie noch nicht verarbeitet haben.
- Bereiten Sie sich auf das Ritual vor, indem Sie festlegen, welche Symbole Sie verwenden, wann Sie das Ritual durchführen, wen Sie beteiligen, was Sie anziehen, wo das Ritual stattfindet und was Sie tun müssen, um sich emotional und psychologisch darauf einzustimmen.
- Führen Sie das Ritual durch.
- Wenn es Ihnen angebracht erscheint, feiern Sie mit Ihrem Lebenspartner, mit Freunden oder Familienmitgliedern das Ritual und Ihren Vorsatz, wieder nach vorn zu schauen.

Zehnter Lösungsschlüssel: Entwickeln Sie stabilisierende und verbindende Rituale, um Problemen vorzubeugen und Beziehungen zu intensivieren

Es gibt noch eine zweite Möglichkeit, Rituale zur Lösung oder, noch besser, zur Vorbeugung von Problemen einzusetzen. Sie besteht darin, regelmäßige Rituale oder Gewohnheiten zu entwickeln, die helfen, Stabilität und eine Verbundenheit zwischen Ihnen und Ihrem Leben sowie anderen Personen herzustellen.

Ich beriet ein Paar, das seit 35 Jahren verheiratet war. Als sie zu mir kamen, standen sie kurz vor der Scheidung. Die Frau beklagte sich, dass sie nie eine wirklich intime Beziehung gehabt hätten. Der Ehemann, ein Ingenieur, war nie in der Lage gewesen, seine Gefühle auszudrücken. Die einzige Gefühlsäußerung, zu der er fähig war, war Kritik zu üben oder gereizt zu sein. Er konnte wohl sagen, was er *dachte*, aber er teilte seiner Frau nur selten mit, was er *fühlte*. Sie sagte: »Das einzige Gefühl, das ich an ihm kenne, ist seine Lüsternheit, weil er immerzu Sex will.« Ich sagte ihnen, dass es auf mich so wirke, als sei der Bereich zwischen seinem Hals und seiner Gürtellinie ein ziemlich unerforschtes Terrain, und wenn sie zusammenbleiben wollten, müssten sie wohl oder übel herausbekommen, was sich dort abspielte.

Sie willigten ein, es zu probieren, aber das Problem war, dass der Mann die meiste Zeit überhaupt keinen Schimmer davon hatte, was er fühlte. »Ich bin in der Regel der Letzte, der mitkriegt, wie ich mich fühle«, scherzte er. »Sie kann mir meistens sagen, wie ich mich fühle, bevor ich es spüre.« Nachdem wir eine Weile darüber gesprochen hatten, musste ich ihm schließlich zustimmen: Er schien überhaupt keine inneren Regungen zu registrieren.

Ich sagte dem Paar, dass wir zur Vertiefung ihrer Beziehung mit ein paar »Babyschritten« beginnen müssten (für all jene, die diesen Ausdruck aus dem Film *Was ist mit Bob?* kennen, mit der Bitte um Nachsehen an die Filmemacher). Der Mann sollte ein Buch finden, das beide interessierte, und dann dafür sorgen, dass sie jeden Abend eine Viertel- bis halbe Stunde darin lasen. Nach dem Lesen sollte er ein Gespräch darüber beginnen, wie jeder von ihnen über das Gelesene dachte. Er hielt dieses verbindende Ritual durch, und das Paar kam sich allmählich so nah wie all die langen Ehejahre nicht.

Ein Freund hat mir eine hübsche Geschichte von der Entstehung eines verbindenden Rituals erzählt.

Als Tim seine spätere Frau kennen lernte, kochte er ihr regelmäßig ein Abendessen bei sich zu Hause. Nach dem Essen machten sie gemeinsam den Abwasch; er spülte, und sie trocknete ab. Beide genossen diese Abwaschroutine nach dem Essen sehr und hatten dabei ihre besten Gespräche.

Nach einigen Treffen fiel Tims Freundin auf, dass in seiner Küche eine Spülmaschine stand. Sie nahm an, dass sie kaputt war, und zog ihn damit auf, dass er es noch immer nicht geschafft habe, sie reparieren zu lassen. Er verteidigte sich und gestand, dass die Spülmaschine gar nicht kaputt sei.

»Warum haben wir denn dann all das Geschirr mit der Hand abgewaschen?«, fragte sie verwundert.

»Am ersten Abend«, erklärte Tim, »gab es so wenig Geschirr, dass ich es für Energieverschwendung hielt, die Spülmaschine anzustellen. Dann wurde mir klar, dass ich den Abwasch mit dir genoss, und so habe ich dir nicht von der Spülmaschine erzählt, aus Angst, dass du nicht mehr mit mir abwaschen würdest und wir dann nicht mehr diese Zeit miteinander hätten.«

Das Abwaschen wurde so zu einem regelrechten Ritual für dieses Paar – und das ist es noch heute.

Ein stabilisierendes und verbindendes Ritual ist also irgendetwas, das Sie allein oder mit jemand anderem immer wieder tun und das Ihre Verbundenheit mit sich selbst oder mit anderen positiv beeinflusst. Es könnte darin bestehen, jeden Abend einen Spaziergang zu machen oder vor dem Schlafengehen Tagebuch zu führen. Es könnte auch bedeuten, jeden Samstag gemeinsam ins Kino zu gehen. Oder dass sich die Familie wöchentlich an einem bestimmten Abend nach dem Essen versammelt, um gemeinsam in der Bibel zu lesen.

Der Psychiater Steve Wolin führte Untersuchungen an Familien von Alkoholikern durch, aus denen überraschenderweise keine so problematischen Kinder hervorgingen wie aus anderen geschädigten Alkoholikerfamilien. Die Kinder aus den Familien der Studie wurden weder alkohol- noch drogenabhängig, und sie bekamen noch nicht einmal Probleme als Erwachsene. Wolin fand heraus, dass einer der wichtigsten schützenden Faktoren für diese Kinder darin bestand, dass ihre Familien stabilisierende und verbindende Rituale pflegten, an denen trotz der gravierenden familiären Probleme festgehalten wurde. Ihre Familien feierten Geburtstage und Feste, gingen regelmäßig zusammen in die Kirche, lasen den Kindern jeden Abend Gutenachtgeschichten vor und nahmen ihre Mahlzeiten gemeinsam ein.

In meiner Familie – wir waren acht Kinder – gab es eines, auf das man sich hundertprozentig verlassen konnte: und zwar, dass um sechs Uhr abends alle am Abendbrottisch saßen. Man brauchte eine ganz besondere Entschuldigung, um einmal fehlen zu dürfen. Das Abendbrot war unsere Familienzeit. Inmitten des Durcheinanders von Klavierstunden, sportlichen Aktivitäten, Hausaufgaben und so weiter konnten wir jeden Tag stets auf diese besondere gemeinsame Zeit zählen.

Wir hatten auch wöchentlich wiederkehrende Rituale. Wir waren katholisch, sodass wir uns sonntags alle fein anzogen und in die Zehn-Uhr-Messe gingen. Als die Kirche dazu überging, als Alternative zur Sonntagsmesse auch Gottesdienste am Samstag Abend anzubieten, brachte dies unser Familienleben völlig durcheinander, da einige von uns nicht gern früh aufstanden und statt am Sonntag lieber am Samstag zur Messe gingen. Aber den Großteil meiner Kindheit über war dies ein festes Ritual in unserem Familienleben gewesen, auf das ich mich immer verlassen konnte.

Wir hatten auch noch andere Rituale. An Geburtstagen (und die kamen in einer so großen Familie ja alle paar Wochen vor) musste dem Geburtstagskind eine Pappkrone aufgesetzt und ihm das Geburtstagslied gesungen werden (immer zweimal: »Bitte noch mal mit mehr Schmackes!«, rief mein Vater immer nach dem ersten Mal). Dann durfte man sich heimlich etwas wünschen und musste versuchen, alle Kerzen auf einmal auszupusten (es sei denn, mein Bruder hatte sie durch diese Zauberkerzen ersetzt, die sich nicht auspusten lassen). Und auch Weihnachten und Thanksgiving hatten ihre eigenen Traditionen – Rituale, auf die man sich jedes Jahr verlassen konnte.

Viele Jahre später ergab Wolins Untersuchung, dass sich solche stabilisierenden und verbindenden Rituale heilsam auf Kinder auswirken, indem sie ihnen das Gefühl geben, in Sicherheit und geborgen zu sein, auch wenn sie in schwierigen, traumatischen Verhältnissen leben.

Übung: Gewohnheiten in Erinnerung rufen und wieder einführen

Denken Sie an eine Gewohnheit, die Sie früher allein oder mit jemandem aus der Familie gepflegt haben. Es könnte zum Beispiel der wöchentliche Kinobesuch sein, Lesen (allein oder anderen laut Vorlesen), Spazierengehen, Laufen oder ein anderer Sport, eine abendliche Fußmassage für den Partner oder etwas Ähnliches. Wenn Sie sich Ihre gegenwärtigen Lebensumstände vor Augen halten: Auf welches Ritual könnten Sie sich realistischerweise für den kommenden

Monat einlassen? Schreiben Sie diesen Vorsatz entweder auf oder sprechen Sie mit jemand anderem darüber. Wenn der Monat vorbei ist, überprüfen und entscheiden Sie für sich selbst oder mit der anderen Person, ob das Ritual für Sie das richtige ist. Wenn nicht, ändern Sie es ab, um Ihre Chancen auf Erfolg zu erhöhen, oder denken Sie sich ein anderes aus. Vielleicht hatten Sie ein allabendliches Ritual beschlossen, obwohl dreimal pro Woche viel realistischer wäre. Vielleicht hat das früher gut funktioniert, passt aber einfach nicht mehr in Ihr derzeitiges Leben.

Zehnter Lösungsschlüssel: Entwickeln Sie stabilisierende und verbindende Rituale, um Problemen vorzubeugen und Beziehungen zu intensivieren

- Stabilisierende und verbindende Rituale sind regelmäßig wiederholte Aktivitäten, die allein oder in der Gruppe durchgeführt werden. Sie helfen, ein Gefühl der Stabilität oder Verbundenheit mit sich selbst oder anderen zu erzeugen.
- Stabilisierende und verbindende Rituale können zu intensiverer zwischenmenschlicher Beziehung und Intimität führen und bei der Überwindung von Stress und Schicksalsschlägen helfen.

Wer auf die Nase fällt, hat sie immerhin schon mal vorn: Lösungsorientiert leben

»So ist das Leben: Siebenmal hinfallen und achtmal aufstehen.«
Japanisches Sprichwort

Ich habe in diesem Buch versucht, Ihnen eine Denk- und Lebensweise vorzustellen, die meiner Überzeugung nach Ihr Leben tiefgreifend verändern kann. Ich möchte hier die grundlegenden Prinzipien noch einmal zusammenfassen.

Prinzipien einer lösungsorientierten Lebensweise

1. Es ist wichtig zu erkennen, wie Sie sich fühlen und was Sie durchgemacht haben, aber die Vergangenheit und Ihre Gefühle bestimmen nicht automatisch, was Sie jetzt oder in Zukunft tun. Sie werden als Person nicht durch Ihre Vergangenheit oder Gefühle determiniert, auch wenn es von großer Bedeutung ist, sie anzuerkennen.

2. Es ist besser, sich auf das Funktionierende zu konzentrieren, als viel Zeit und Energie auf Erklärungen zu verwenden, warum bestimmte Dinge nicht funktionieren oder was mit Ihnen oder einer anderen Person nicht stimmt.

3. Zunächst sollten Sie sich in Erinnerung rufen, was in vergleichbaren Situationen in der Vergangenheit bereits funktioniert hat, um mit der gegenwärtigen Situation umgehen zu können.

4. Als Nächstes sollten Sie untersuchen, ob es in einem der folgenden Bereiche etwas gibt, das Sie immer und immer wieder tun:
   - Handlungsweisen
   - Umgang mit anderen
   - Mittelpunkt Ihrer Aufmerksamkeit
   - Was Sie denken oder sich einreden (Ihre Geschichte über Ihr Leben, Ihr Problem, andere Leute oder sich selbst)

   Wenn das, was Sie tun, nicht funktioniert, versuchen Sie, irgendetwas anders zu machen. Verändern Sie Ihre Verhaltensmuster und beobachten Sie, ob sich das Problem dadurch verändert.

5. Konzentrieren Sie sich auf die Zukunft, wie Sie sie sich wünschen, und nicht auf die Vergangenheit oder Gegenwart, die Ihnen nicht gefällt. Reden Sie so davon, als hielten Sie diese Zukunft für möglich und sogar wahrscheinlich. Formulieren Sie ganz konkret, wo Sie gern wären und was Sie täten, wenn Sie dort angelangt wären. Nehmen Sie Hindernisse auf dem Weg in diese Zukunft zur Kenntnis und stellen Sie sich Ihnen – seien es echte oder eingebildete. Unternehmen Sie konkrete Schritte, um vorwärts zu kommen und diese Zukunft zu ermöglichen.

6. Spiritualität kann Ihnen Wege eröffnen, über Ihr Alltagsleben, Ihr begrenztes Vorstellungsvermögen und Ihre egoistischen Anliegen hinauszuwachsen, um Probleme zu überwinden und zu lösen.

7. Vermeiden Sie die klassischen Beziehungsfußangeln in Form von Anschuldigungen, Abwertungen und Analysen. Äußern Sie konkret, was Ihnen am Verhalten anderer nicht gefällt. Dann teilen Sie ihnen mit, welches Verhalten Sie sich stattdessen von ihnen wünschen würden. Zollen Sie ihnen Anerkennung für ein Verhalten, das Ihnen gefallen hat und von dem Sie sich wünschen würden, dass es weiter besteht oder in Zukunft häufiger an den Tag gelegt wird. Ändern Sie Muster, wenn Probleme wiederholt auftreten. Eine Person kann eine zwischenmenschliche Beziehung verändern, auch wenn sie nur ihren eigenen Anteil an dem Beziehungsmuster ändert.

8. In der Sexualität ist es von großer Wichtigkeit, sich einzugestehen, dass die eigenen Gefühle und Wünsche weder schlecht oder falsch noch abnorm sind. Akzeptieren Sie Ihre eigenen Wünsche und Vorlieben sowie die anderer. Reden Sie mit Ihrem Partner ganz konkret und eindeutig darüber, was Sie in Ihrer sexuellen Beziehung gern sähen, was gut klappt und was nicht funktioniert (wiederum ohne Anschuldigungen oder Abwertungen).

9. Wenn Sie diese Strategien ausprobiert haben und sehen, dass Sie immer noch nicht aus der Sackgasse heraus sind oder weiterhin das Gefühl haben, mit bestimmten Angelegenheiten aus der Vergangenheit noch nicht fertig zu sein, können Sie ein Lösungsritual durchführen, um weiterzukommen. Suchen Sie sich ein symboli-

sches Objekt, das für das ungelöste Problem steht, und tun Sie etwas damit, wodurch es symbolisch aus Ihrem Leben entfernt wird (Verbrennen, Vergraben, Wegwerfen o. Ä.).

10. Auch zur Bewältigung traumatischer Erlebnisse oder zur Vorbeugung von Problemen können Sie stabilisierende und verbindende Rituale einführen: regelmäßig zu wiederholende Aktivitäten, die Ihre Verbundenheit mit sich selbst und mit anderen stärken und Ihnen helfen, ein ausgeglichenes und für Sie und andere voraussehbares Leben zu führen.

Die Zehn Gebote für Eltern oder: Vorsicht vor Experten!

> *»Es gibt drei Regeln, wie man einen Roman schreibt.*
> *Bedauerlicherweise weiß niemand, wie sie lauten.«*
> Somerset Maugham

Es war einmal ein Mann, der Schulungen für Eltern anbot. Er nannte sie »Die Zehn Gebote für Eltern«. Überforderte und verunsicherte Eltern strömten von nah und fern in seine Seminare, um zu lernen, wie sie ihre Elternrolle besser erfüllen könnten. Der Mann war zu dieser Zeit weder verheiratet, noch hatte er Kinder. Schließlich lernte er seine Traumfrau kennen und heiratete sie. Pünktlich neun Monate später kam das erste Kind. Er änderte daraufhin den Titel seiner Seminare in »Fünf Richtlinien für Eltern«. Nach kurzer Zeit wurden sie mit einem zweiten Kind gesegnet. Er nannte die Seminare von nun an »Drei kleine Tipps für Eltern«. Nachdem das dritte Kind geboren war, bot er keine Schulungen mehr an.

Jedes Mal, wenn ich ein Buch schreibe, wird mir schmerzlich bewusst, dass das Leben viel komplexer ist, als es das klügste und beste Buch vermitteln kann. Ich hoffe dennoch, dass Sie dieses Buch so verstehen, wie es gemeint ist. Nehmen Sie das an, was Sie gebrauchen können, und verwerfen Sie alles, was nicht funktioniert oder wovon Sie den Eindruck haben, dass Sie sich damit lächerlich machen oder dass es nicht zu Ihren Wertvorstellungen bzw. Ihrer Person passt.

Das erinnert mich an etwas, das Mark Twain einmal geschrieben hat: »Vorsicht beim Lesen von Gesundheitsratgebern – Sie könnten an einem Druckfehler sterben!« Vertrauen Sie sich selbst und achten Sie auf das, was bei Ihnen gut funktioniert. Wenn Sie sich in Therapie befinden oder einem Lehrer oder einer »Leitfigur« folgen, aber das, was Sie tun, nichts taugt, halten Sie nicht daran fest. Machen Sie Gebrauch von Ihrem gesunden Menschenverstand! Sogar der Inhalt dieses Buches sollte Ihnen suspekt sein. Wenn etwas nicht funktioniert, dann wenden Sie es nicht an – das wäre doch völlig absurd. Fassen Sie die Anregungen in diesem Buch also als etwas Ähnliches wie die »Drei kleinen Tipps« auf (ich habe im Gegensatz zu dem oben erwähnten Mann allerdings noch nicht aufgehört zu schreiben oder zu unterrichten). Sie sind nur dann hilfreich, wenn sie in Ihrem Leben etwas Positives bewirken. Ansonsten sind es einfach nur interessante Ideen.

Packen Sie es an und halten Sie an dem fest, was funktioniert

»Finde heraus, was dich herunterzieht, und tu genau das nicht!«
Inoffizielles Firmenmotto von Agency.com

Das wichtigste Prinzip des lösungsorientierten Ansatzes ist sehr pragmatisch: Wenn das, was Sie tun, nicht funktioniert, tun Sie etwas anderes! Achten Sie auf die Ergebnisse, die Sie durch Veränderungen Ihres Tuns erzielen. Wenn es gut läuft, machen Sie weiter so. Wenn nicht, versuchen Sie wieder etwas Neues. Bereiten Sie sich vor, probieren Sie es aus und nehmen Sie dann die nötigen Nachbesserungen vor, bis Sie die erwünschten Resultate bekommen.

Was hält die Menschen davon ab, ihr Leben auf diese Art und Weise zu gestalten? Sie wiederholen immer wieder dieselben Dinge in der Erwartung, unterschiedliche Ergebnisse zu erzielen. Ihre Vorstellungen und Gewohnheiten zwingen sie auf die immer gleichen, beschränkten Pfade – so wie den Eisbären im Zoo, der beim ersten Betreten seines Geheges angekettet wurde, da es noch nicht fertig war und die Gefahr bestand, dass er ausbrechen würde. Nachdem das Gehege fertiggestellt war, wurde er von den Ketten befreit, drehte seine Runden aber weiterhin nur innerhalb seines früheren Bewegungsradius.

Ganz ähnlich kommt es vor, dass wir unsinnige Dinge immer und immer wieder tun und dass wir sie immer wieder auf die gleiche Weise betrachten. Deshalb bleiben wir da stecken, wo wir nicht sein wollen (und nicht sein müssen, wie ich behaupten möchte). Wir sehen einfach nicht, dass es noch andere Möglichkeiten gibt. Ich habe in diesem Buch einige ausgewählte Möglichkeiten zu Veränderungen an solchen fürchterlich ineffektiven Verhaltensmustern aufgezeigt.

Kennen Sie die Geschichte über die Bemühungen der US-Amerikaner, einen Menschen auf den Mond zu schicken? Als Präsident John F. Kennedy dieses Ziel zum ersten Mal in einer Ansprache an das amerikanische Volk formulierte, waren viele Leute begeistert und wollten an der Verwirklichung von John F. Kennedys Vision mitwirken.

Allerdings kamen schon bald nach der anfänglichen Begeisterung die Skeptiker zu Wort. »Dieses Ziel ist unerreichbar«, erklärten sie, »weil wir kein Metall besitzen, das der Hitze beim Wiedereintritt in die Erdatmosphäre standhalten würde.« Also strengten sich die Leute, die sich diesem Ziel verschrieben hatten, mächtig an und entwickelten eine entsprechende Legierung.

Nun wurden weitere Unkenrufe laut: »Okay, ihr habt jetzt also diese Legierung, aber es ist völlig undenkbar, in einem kleinen Raumschiff die Rechenleistung unterzubringen, die während des Fluges für die Kommunikation zur Basis erforderlich ist.« Also gingen die Befürworter des Projekts wieder an die Arbeit und produzierten nach kurzer Zeit die Silikonchips, durch die die für ein solches Vorhaben nötige Rechenleistung möglich wurde. Und so ging es immer weiter.

Der springende Punkt ist der, dass die Menschen, die sich einer Zukunft verschrieben hatten, in der die Vereinigten Staaten einen Menschen auf den Mond schicken würden, immerzu aktiv waren und ihren Blick auf die Situation so lange änderten, bis sie eine Lösung fanden. Sie mussten Probleme akzeptieren, aber sie mussten sich auch Möglichkeiten offen halten und flexibel bleiben.

Die meisten Selbsthilfebücher und psychologischen Theorien sind wie solche Skeptiker, die nicht daran glauben, dass Veränderung möglich ist. Auf der anderen Seite gibt es allerdings auch Leute, die so »positiv« eingestellt sind, dass sie die Probleme nicht einmal erkennen oder sich eingestehen.

Wer mit dem lösungsorientierten Ansatz arbeitet, erkennt Probleme und Hindernisse und versucht immer wieder zu experimentieren, bis er die gewünschten Resultate erzielt. Um dies zu tun, ist es wichtig, seine Aufmerksamkeit auf die Ziele zu richten und sich auf das zu konzentrieren, was funktioniert. Um lösungsorientiert zu leben, muss man bereit sein, Fehler zu machen und seine Handlungsweisen so zu korrigieren, dass etwas dabei herauskommt. Außerdem muss man sich vor einem allzu großen Perfektionismus und dem Drang hüten, immer genau wissen zu wollen, warum die Dinge funktionieren oder nicht. Sie sollten sich nicht einfach mit einer schlüssigen Erklärung zufrieden geben, warum Sie bestimmte Ziele nicht erreichen (können). Sie sollten nicht an Ihren Überzeugungen oder Geschichten über sich oder die Welt festhalten, wenn diese den erhofften Veränderungen im Wege stehen. Ja, Sie sollten sich nicht einmal zu sehr auf eine bestimmte Art und Weise fixieren, wie Sie das Ziel erreichen können. Bleiben Sie offen für neue Möglichkeiten. Wenn Sie in der Klemme stecken: Machen Sie irgendetwas anders!

Literatur

Forward, S. A. u. Torres, J. (1988): Liebe als Leid. Warum Männer ihre Frauen hassen und Frauen gerade diese Männer lieben. München (Bertelsmann).

Gardner, H. (1997): Die Zukunft der Vorbilder. Das Profil der innovativen Führungskraft. Stuttgart (Klett-Cotta).

Kaminer, W. (1993): Ich bin k. o., du bist k. o. Das Geschäft mit der Selbstverwirklichung. München (Knaur).

Lederer, W. J. u. Jackson, Don D. (1976): Ehe als Lernprozess. Wie Partnerschaft gelingt. München (Pfeiffer).

Lord, B. B. (1990): Legacies. A Chinese mosaic. New York (Knopf).

Metcalf, L. (1995): Counseling Toward Solutions. New York (Simon & Schuster/Center for Applied Research in Education).

Metcalf, L. (1996): Parenting Toward Solutions. Indianapolis (Prentice Hall Trade).

O'Hanlon, B. (1995): Love Is a Verb. How to Stop Analyzing Your Relationship and Start Making It Great! New York (Norton).

O'Hanlon, W. H. u. Weiner-Davis, M. (2003): In Search of Solutions. A New Direction in Psychotherapy. New York (Norton).

Rouse, J. (1985): Commencement Address. *Johns Hopkins Magazine*, Oktober 1985: 12.

Weiner-Davis, M. (1997): Das Scheidungs-Vermeidungs-Programm. München (Goldmann).

Weiner-Davis, M. (1996): Change Your Life and Everyone In It. New York (Simon & Schuster). *Dieser Titel ist auch als Tonband erhältlich.*

Weiner-Davis, M. (2001): Jetzt ändere ich meinen Mann. Wie Sie ihn umkrempeln, ohne dass er es merkt. München/Zürich (Piper).

Über den Autor

Bill O'Hanlons berufliche Laufbahn begann 1975 als psychologischer Berater an der Edgar Cayce Clinic in Phoenix, Arizona. Nach dem Studium und einer Ausbildung in Neuro-Linguistischem Programmieren (NLP) setzte er sie als Paar- und Familientherapeut fort. Schon während des Studiums lernte er den Psychiater Milton H. Erickson kennen, der mit seinen einfallsreichen und ungewöhnlichen Methoden die moderne Psychotherapie stark beeinflussen sollte. Durch ihn angeregt, entwickelte O'Hanlon eigene Ideen zu einer lösungsorientierten Psychotherapie. Sein Augenmerk richtet sich inzwischen besonders darauf, in Therapie und Beratung Möglichkeiten aufzuzeigen und Gegensätze einzubeziehen.

Bill O'Hanlon ist Autor von 23 Büchern, darunter *Liebesgeschichten neu erzählen. Ein Lehrbuch für Paare und ihre Therapeuten*, und lebt in Santa Fe, New Mexico. Seine weltweite Tätigkeit als Referent und Workshopleiter führt ihn immer wieder auch nach Deutschland.